剪定「コツ」の科学

いつどこで切ったらよいかがわかる

上条祐一郎

講談社

コツがわかれば、だれでも剪定の達人になれる

見栄えがよくなり木を傷めない剪定を身につける

庭木にかかる管理の多くの部分は、「剪定」だといわれます。しかし「切らなきゃと思っていながらなかなか手がつかない」、「いざ庭木に向き合っても切る枝がわからない」、「バッサリ切ったら変な形になってしまった」、などという話をよく聞きます。しかも庭にはさまざまな樹種があり、この木はこう切る、という剪定本を見ても、なかなか覚えきれないのが現実でしょう。

多くの人を悩ます「剪定」ですが、たとえ庭師であっても、樹種ごとの剪定のイロハをすべて暗記しているかというと、そうとは限りません。このタイプの木はこう切るという大まかなくくりと、この時期でこの環境ならこの程度にとどめよう、という経験にもとづく判断によって個々の木に接しています。

つまり、樹種が違っても、同じタイプであれば共通する「基本のコツ」を知っているからこそ、多くの樹木に対処できるのです。

また、剪定のうまい人を、「剪定のセンスがある」と評すことがあります。そのセンスとは、「自然の木々を観察し、その姿を再現する技術」のことをいい、そこにも優れた庭師が昔から経験的に体得し伝えてきたコツが、いくつもあるのです。それは、植物の樹形や伸び方を深く理解したうえで、それにならって切る剪定です。これを理解していると、木の見栄えがよくなるだけでなく、同時に「木を傷めない剪定」ができるようになります。「どうしてそう切るのか」というコツが理解できれば、だれでも剪定の達人になれるでしょう。

この本では、熟練した庭師がもつ「剪定のコツ」を、一般の方向けに抽出しました。イラストや写真を用いてわかりやすく解説しながら、現代的な樹種や環境に合うように組み直してあります。

いま庭木がある方も、またこれから庭木をわが家のガーデニング仲間に入れたい方も、「人と木が心地よく共存できる剪定法」をぜひお役立てください。

上条 祐一郎

樹木とは、どんな植物でしょうか？

樹木の剪定を理解するには、樹木を知っておかなければなりません。

庭や街路樹や森など、樹木（木・木本）は身のまわりに普通にあります。では、木は草となにが違うのでしょう？

木は大きくなり、草は大きくならない、というのは必ずしも正しくありません。センリョウやマンリョウのように、高さ1メートルに満たない樹木もあれば、皇帝ダリアは草でありながら、高さ5メートルに達します。

木と草の大きな違いは、木は「多年生（一年以上生きる）の太くなる幹」をもち、草はそういった多年生の幹をもたないことです。草にも多年生のものがありますが、伸びた茎は冬か夏に枯れ、毎年根株から新しい芽を出して更新します。

一方、木は幹と枝が枯れずに冬を越し、翌年は枝の先端の芽から新しい枝を伸ばすので、年々大きくなっていきます。

幹が太くなるのは、樹皮のわずか下にある形成層という組織の働きによります。形成層は盛んに細胞分裂して幹の内側に木材を蓄積しつつ、横方向にもリングを広げるように大きくなっていきます。こうして年々幹を太らせることで、大きくなる体の重量を支え、風や雪にも耐えることができるのです。

同じ木でもユキヤナギのような低木と呼ばれる仲間では、数十年経った株でも幹ほど太くなった枝が見られません。これは枝の寿命が数年程度と短いためで、数年で成長が衰えて枯れ、次に萌芽した枝に世代交代する仕組みになっているのです。

また、つる植物は、ほかのものに絡まって短期間に高

木のつくり

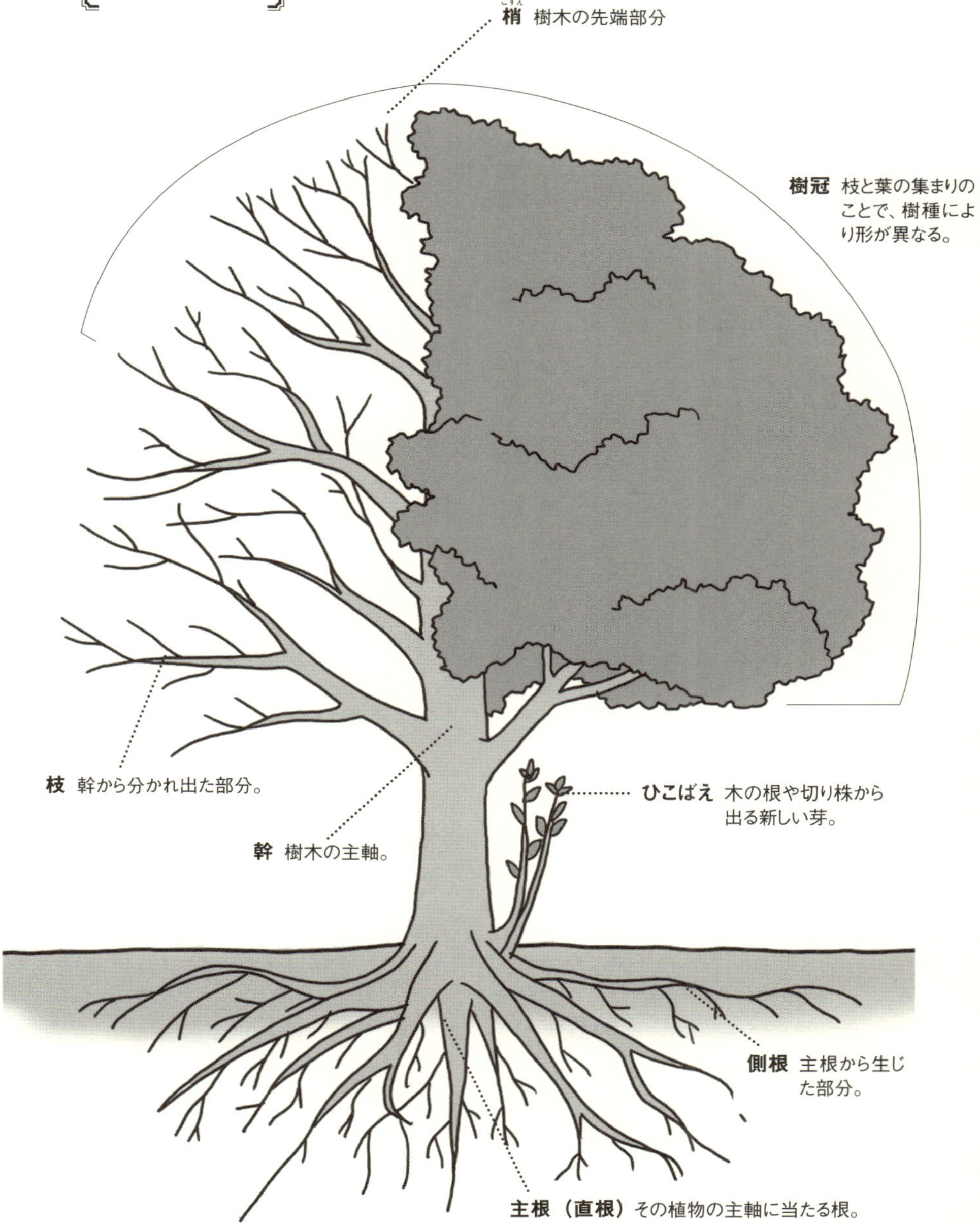

梢《こずえ》 樹木の先端部分
樹冠 枝と葉の集まりのことで、樹種により形が異なる。
枝 幹から分かれ出た部分。
ひこばえ 木の根や切り株から出る新しい芽。
幹 樹木の主軸。
側根 主根から生じた部分。
主根（直根）その植物の主軸に当たる根。

く伸びる戦略をとっていて、若いうちは幹を太らせない代わりに枝（つる）を長く伸ばします。それでも年数が経ったフジやノウゼンカズラなどの幹は、自立するほど太くなります。

タケやササは樹木と草の両方の性質をもっている植物です。

樹高

樹高による木の分類に学問的な定義はないが、一般的に、5m以上成長するものを高木、それ未満を低木としている。ほかに、15m以上に達するものを大高木、6〜15mを中高木、3〜6mを小高木、1〜3mを低木、1m未満を小低木とする分け方もある。

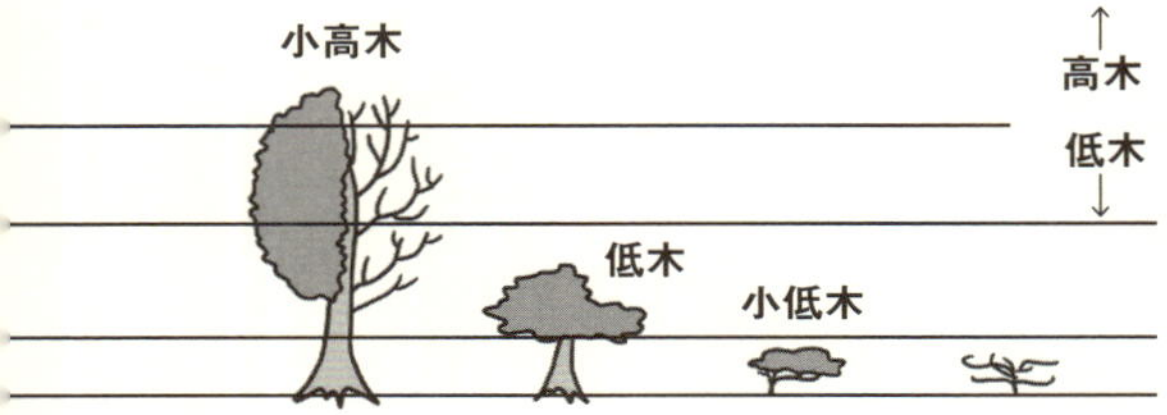

長枝と短枝

節間の長い枝（長枝）に節間の短い枝（短枝）が出る。

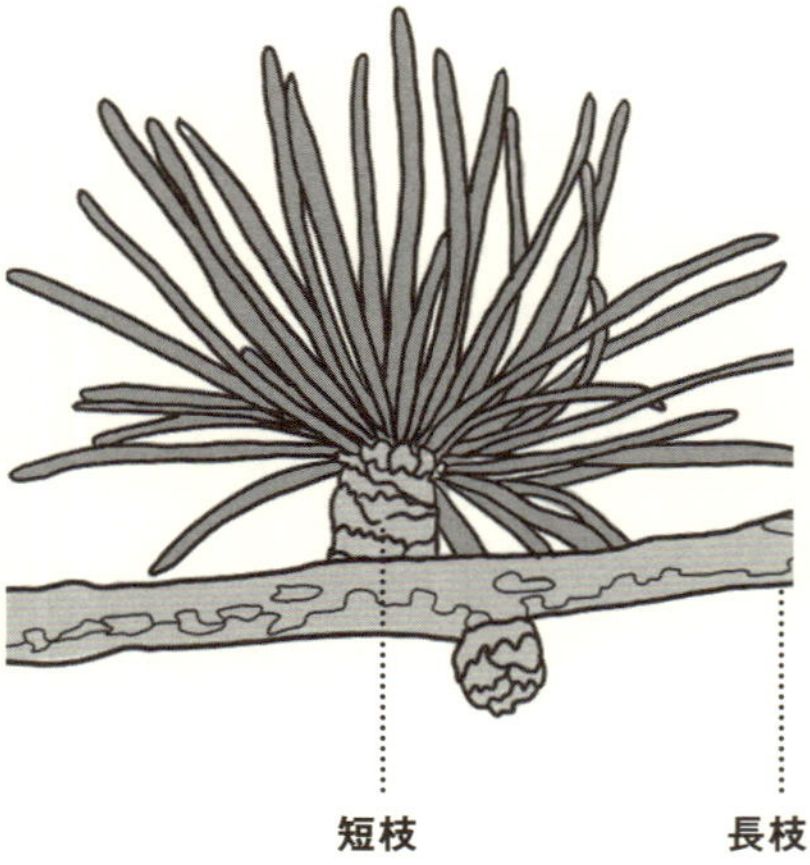

枝の名称

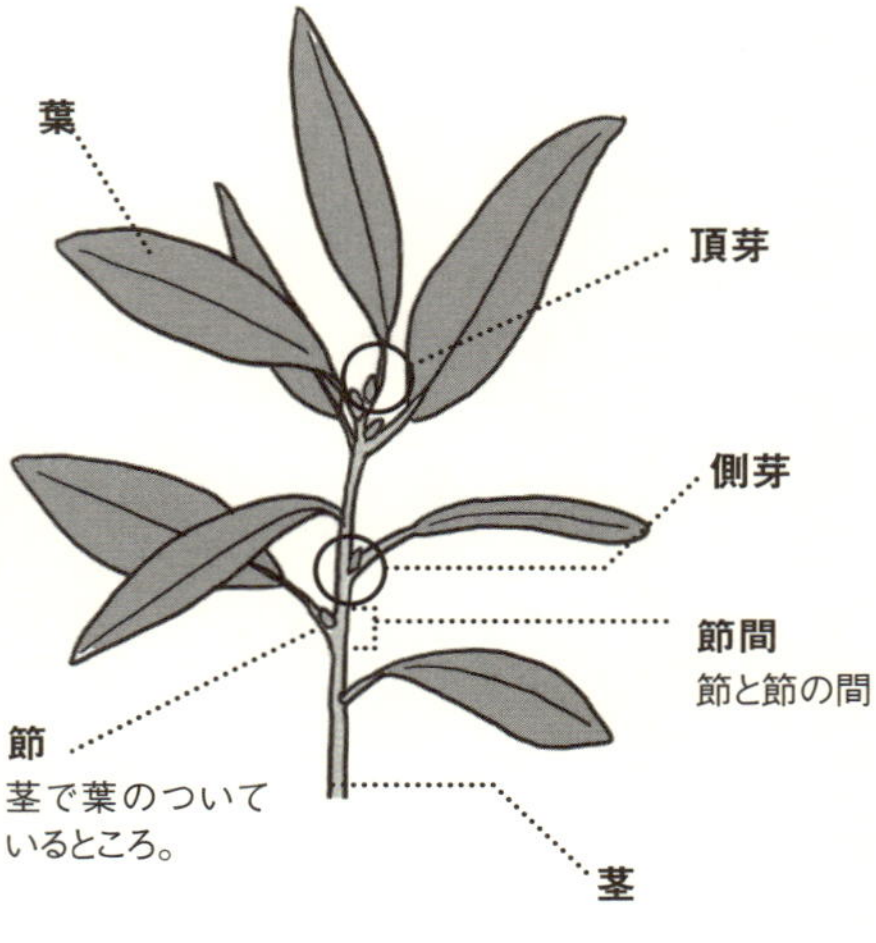

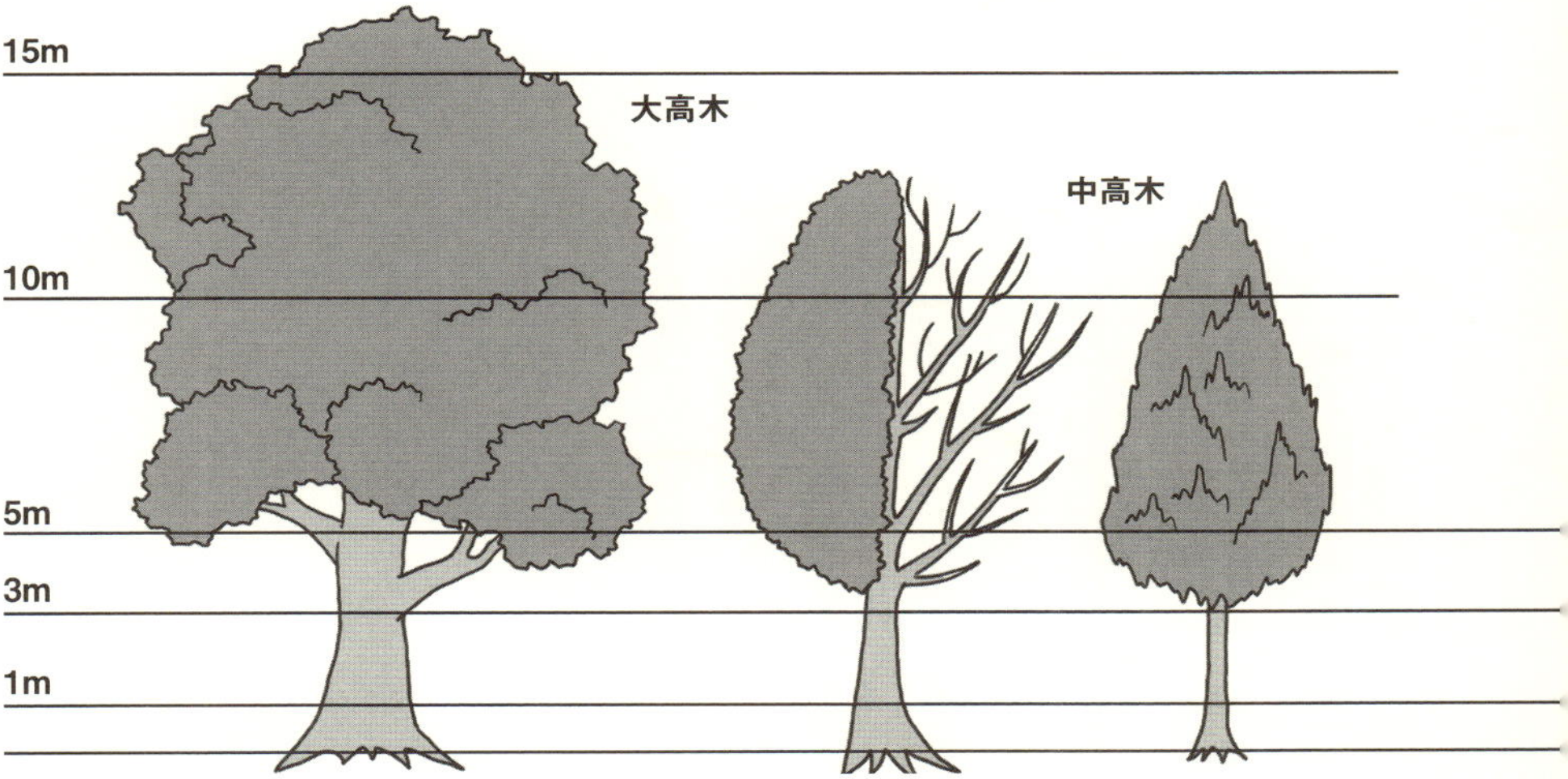

常緑樹

一年を通じて葉をつけているもの。広い葉をもち、常緑広葉樹とも呼ばれる。

落葉樹

一年のうちのある期間、葉をすべて落とすもの。

針葉樹

針状の細い葉をもち、耐寒性に優れる。 多くは常緑性で落葉性のものもある。

葉や枝のつき方

対生《たいせい》　**互生《ごせい》**

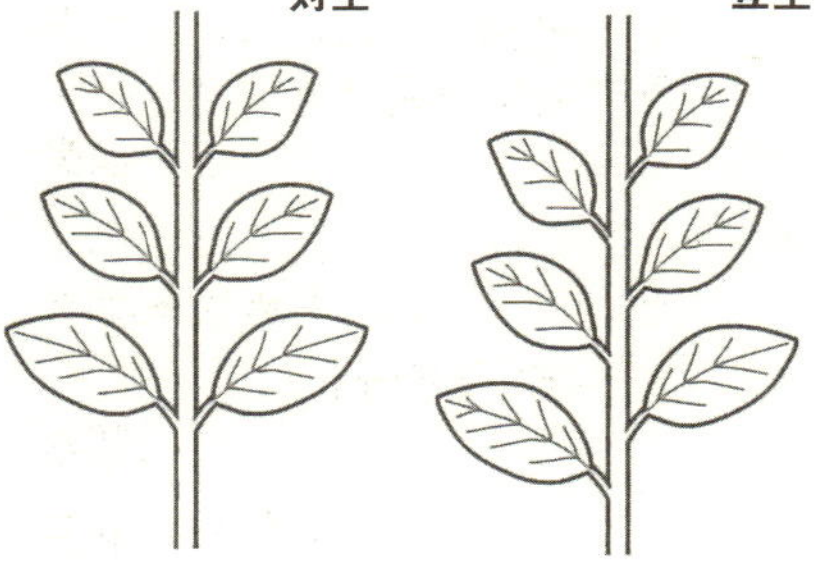

一年生枝と二年生枝

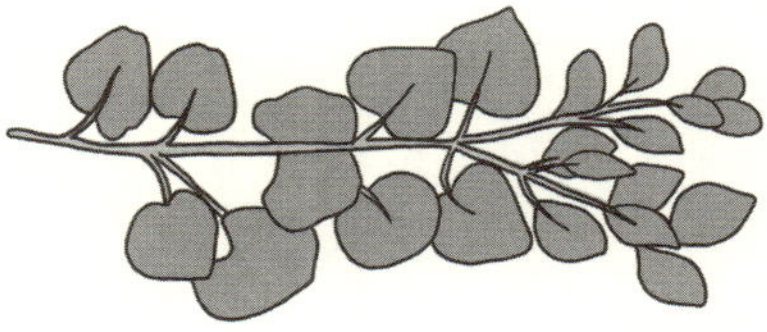

二年生枝　**一年生枝**

前年に伸びた枝から新たな枝が伸びた場合、伸びた年ごとに枝を区別する。

Contents

『剪定 コツの科学』

Chapter 1 剪定の基本 コツのコツ

Chapter 2 すかし剪定　実際のコツ

Chapter 3 切る時期と切り方のコツ

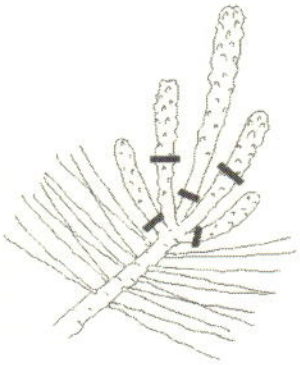

Chapter 7 剪定を失敗しやすいケース、迷いやすい樹種の対処法

Column

Chapter 1
剪定の基本 コツのコツ

～樹形を生かす剪定は、ローメンテナンスに通じます。

剪定はなぜ必要なのでしょうか？

ここがコツ！

庭に収まる美しい樹形を保ち、病虫害を減らす効果があります。

庭は自然を身近に楽しめるように取り込んだ小自然ですが、広大な自然の森と異なり、限られたスペースに数多くの木や草花があります。庭木は庭の骨格としての重要な役割がありますが、**大きくなりすぎてほかの木の枝と重ならないように樹高や枝張りを抑えるとともに、適度な日光や風通しを確保する必要があります。**

ほかの植物にとっても人間にとっても快適な環境をつくり出さなくてはならないからです。

もともと木は日光を求めて伸びる性質があり、よく日が当たる上部の枝は伸びて、枝が混み合いがちです。反対に、下部の枝は日光が得られずに衰弱してしまったり、枯れ込んだりします。

木が大きくなりすぎて隣の木と重なってくると、重なっていない方向へ枝を伸ばすようになり、樹形が斜めに偏ってしまうこともあります。

しかし、**きちんと剪定すればバランスの取れた美しい樹形を保てます。また、日光や風が木の内側を通り、病虫害が発生しにくくなる効果もあります。**

剪定は、数多くの植物が共存する庭をつくるための第一歩です。

Photo:M.Tatebayashi

鉢栽培でトピアリーを仕立てた庭。鉢栽培ならベランダでもできる。

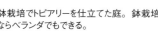

落葉樹や常緑樹などの庭木や花木がきれいに仕立てられた庭。毎年剪定することで美しさを維持できる。

剪定で木を大きくしないことができますか？

ここがコツ！

剪定で葉の量を適切にコントロールすれば、成長がゆっくりになります。

庭木がちょうどよい大きさに成長したら、なるべくそのままの大きさを維持してほしいものです。大きくなりすぎるのは困ります。

では、剪定をしない場合と剪定をした場合では、どちらが早く成長するのでしょうか？

木は、葉で光合成をして栄養分をつくり出します。生命の維持に必要な栄養を差し引いた残り分を、幹の成長や花などにまわしているので、葉の量が木の成長に大きく関係しています。

つまり、剪定せずに放任して枝を伸ばすと、葉が増えて光合成が盛んになり、つくられる炭水化物も増えるので、木の生長にまわす栄養が多くなって短期間に幹が太く大きく成長します。

反対に、**きちんと剪定して葉の量をコントロールすれば、幹が太る速度をゆっくりにできるのです。**

とくに、最近流行の雑木の庭づくりに用いられる樹種の中には、ヤマボウシ、コナラ、カツラ、イロハモミジ、エゴノキ、シラカシ、アラカシなど、成長の比較的早いものが多くあります。

植えた時は華奢《きゃしゃ》で軽やかでも、放任してたくさんの葉が茂るようになると、栄養が豊富になって木の成長が早くなります。小さな庭では、すぐに手に負えなくなってしまうかもしれません。

毎年剪定をして葉の量をコントロールすれば、庭木の成長の速度を抑えられ、ちょうどよい大きさを長く維持することができます。

高さが同じでも、太さで印象が異なる

幹が太いアオダモ

幹が太く葉の量が多い木。高さが同じでも存在感があり、幹が細いアオダモより大きく感じる。

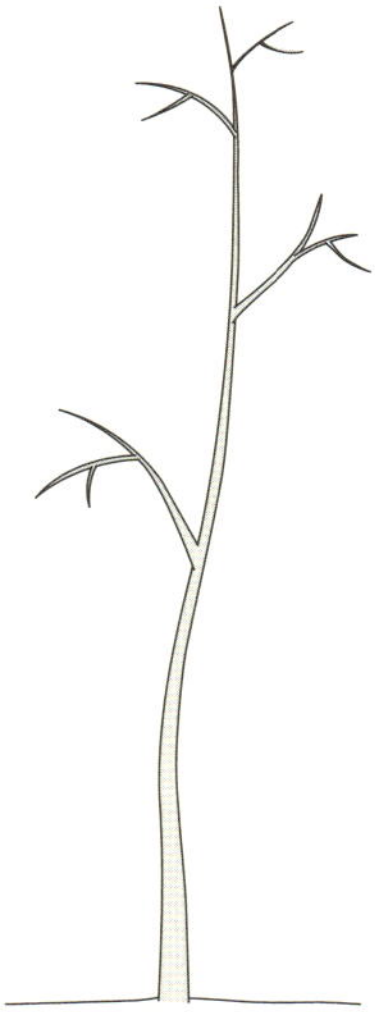

幹が細いアオダモ

幹が細く葉が少ない木は、軽やかに感じる。

いつでも剪定をしてよいのですか?

ここがコツ!

いけません。木のタイプごとに剪定の適期があります。

庭にさまざまな種類の木があると、どの木をどのように切ったらよいのか、覚えるのは大変です。

でも、**たとえ木の名前がわからなくとも、落葉樹、常緑樹、針葉樹といった木のタイプがわかれば、おおよその剪定の適期の見当がつきます。**タイプごとに、比較的安全に切ることのできる時期が異なるためです。

落葉樹は冬が剪定適期です。冬に葉を落として休眠する落葉樹は、春から秋の光合成で十分な養分を体内に蓄える仕組みをもち、厳しい冬を乗り切るためにみずから葉を切り離して休眠します。冬なら十分な養分を蓄えているので、もし切りすぎても枯れる心配がほとんどありません。

常緑樹は初夏がもっとも剪定に適した時期です。一年中葉をつけて光合成をする常緑樹は、体内にたくさんの養分をためる仕組みがありません。常に光合成をして養分を補充する必要があります。気温が高く十分な光がある初夏なら、剪定しても短期間で養分の補充ができます。逆に、気温が下がって光も弱くなる晩秋から冬に剪定して葉を減らすと、「木が風邪をひく」といって、木が傷む危険があります。

針葉樹は春の剪定がもっとも適しています。針葉樹の多くは常緑性なので剪定時期は常緑樹に準じますが、暑さが苦手のものが多く、切り口が茶色く変色しやすいため、すぐ新芽が伸びて切り口が隠れる春の剪定が適しています。

なお、春の新芽が旺盛に伸びる4月下旬~5月は、落葉樹、常緑樹とも剪定は避けます。樹液の活動が活発で、切り口から樹液が流れ出て消耗するだけではなく、蓄積された養分を消費しながら新芽を伸ばしているため、養分の蓄積が底をついているからです。葉を大量に落とすと回復する余力がなく、枝枯れを起こすなど木を傷める可能性があります。

体内の養分蓄積量の推移

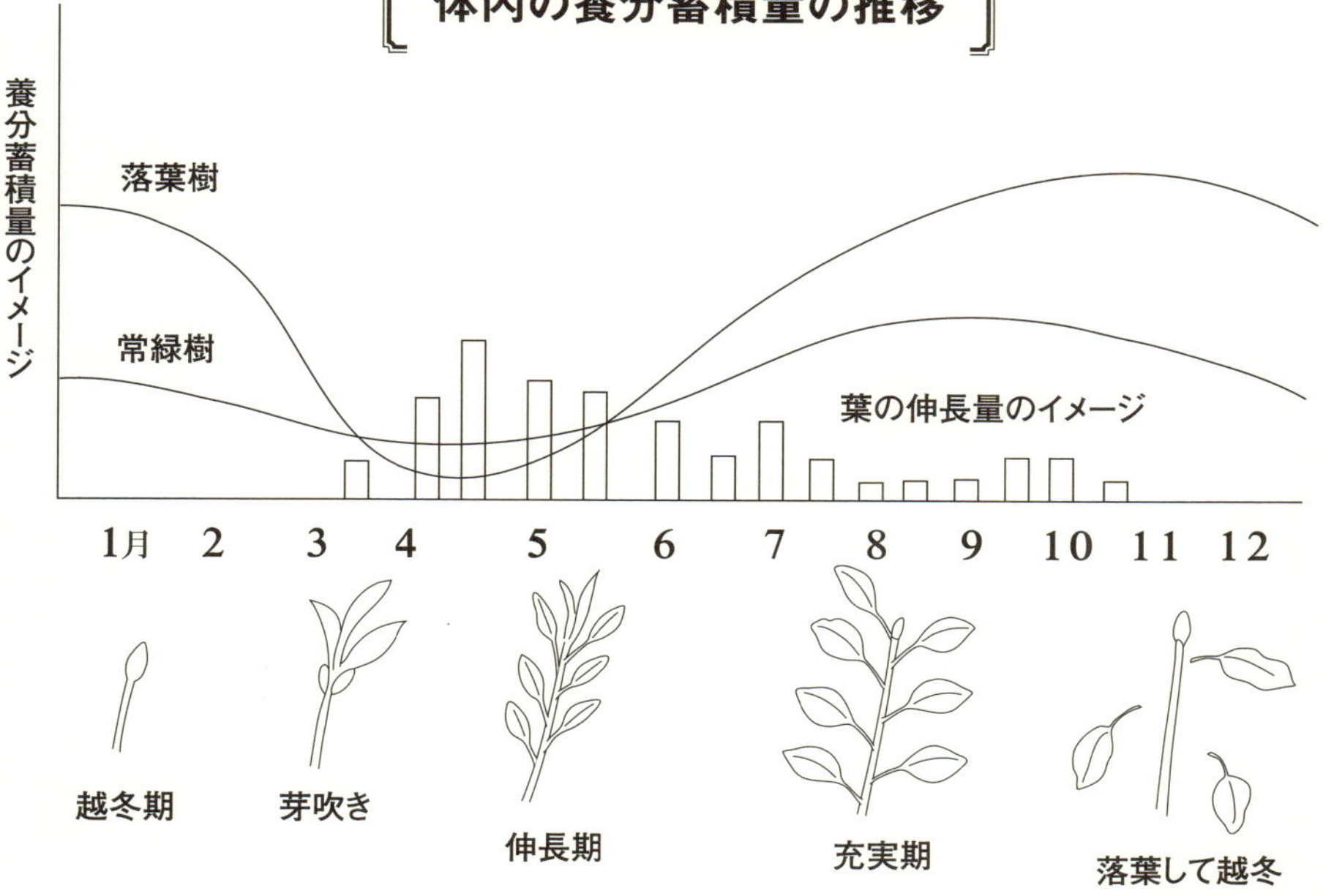

剪定の適期

落葉樹	落葉期に剪定（12～2月）
常緑広葉樹	春（3～4月上旬） 初夏（6～7月上旬） 秋（9月：寒冷地は除く）
針葉樹（コニファー類）	春（3～4月上旬） 初夏（6～7月上旬） 秋（9月：寒冷地は除く）
月	1 2 3 4 5 6 7 8 9 10 11 12

・春の新芽が伸びる4月下旬～5月と真夏は、剪定を避ける。

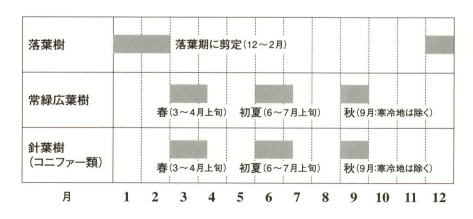

剪定で失敗しないためには、なにが大切ですか？

ここがコツ！

「適期に切る、つけ根で切る、切りすぎない」が大切です。

剪定の失敗でもっとも避けなければならないのは木を枯らすことですが、ほかにも切り口から木を腐らせる腐朽菌が入って一部が枯れた、徒長枝が伸びて樹形が大きく崩れた、花が咲かなくなってしまったなどの失敗があります。**そんな失敗をしないためには、時期、切り方、切る量にコツがあります。**

第一のコツは、**「剪定の適期に切る」**ことです。剪定で枝を切られることは木にとってストレスになりますが、剪定の適期はもっともストレスが少ない時期です。

適期であれば、剪定で木を傷めるリスクを最小限にできるので、初心者でも安心して切ることができます。

10～12月に庭師が忙しく庭の手入れをしているのをよく見かけますが、正月を前に庭をきれいにしたいという人間側の都合によるもので、木のタイプによっては必ずしも適期ではないのです。

第二のコツは、**「枝のつけ根で切る」**ことです。剪定をすると切り口は水と養分を通す道管と師管が露出している状態になり、雑菌が入りやすくなるので、早くこれを塞ぐ必要があります。切り方によって、切り口の塞がり方（治り方）は大きく異なり、つけ根で切ると切り口が塞がりやすいのです。木が自分で切り口を治すまでに数ヵ月から1年以上かかりますが、癒合剤を切り口に塗ると、一定期間切り口を保護できます。

第三のコツは、**「切りすぎに注意」**ということです。もともと樹勢が弱い樹種や、木が病害虫に侵されていたり劣悪な環境で育てられ弱っていたりする場合、切りすぎると回復力が足りずに枝枯れしたり、最悪の場合は木全体が枯れることがあるので、注意が必要です。

切り方にはどのような種類がありますか？

ここがコツ！

おもに、「すかし剪定」「切り戻し剪定」「刈り込み」の三種類があります。

「すかし剪定」は、枝を間引く剪定法で、枝をつけ根で切って枝の本数を減らします。間引き剪定ともいいます。光と風が木の内側に通るようになり、枝先が残るので、繊細さを損なわずナチュラルな雰囲気となります。

「切り戻し剪定」は、各枝を短く切り詰める剪定です。外芽の先で剪定します。木を全体に小さくすることができますが、伸びやかな枝先がなくなり縮こまったような不自然な樹形になるだけでなく、切り口からいくつもの枝が伸びて樹形を乱しがちになります。

実際の剪定ではすかし剪定を基本し、必要な部分のみ切り戻し剪定を使うと、バランスよく仕上がります。

「刈り込み」は、生け垣などで表面全体を均一に揃えて切る剪定です。切り戻し剪定の一種といえますが、草花の摘芯と同じく切ったところから枝が分岐するので、生け垣などの表面を葉で密にすることができます。

すかし剪定

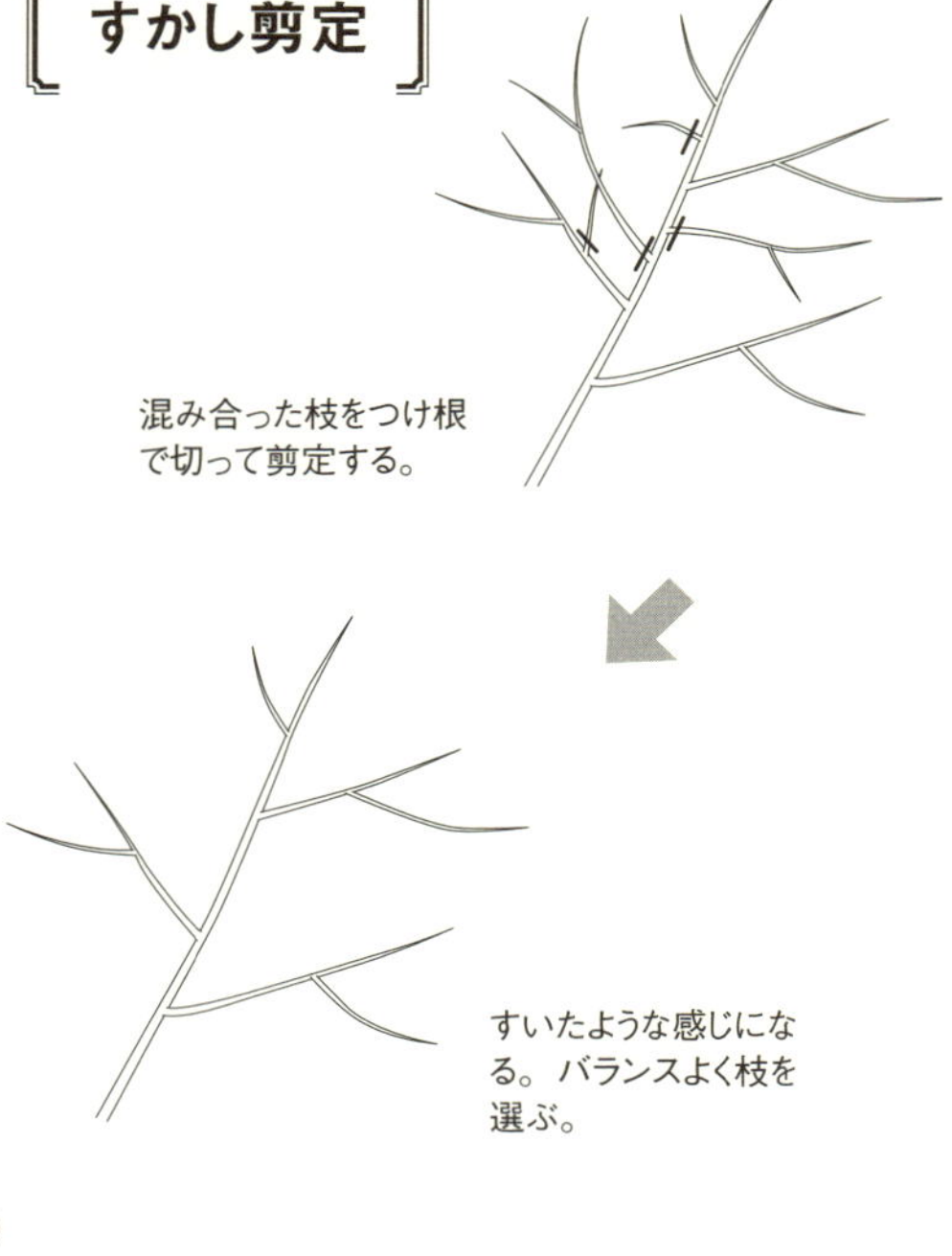

混み合った枝をつけ根で切って剪定する。

すいたような感じになる。バランスよく枝を選ぶ。

切り戻し剪定

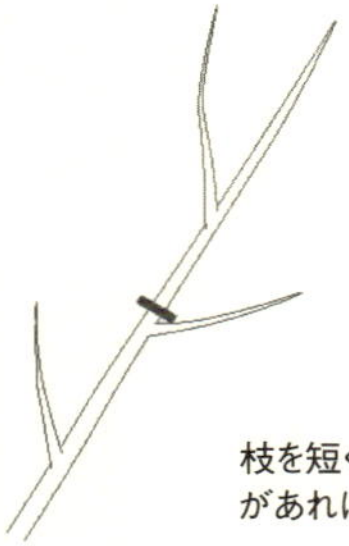

枝を短くする時も、枝の分岐点があればそこで切る。

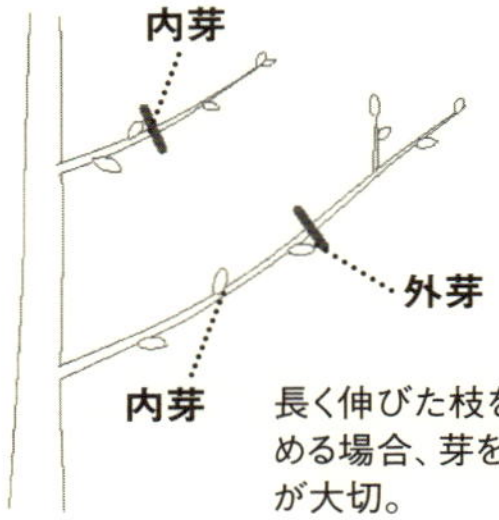

長く伸びた枝を途中で切り詰める場合、芽を選んで切ることが大切。

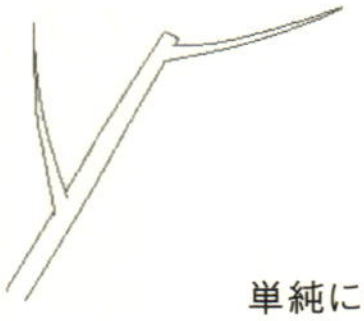

単純に枝を短く切り詰めるより、その後の枝の伸びがおだやか。

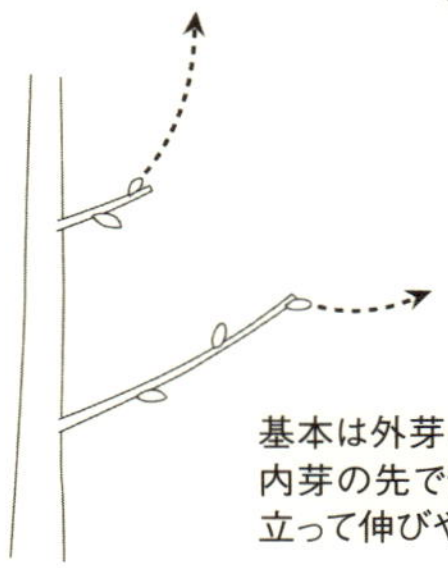

基本は外芽の先で剪定する。内芽の先で切ると、強い枝が立って伸びやすい。

刈り込み

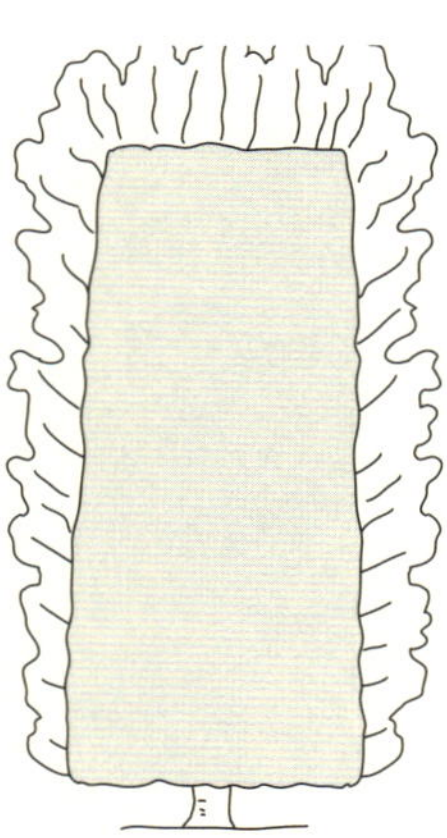

木の表面全体を均一に刈っていく。

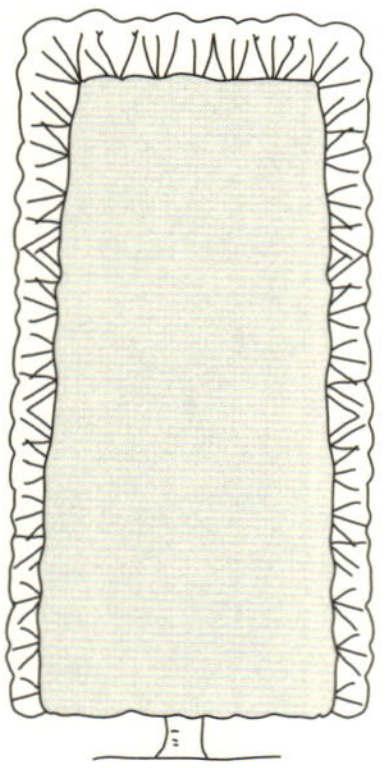

切り口から枝が密に伸びて見栄えがよくなる。ただし放置すると乱れるので、定期的な刈り込みが大切。

剪定の基本

太い枝と細い枝の切り方

太い枝の場合

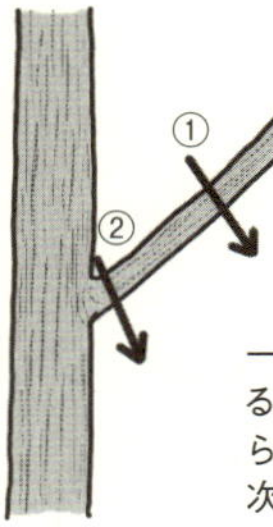
①
②

一度につけ根から切ると裂ける恐れがあるのでまず枝元から50㎝くらいの位置(①)で切り、次に②の位置で丁寧に切る。

細い枝の場合

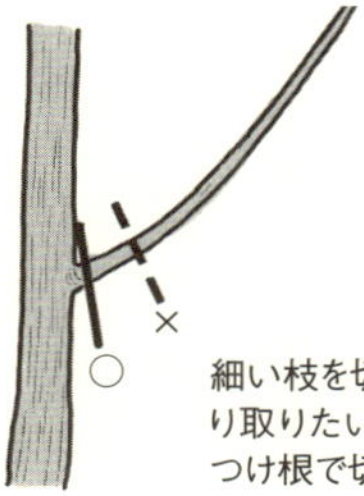
×
○

細い枝を切るときも、すべて切り取りたいときには必ず枝のつけ根で切る。

長い枝の切り方

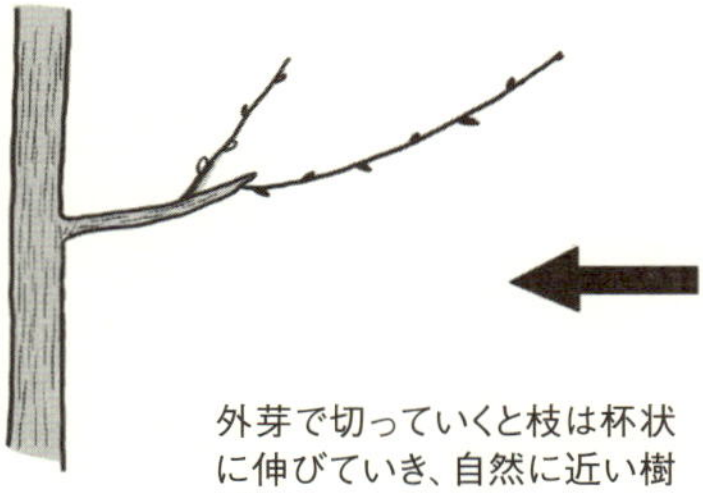

外芽で切っていくと枝は杯状に伸びていき、自然に近い樹形となっていく。

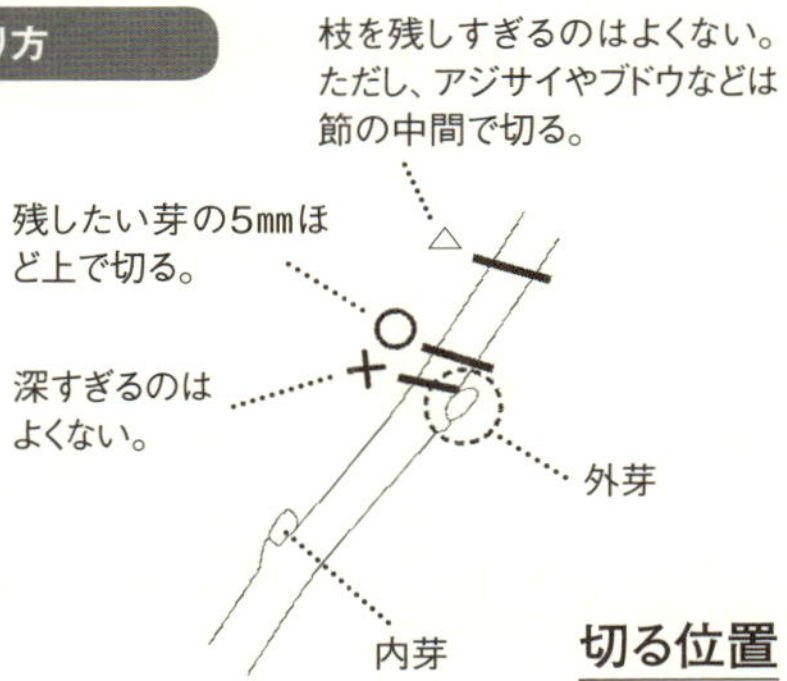
枝を残しすぎるのはよくない。ただし、アジサイやブドウなどは節の中間で切る。
△
残したい芽の5㎜ほど上で切る。
○
深すぎるのはよくない。
×
外芽
内芽

切る位置

刈り込みの切り方

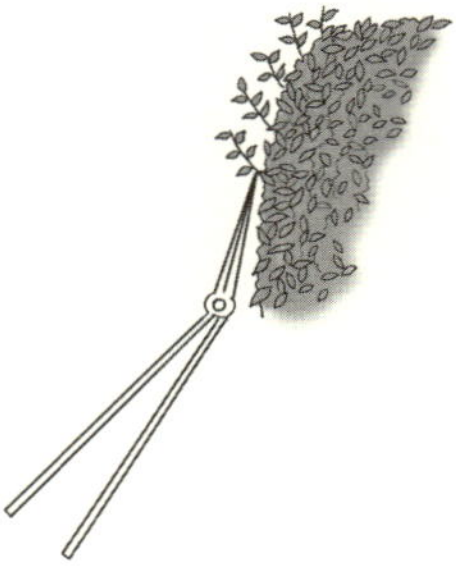

適期に刈り込みバサミなどで刈り込む。

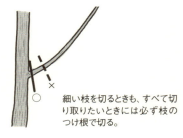

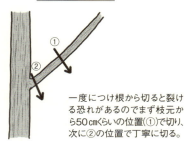

剪定の強い、弱いってなんですか？

ここがコツ！

木に与えるストレスが大きい剪定ほど、強い剪定になります。

剪定でいう「強い」「弱い」は、木に与えるストレスの大きさを表現したものです。

一般的な強い剪定とは、太い枝を切ったり、切り落とす枝の量が多かったりする場合のことです。

太い枝を短く切り詰めて、切り口が先端になるような切り戻し剪定をすると、木にとくに強いストレスを与えます。

一方、分岐点で片方の枝を切ってもう一方の枝をそのまま残すすかし剪定は、切り戻し剪定と同じくらい太い枝を切った場合でも、先端が切り口になるような単純な切り戻しに比べてストレスはずっと小さく、弱い剪定になります。

強い剪定をすると切り口が大きくなり塞がりにくくなるうえに、樹勢が弱い樹種では回復力の不足による枝枯れや、西日などに幹がさらされて幹焼けを起こすなど、リスクが高くなります。まだ、剪定後に徒長枝が伸びて、樹形が大きく乱れることもあります。強い剪定はできるだけ避けましょう。

リスクが大きい強剪定を避けるために、剪定法を工夫しましょう。

強い剪定と弱い剪定

元の樹形

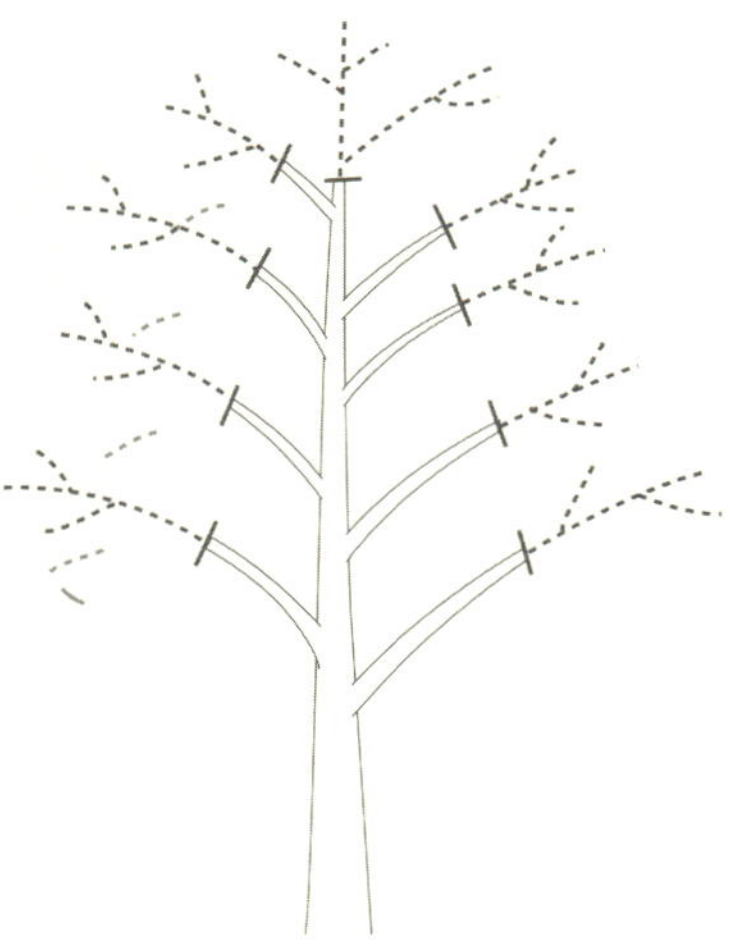

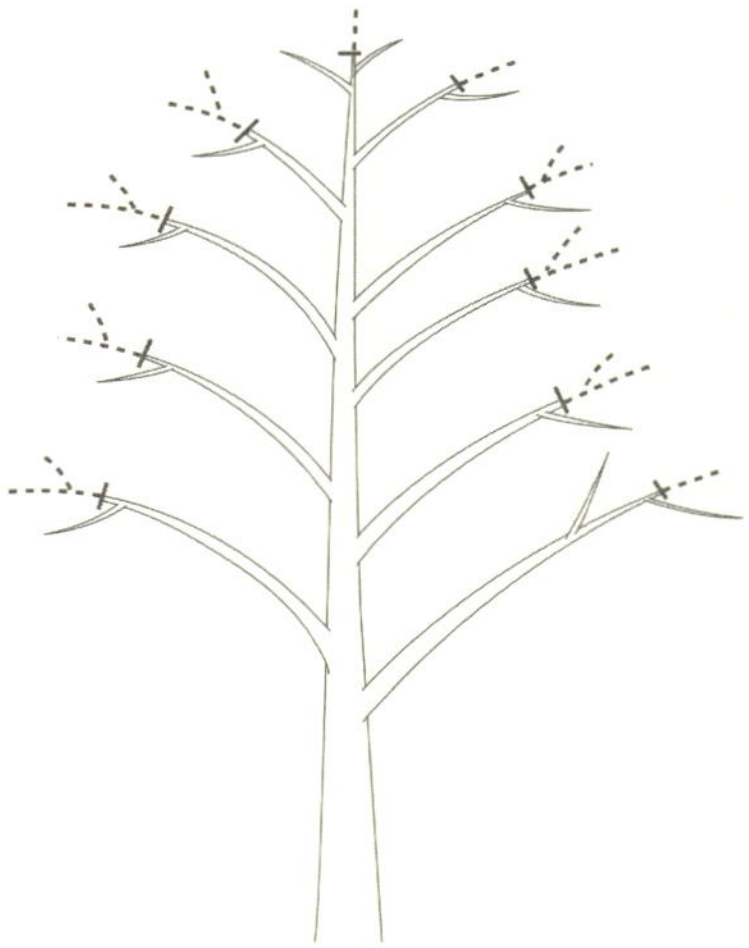

強い剪定をした場合

切ったときは小さくなるが、徒長枝が伸びて樹形が乱れたり、大きな切り口が枝枯れを起こすなどの、さまざまなリスクがあるので注意。

弱い剪定をした場合

木に対してはストレスが少ない。切ったあとの枝の伸びも穏やかで、徒長枝も出にくい。

庭木の姿には、どんな種類がありますか？

ここがコツ！

「自然風」と「仕立てもの」があります。

庭木の姿は大きく分けて、「自然風」と「仕立てもの」の二種類があります。木の姿を自然風にするか、仕立てられたものにするかによって、剪定で目指す方向が違ってきます。

自然風は木が本来もっている樹形にならった形で、のびやかな枝と幹を見せることを特徴とします。現在人気の雑木林を意識した庭づくりでも、自然風の姿をした庭木を用います。

それぞれの種類の木には本来そなわっている樹形があり、それを「自然樹形」といいます。広い空間に独立して植わっている場合には、その樹種特有の形に成長していきます。

しかし限られた空間に多くの植物が共存する庭では、剪定をしないと木どうしが重なって枝が枯れたり、樹形が崩されてしまいます。**自然風の庭では、樹種本来の自然樹形に近づくよう、枝を間引いてすかす剪定が基本になります。**

仕立てものとは、日本の伝統的な庭に見られる散らし玉仕立てや玉づくりなどのことです。人間が意図をもって形づくっているので、「人工樹形」ともいいます。

生け垣も刈り込んで塀のようにつくった人工樹形です。ほかにもつる植物を誘引してつくったポール仕立てや棚仕立て、フェンス仕立ても人工樹形に含まれます。

仕立てものは西洋などにもあり、ヨーロッパではさまざまな動物や四角錐などの幾何学模様など、常緑樹をトピアリー（装飾的な刈り込み）にします。

なお、仕立てものは、毎年手を入れ続けて同じ形を維持するのが基本です。

剪定した樹木のある庭の例

自然風の庭と仕立てものの庭

株立ちのモミジがある自然風の庭。

自然樹形のヤマボウシのある前庭。

散らし玉仕立てのある 玄関先。

仕立てものである円筒形づくりのキンモクセイのある庭。

自然樹形はどうしてできるのですか？

ここがコツ！

頂芽の数や枝の出方など、異なる伸び方のパターンでつくられます。

木はそれぞれの樹種ごとに「なりたがる形」があります。芽のつき方や枝の出方の違いで、成長するごとに特有の樹形になっていくのです。

芽のつき方では、枝の先端につく頂芽と枝のわきにつく側芽の数や強さが関係します。たとえば強い頂芽が1つのものは直立した円錐形や卵形などの樹形になります。カエデのように頂芽が2つあるものやケヤキのように強い頂芽をもたず先端に近い側芽が伸びるものは、枝がY字形になって杯形や不定形などに成長します。もし**剪定で自然樹形と大きく異なる形にしてしまうと、自然樹形に戻ろうとする性質が強く出て、徒長枝などを伸ばし、樹形が乱れます。**

庭師の世界では「モミジはモミジらしく」という言葉があります。樹種ごとの本来の姿を目指して剪定しなさい、という格言です。

コノテヒバ、ジュニペルス'ブルーアロー'、ハナミズキ、モクレンなどさまざまな樹形の庭木のある庭。

芽のつき方の違いによる枝の伸び方

強い頂芽が1つ

円錐形や卵形の樹形になる

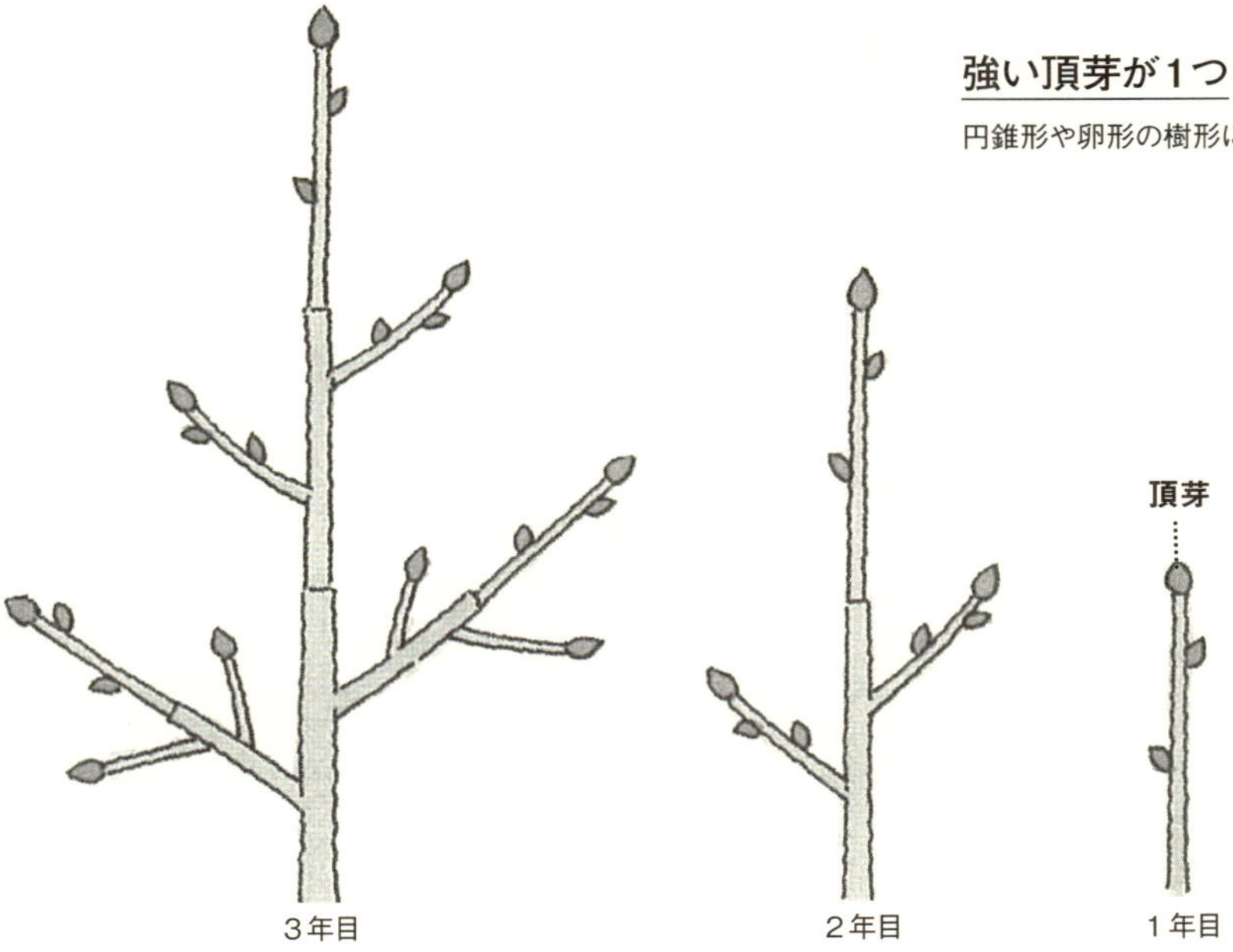

頂芽が２つ

杯形や枝垂れの樹形になる

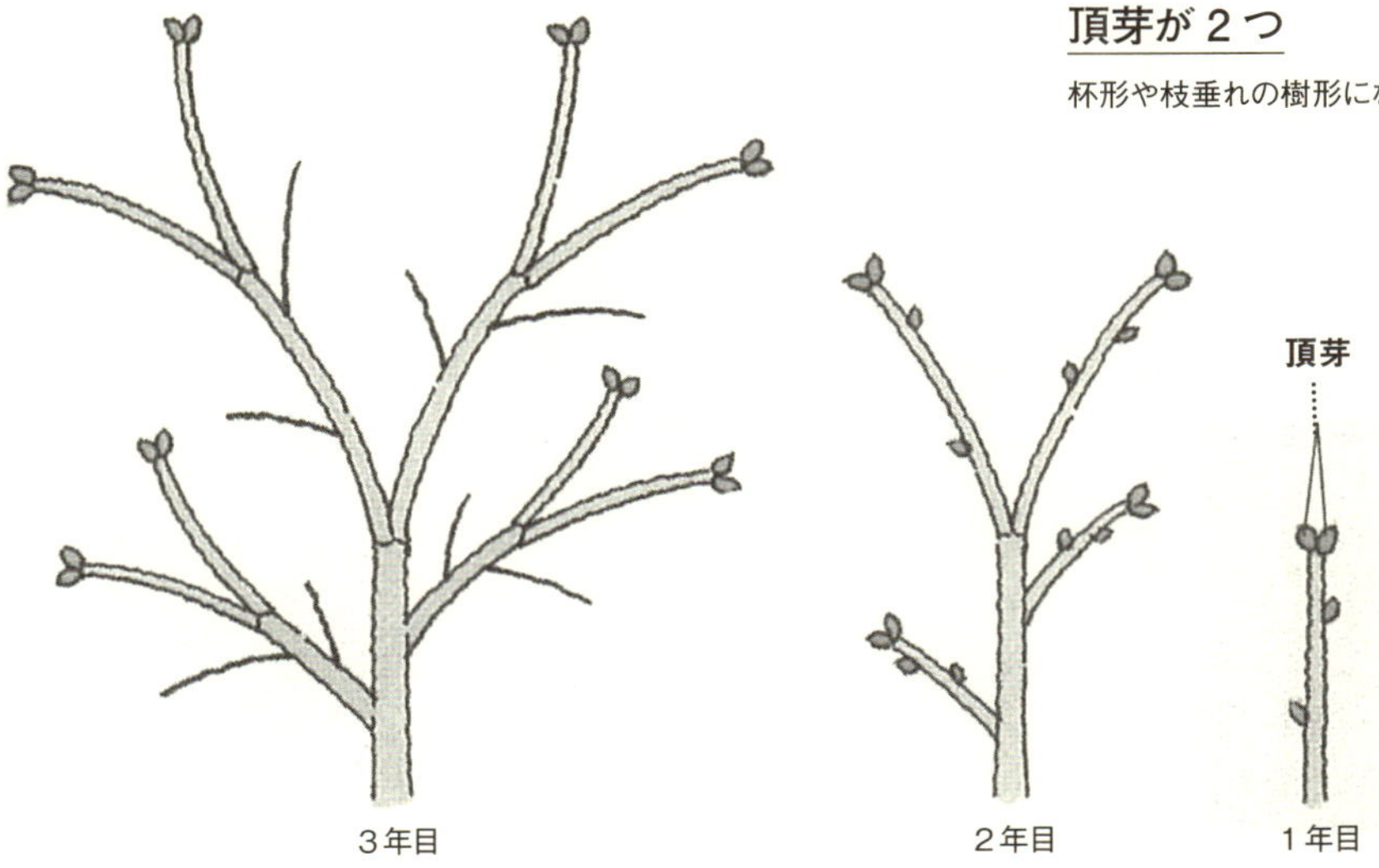

自然樹形のいろいろ

ケヤキのほうき形、モミの円錐形などイメージしやすいもののほか、自然樹形にはさまざまな種類があります。おもなものを紹介します。

卵形

（ジューンベリー、シラカバ、タイサンボク、モクレンなど）

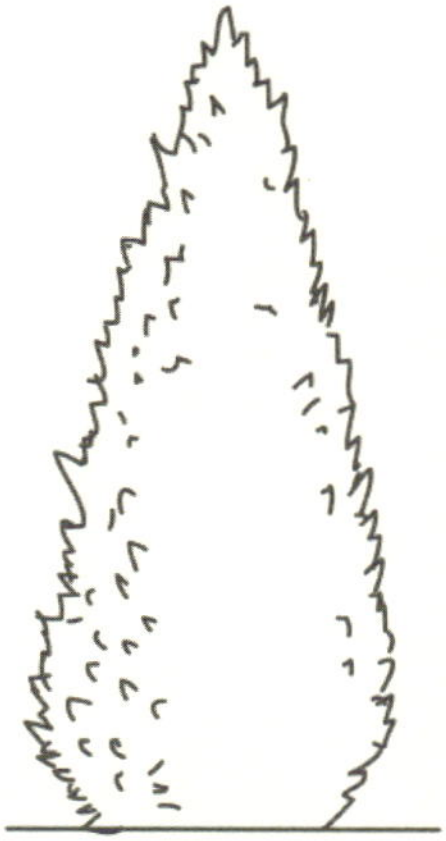

円錐形

（カイヅカイブキ、コウヤマキ、ニオイヒバ'スマラグ'、コロラドトウヒなど）

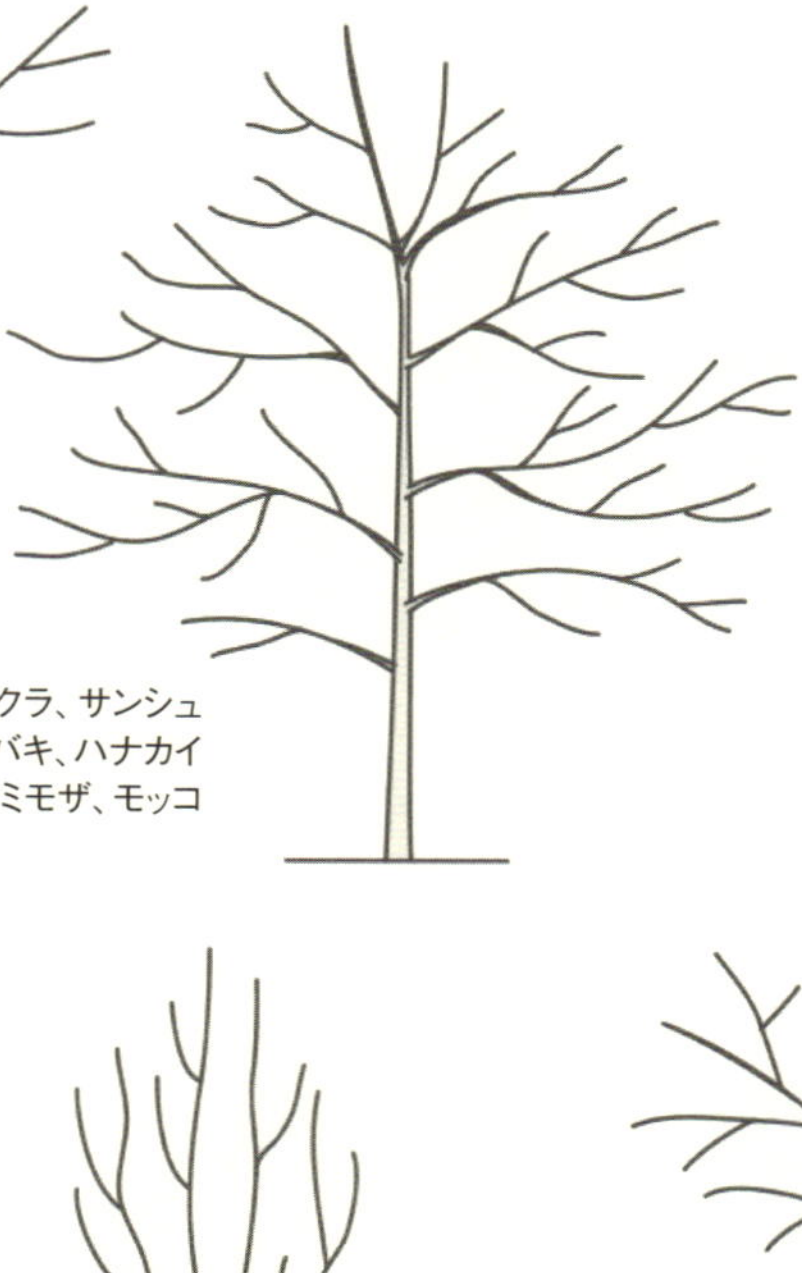

球形

（エゴノキ、キンモクセイ、サクラ、サンシュユ、シラカシ、ツバキ、ナツツバキ、ハナカイドウ、ハナミズキ、ハナモモ、ミモザ、モッコク、ヤマボウシなど）

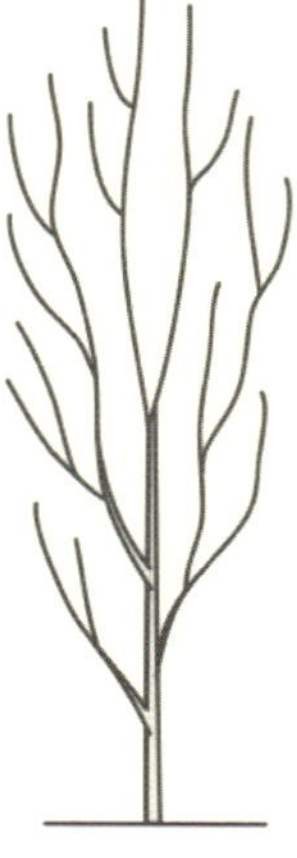

ほうき形

（キングサリ、ハナズオウ、ハナモモ〈照手桃〉、ムクゲなど）

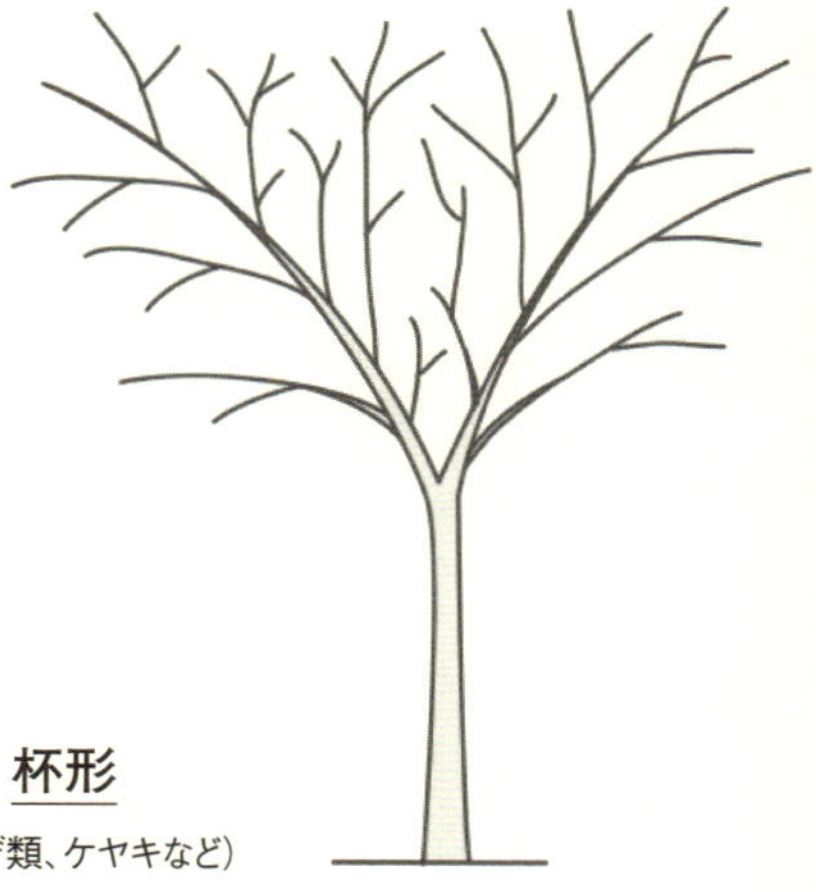

杯形

（カエデ類、ケヤキなど）

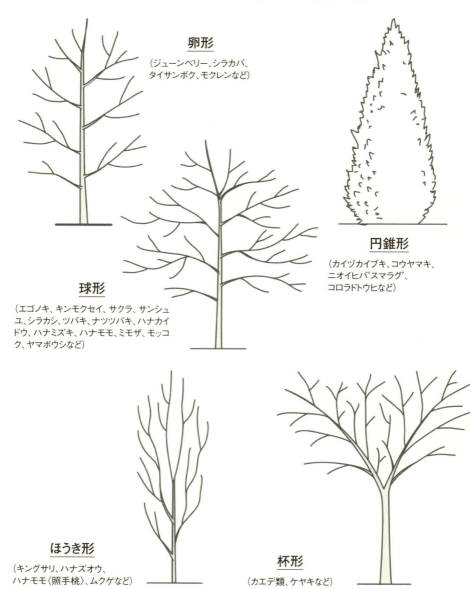

枝垂れ樹形

（シダレザクラ、シダレモミジ、シダレハナモモなど）

不定形

（ウメ、オリーブ、カエデ類、サルスベリ、スモークツリーなど）

株立ち

（エゴノキ、カエデ類、シマトネリコ、ジューンベリー、ナツツバキなど）

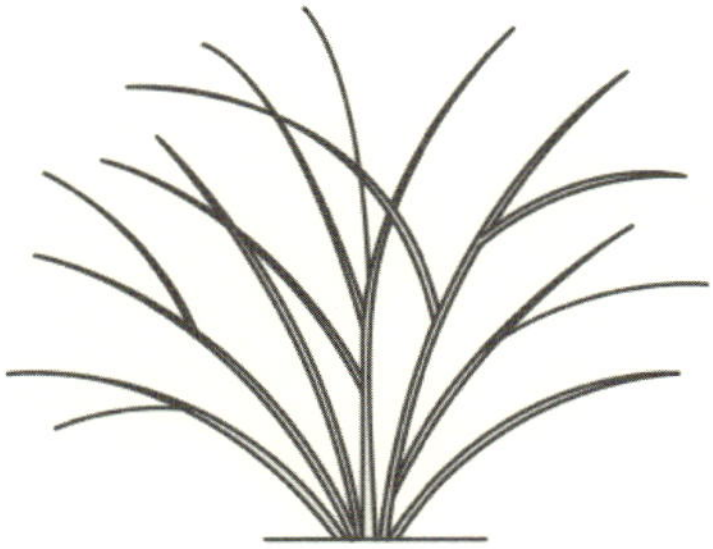

株立性低木

（アジサイ、ウツギ、キンシバイ、クチナシ、コデマリ、コムラサキ、常緑性ツツジ、センリョウ、ナンテン、バイカウツギ、ハギ、バラ、ヒイラギナンテン、ブルーベリー、ボケ、ボタン、ユキヤナギ、レンギョウなど）

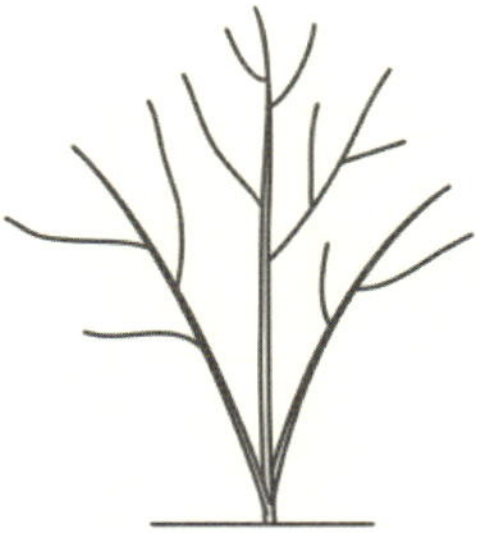

木立性低木

（アセビ、ウメモドキ、オオデマリ、カクレミノ、シャクナゲ、ジンチョウゲ、ドウダンツツジ、ミツマタ、落葉性ツツジ、ロウバイなど）

自然風の庭木にする切り方を教えてください。

ここがコツ！

ナチュラルな雰囲気となる「すかし剪定」が基本です。

庭木は、ずっと長くつき合っていく相棒です。長く変わらない姿を維持できる剪定をすることが大切です。

自然風の庭木にするには「すかし剪定」が基本になります。**木が自然になりたがる自然樹形にならった剪定なので、その樹種特有の姿を引き出し、ナチュラルで軽やかな雰囲気になります。また、枝先の芽を残すので、萌芽枝が抑えられて樹形が乱れない、その後の枝の伸び方が穏やかになる、などのメリットがあります。**

また、落葉樹は冬に葉を落とした姿も観賞しますが、枝をすかすと冬姿の美しさが際立ちます。

そうではなくて、落葉樹を、毎年同じ位置で枝を切り戻したり、木の輪郭に合わせて全体を刈り込んだとしたらどうなるでしょうか？　いずれも枝先を切り落とすので、切り戻した箇所の枝が太くなってがっちりとした樹形になったり、枝が混みすぎて全体が不自然な固まりになるなど、落葉樹の持ち味である軽やかさや繊細さが失われます。

OK すかし剪定されたヤマボウシ。ヤマボウシ本来ののびやかな樹形。枝と枝の間に光と風が通り、十分な数の花が咲く。

すかし剪定と切り戻し剪定、その後の枝の伸び方

切り戻し剪定のみだと…

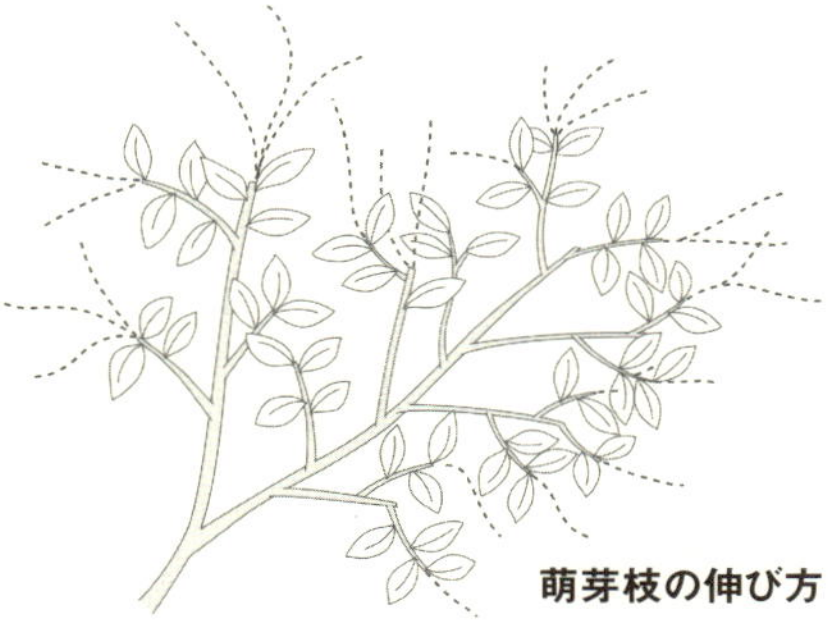

萌芽枝の伸び方

枝の混み具合は解消せず、萌芽枝によって年々枝が混んでいく。

×NG

切り戻し剪定されたヤマボウシ。本来の樹形が失われ、枝が混んで花もほとんど咲かない。

すかし剪定メインだと…

最初にすかし剪定（間引き剪定）

すかしたあと、必要な部分だけを切り戻す。

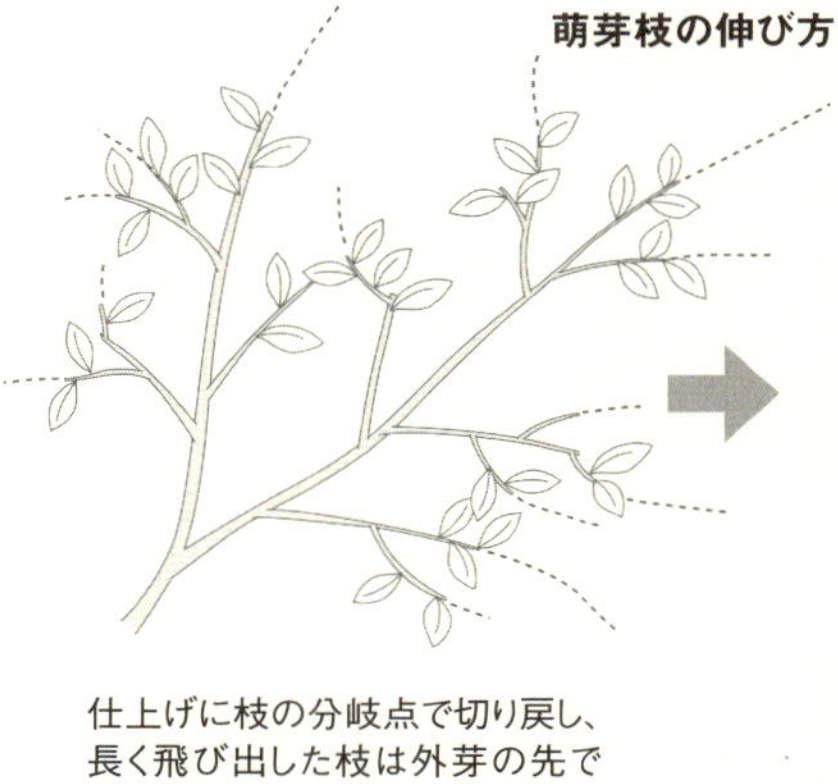

萌芽枝の伸び方

仕上げに枝の分岐点で切り戻し、長く飛び出した枝は外芽の先で切る。枝と枝の間隔があき、光と風通しが確保できる。

仕立てものの庭木の種類と切り方を教えてください。

ここがコツ！

仕立てられた形を、刈り込みなどで維持します。

伝統的な仕立てものにはマツ、マキ、モッコク、イトヒバなどがあります。

日本の仕立てもののお手本は厳しい自然界に生きる樹木の姿です。たとえばマツでは、断崖絶壁や山肌で枝を伸ばしている姿や、年月を重ねた古木の風合いを再現しているものが多くあります。

仕立ものをはじめとした人工樹形では、原則として仕立てた時と同じ樹形を刈り込みで維持します。

ただし、マツ類やイヌマキなどは萌芽性が悪かったり、枝が密になりすぎると光が足りなくなって枝枯れするため、刈り込みせずにハサミでひと枝ひと枝細かく剪定します。そのため、とても手間がかかります。

なお、人工樹形の1つである生け垣やトピアリーは、萌芽性の高い樹種を用い、刈り込みで維持します。

チャボヒバの段づくり。

シノブヒバの生け垣。

仕立てもののいろいろ

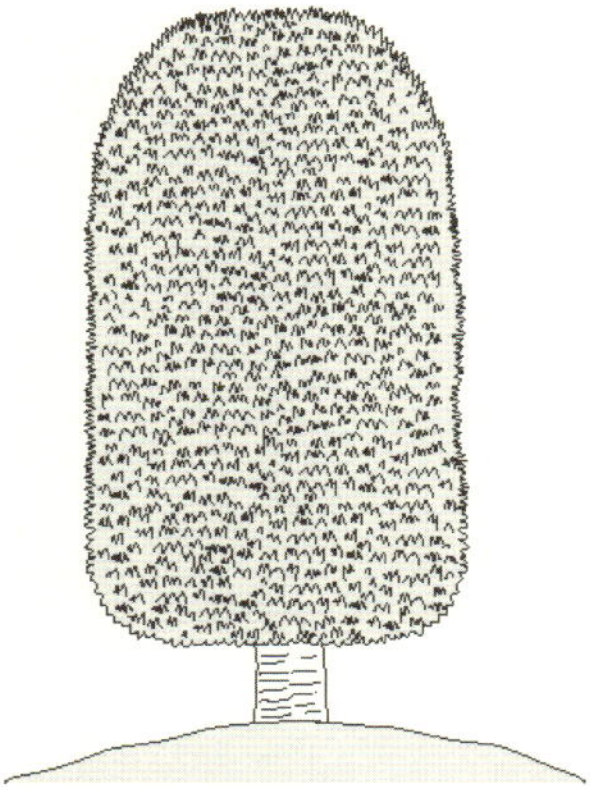

円筒形仕立て

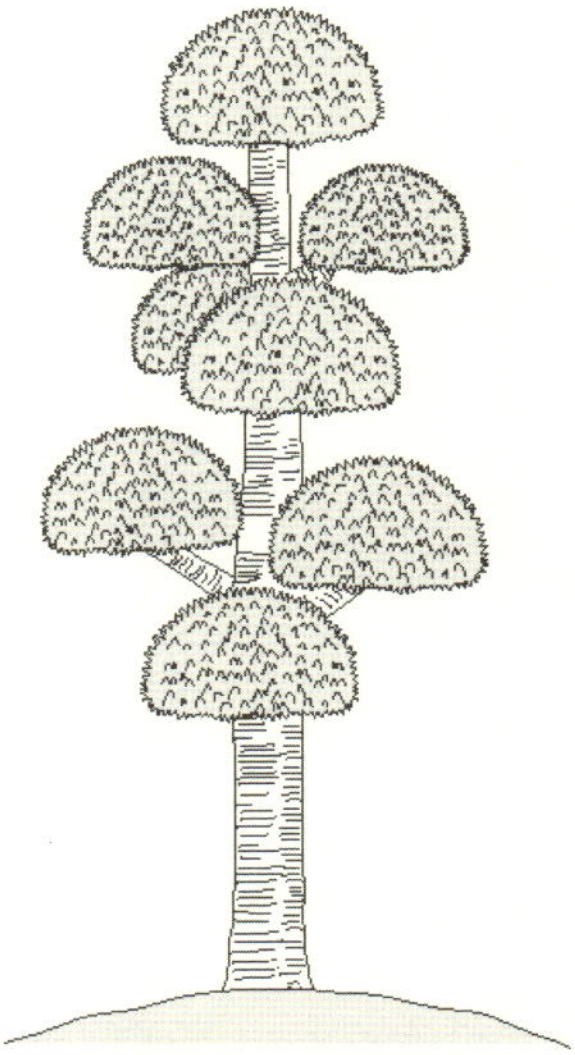

直幹散らし玉仕立て

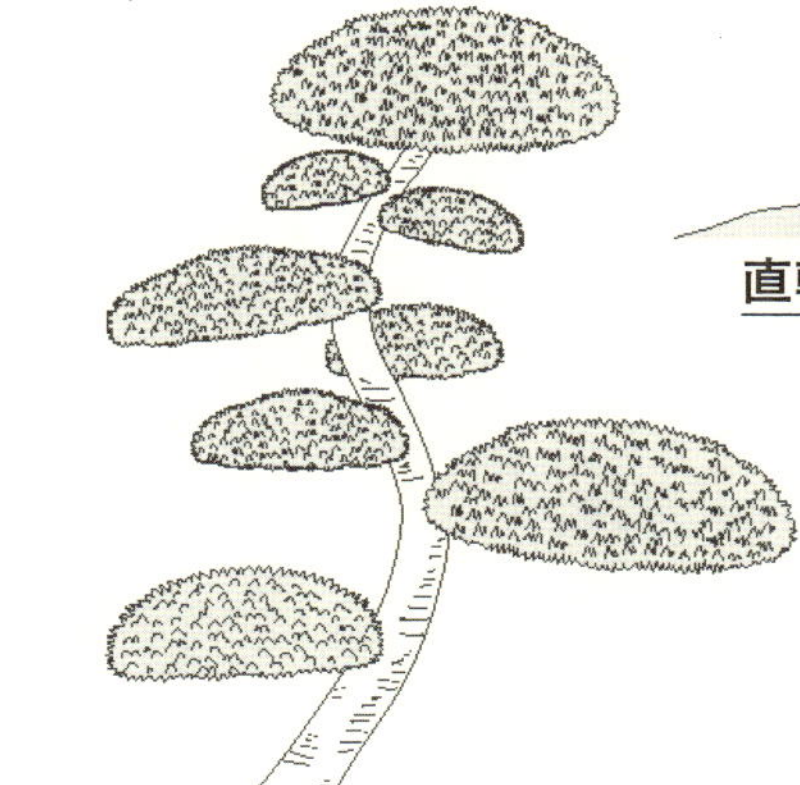

曲幹散らし玉仕立て

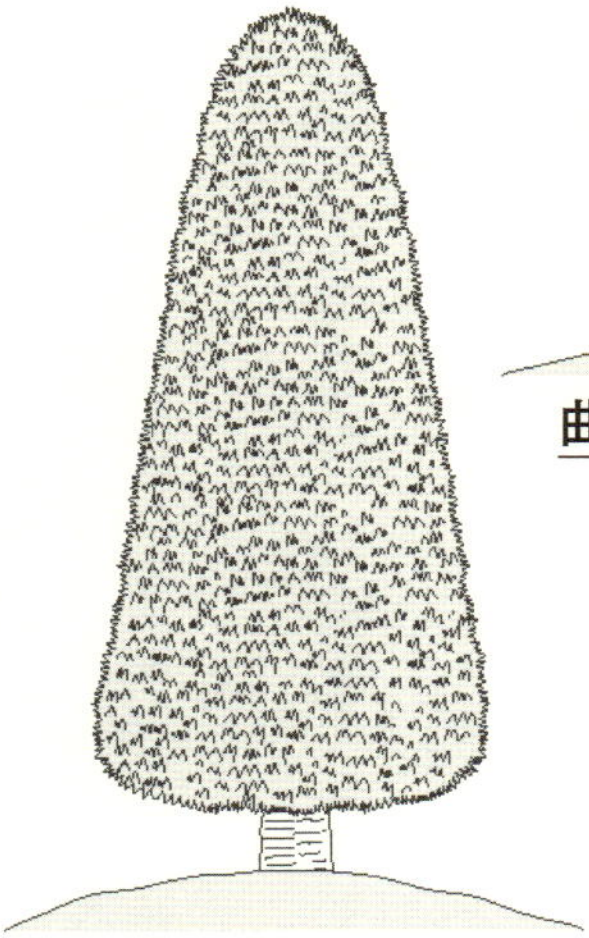

円錐形仕立て

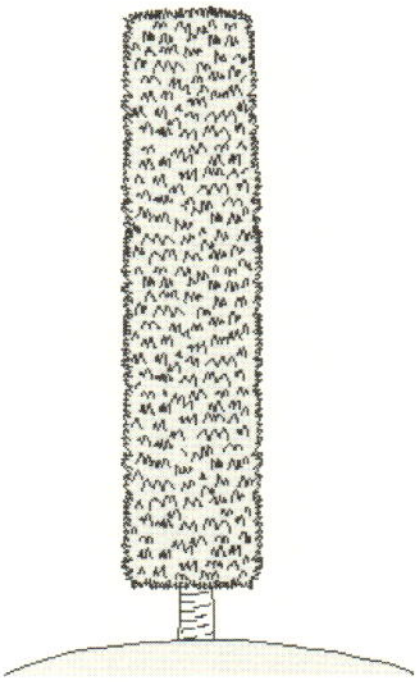

生け垣仕立て

枝を切り戻せば、木を同じ大きさで維持できますか？

ここがコツ！

内側の枝が枯れて切り戻せなくなり、維持できなくなります。

単純に木を小さくしようとして、切り戻し剪定で全体の枝を短く切って、枝先が引っ込められたとしても、混み合った枝は解消されません。しかも、先端となった切り口から萌芽枝がたくさん発生して、さらに枝が混んでいき、その結果、木の内側は暗くなって芽が枯れてしまいます。次の剪定では、枝全体を枯らさないために弱い剪定をすることになり、その結果、樹冠が年々外側へ膨らんでいってしまうのです。また、木の姿も固まりのような感じになってしまいます。

とくに花木では、光の当たる枝先に多くの花芽がつくため、枝を短く切ると花芽も切り落とされ、翌年はまったく花が咲かないこともあります。

つまり、**切り戻し剪定を繰り返すと、樹形も花も犠牲にするだけでなく、同じ大きさで維持するのが年々困難になっていくのです。**

一方、**すかし剪定でも、「枝の切り替え」という切り方をすれば、樹形を維持しながら木を大きくしすぎないようにすることができます。**

光と風が通るすかし剪定で残せた内側の枝は、将来の樹冠を構成する候補となる枝です。広がった外側の枝から、数年ごとに内側の枝へ切り替えていくことで、自然な樹形を保ちつつ枝先の位置を引っ込めることができます。

また切り戻し剪定に比べて剪定後の枝の伸び方はおだやかです。

つまり、すかし剪定のほうがより柔軟性があり、全体の樹形を崩さずに長い間、ほぼ一定の大きさを維持するのが容易だというわけです。

枝の切り替えで枝先の位置を後退させる

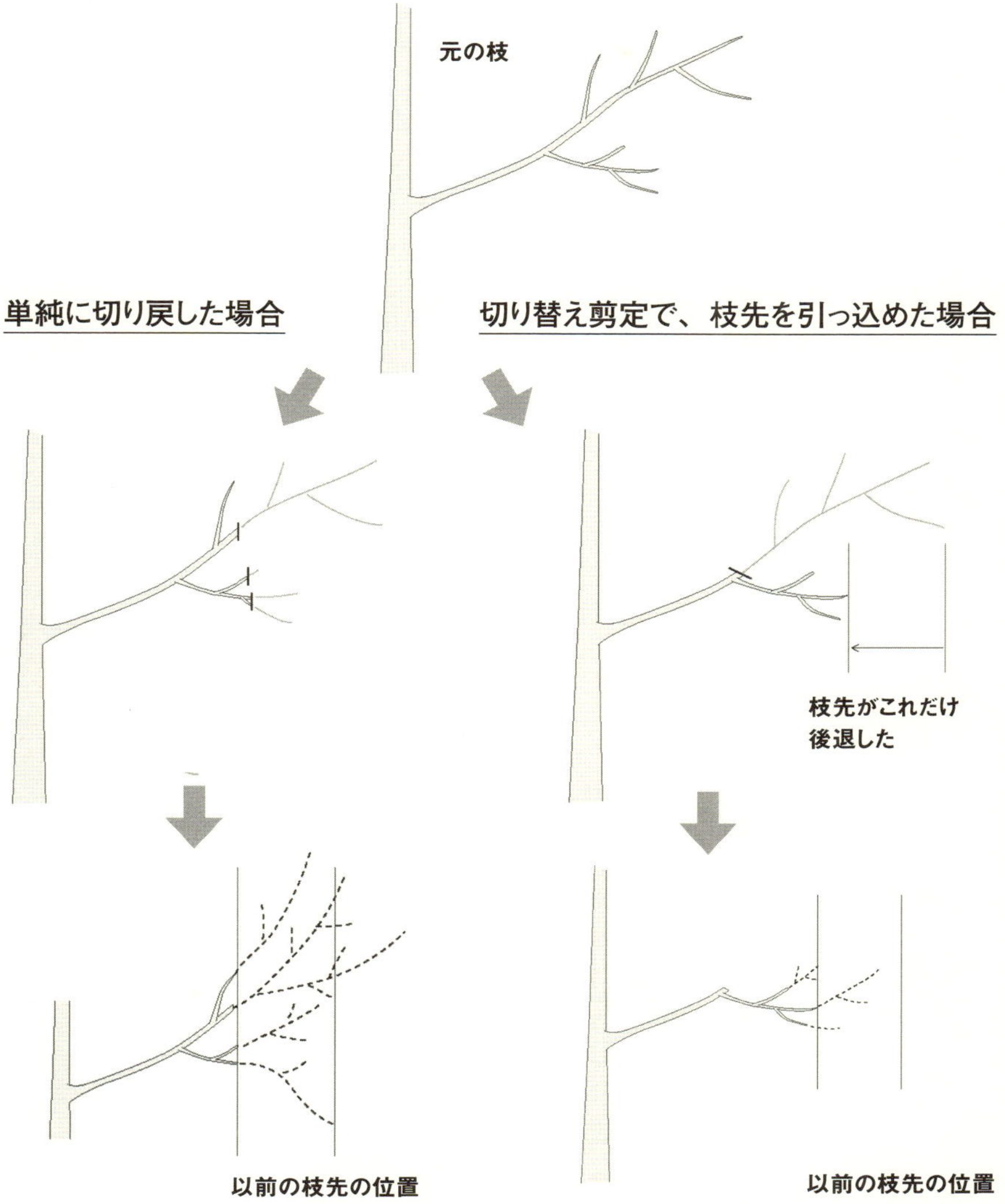
元の枝
単純に切り戻した場合
切り替え剪定で、枝先を引っ込めた場合
枝先がこれだけ
後退した
以前の枝先の位置
以前の枝先の位置

剪定後、強い萌芽枝がたくさん伸びて、
以前より大きくなってしまうことも。
枝が混むと木の内側の芽が枯れ、弱い
剪定をせざるを得ない。

＜年々樹冠が大きくなる＞

剪定後の枝の伸びもおだやか。
光と風が通って、次に切り替えて
枝先にする候補の枝も残せる。

＜木を同じ大きさで長く維持できる＞

花木も、一般の庭木と同じ剪定でよいのですか？

ここがコツ！

花木には、花つきを優先する「花後剪定」があります。

樹形を楽しむ樹種では木の姿を維持する剪定をしますが、**花を楽しむ花木では、花をたくさん咲かせることが重要なので、花が咲き終わってすぐに「花後剪定」をします。**

花木は、「開花→枝の成長→花芽の分化→花芽の成長→開花」というサイクルを繰り返します。芽には葉芽と花芽の2種類があり、葉芽からは枝葉が伸び、花芽には花が咲きます。どちらの芽になるかは芽がつくられたときに決まり、途中で変わることはありません。

花芽は、樹齢・温度・日照・枝の充実度などの要素がすべて満たされた一年の中でも限られた期間につくられ、その期間を「花芽分化期」といいます。多くの落葉性の花木は、落葉期には花芽があり、剪定で切り落とすリスクがあります。しかし、花後すぐに剪定する「花後剪定」は花芽ができる前なので、花芽に影響なく剪定できるのです。

花木のいろいろ

花後剪定は、咲き終わったらすぐに剪定します。

球形のハナミズキ。

木立性低木のミツマタ。

まず必要な道具、あると便利な道具はなんですか？

ここがコツ！

まずは、三種類のハサミとノコギリ、脚立から。

剪定作業の三種の神器は、剪定バサミ、植木バサミ、剪定ノコギリです。

剪定バサミは、細い枝から直径1・5cmくらいの枝まで楽に切ることができ、もっとも使用頻度が高いハサミです。植木バサミは刃先が尖っていて、細かい枝を切ってすかす作業には便利です。剪定ノコギリはより太い枝を切るために使います。ハサミとノコギリはケースに入れて腰につけると持ち替える際の作業効率が上がります。**剪定作業の際は、安全のために手袋を必ず着用してください。**

脚立は3点で支える園芸用のものをおすすめします。庭には凹凸や傾斜がありますが園芸用の脚立なら3点で常に安定します。ただし、一番上の段は不安定なのでのぼらないようにし、余裕のある高さの脚立を用意しましょう。

癒合剤は切り口に塗って保護する役割です。

まずはこれから…必要な道具

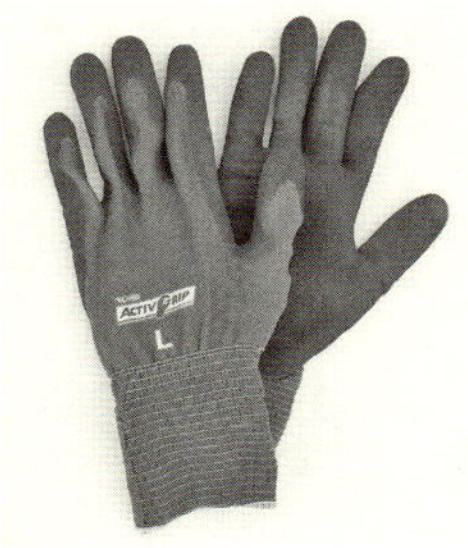

手袋

ケガと虫刺されを防ぐ。すべりにくいゴムつきのものがおすすめ。

剪定バサミ

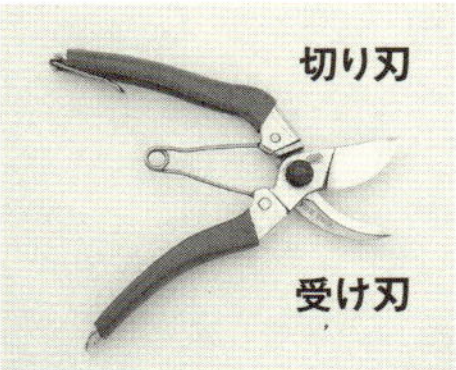

片刃のハサミ。手の大きさに合ったものを選ぶ。

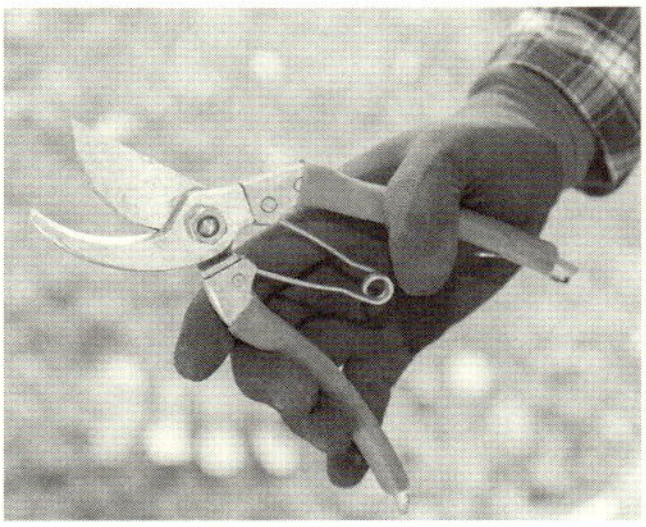

軽く握って押し込むように切る。

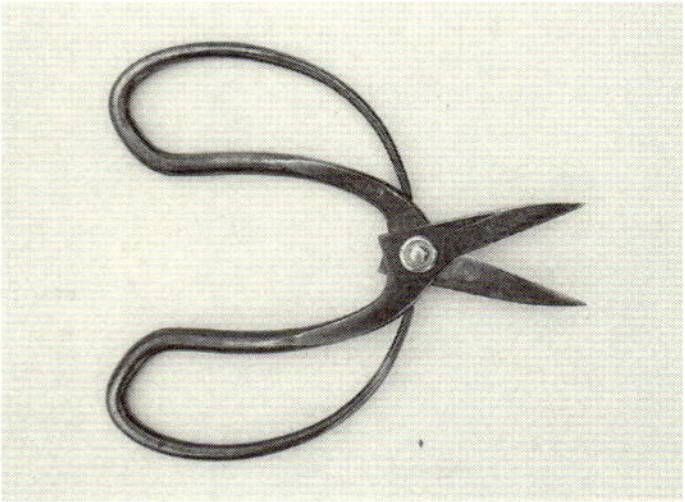

植木バサミ

細かい作業に向くハサミ。

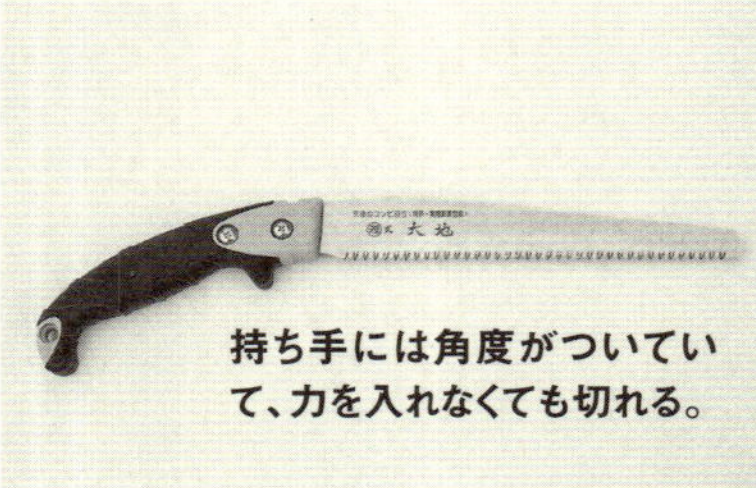
持ち手には角度がついていて、力を入れなくても切れる。

剪定ノコギリ

生木でも木くずが刃に詰まりにくい。 枝のつけ根に差し入れやすい形状。

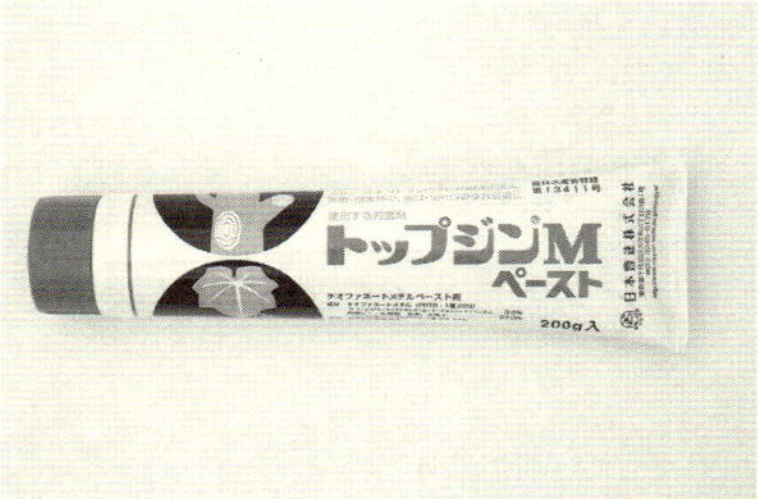
トップジンM
ペースト

癒合剤

剪定後に切り口に塗布する。

脚立

脚が3点の脚立は、すき間に足を差し入れられて、木の近くに寄れる。

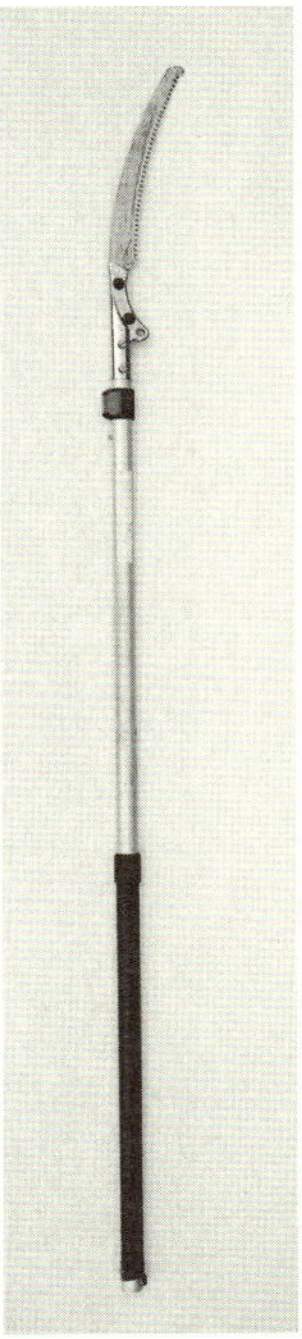

高枝ノコギリ

高枝切りバサミ

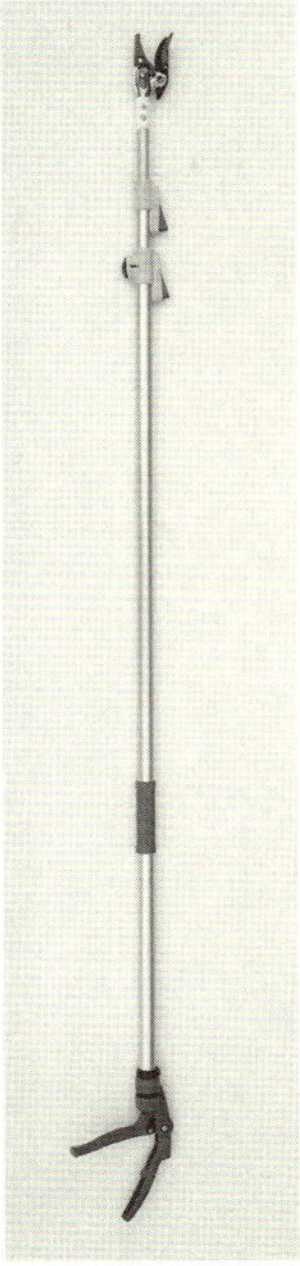

あれば便利な道具

さらに、あれば便利なものとして、高枝切りバサミや高枝ノコギリがあります。ただし、柄が長いためにきちんと切るのがむずかしく、実際は脚立にのぼって切ったほうが楽です。剪定で切った枝は、園芸用の自立式の収草袋などに入れて集めると便利です。
生け垣などの刈り込みは、刈り込みバサミで行いますが、生け垣の面積が広い場合は、電動バリカンが頼もしい助っ人になります。切りくずが目に入らないように、刈り込みの際は、メガネまたはゴーグルを着用しましょう。

自立式の収草袋

ミ（箕）

生け垣に必要な道具

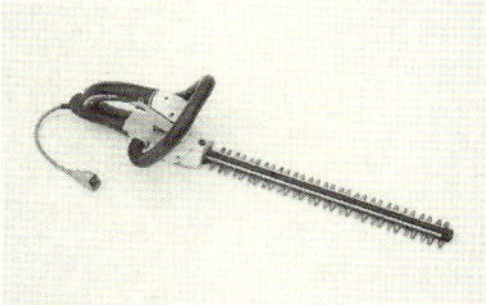

電動バリカン

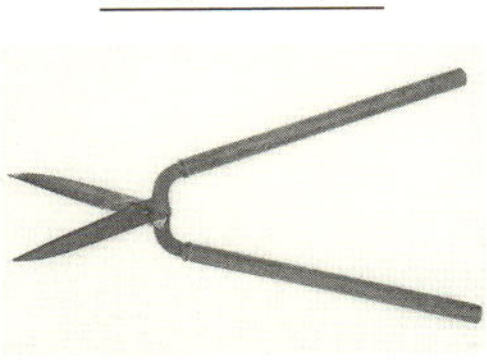

刈り込みバサミ

ハサミケース

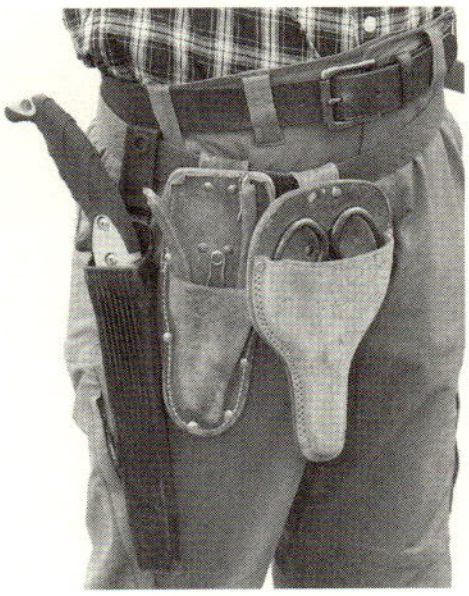

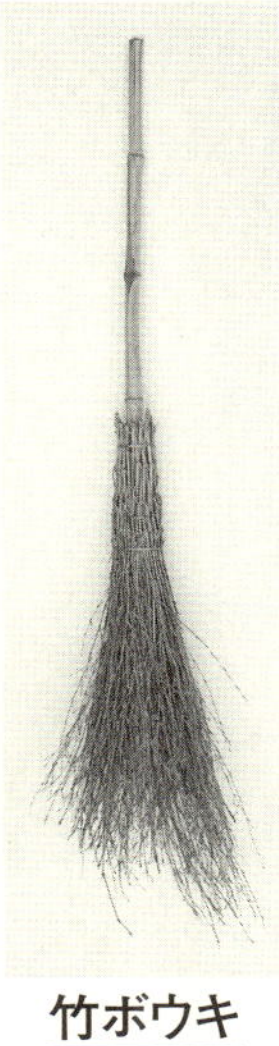

竹ボウキ

熊手

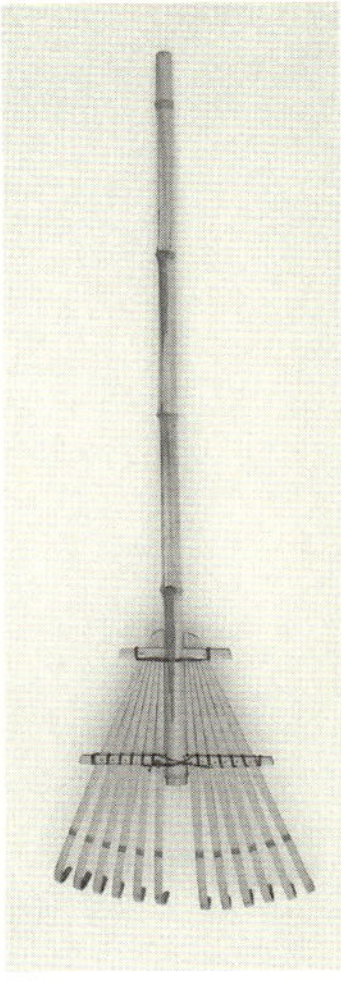

道具の手入れと保管の方法を教えてください。

ここがコツ!

汚れを落とし、さび対策をするのがポイントです。

快適な作業には、日頃の道具の手入れが欠かせません。とくにプロの庭師と違って毎日剪定しない一般の方は、道具を使う頻度が少ないので、さび対策が重要です。

刃についたヤニは、作業直後は比較的取りやすく、時間が経つと取れにくくなります。剪定バサミや植木バサミはたわしでこすりながら水洗いできます。剪定ノコギリは錆びやすいので、水は使わず、使い終わった歯ブラシや布などで歯に挟まったヤニや木屑を丁寧に取り除きます。

ヤニなどの汚れを落としたら、しっかりと水気を拭き取り、専用のスプレーやシリコンスプレーなどを吹きつけてさびを防ぎます。

ヤニをつけたままだと切れ味が悪くなり、より力を入れて切るようになるため危険です。切られる木の側も、切り口が滑らかでないと直りも遅くなります。

道具の手入れで用意するもの

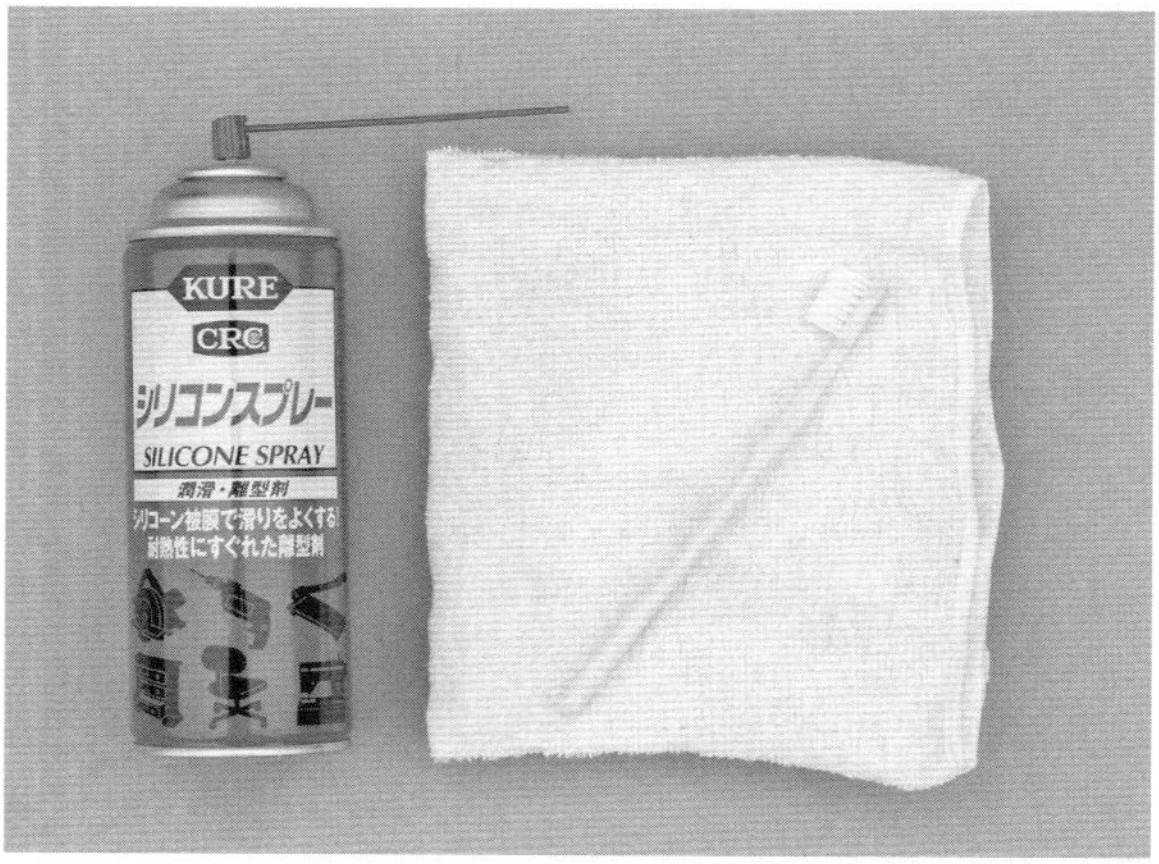

使い終わった歯ブラシ、乾いた雑巾、シリコンスプレーがあれば、一通りの手入れができる。刃の切れ味が落ちてきたら、刃を研ぐ。

刈り込みバサミの手入れ

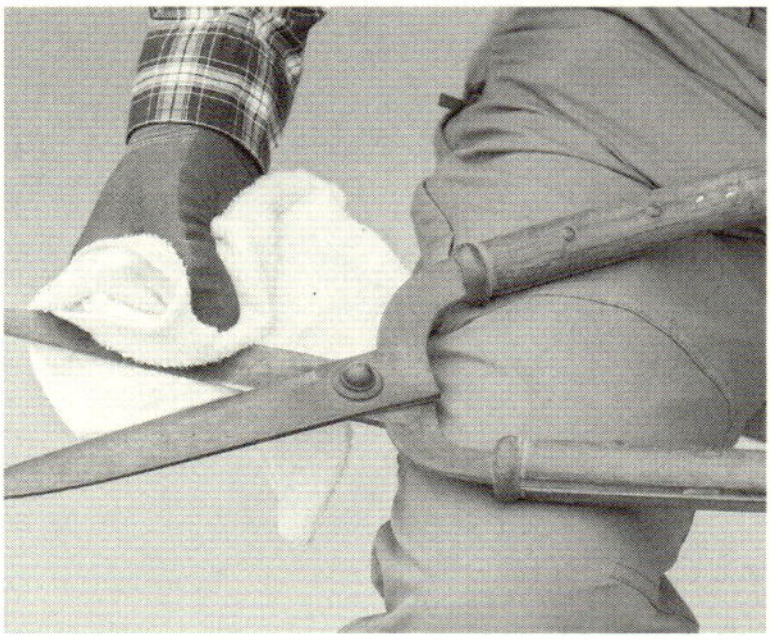

1 ヤニや汚れなどを拭き取る。

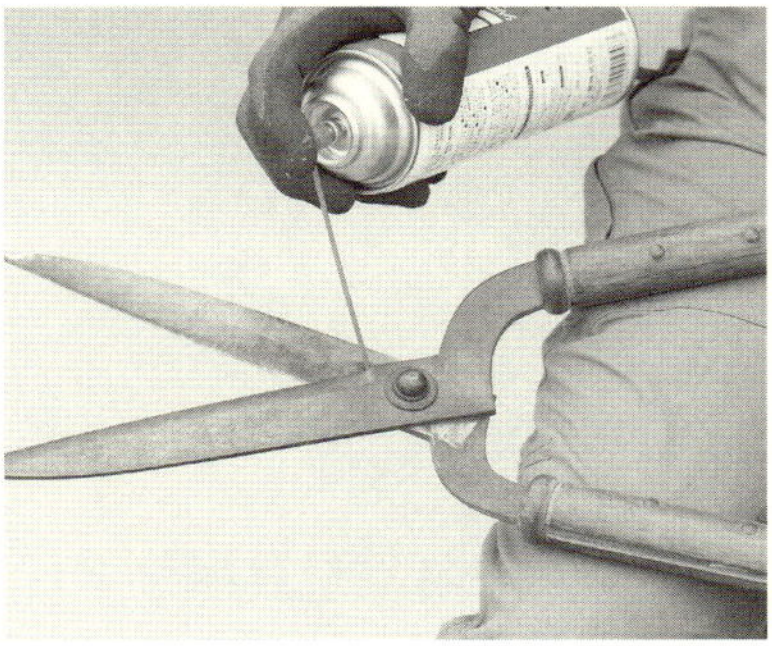

2 シリコンスプレーでコーティングする。

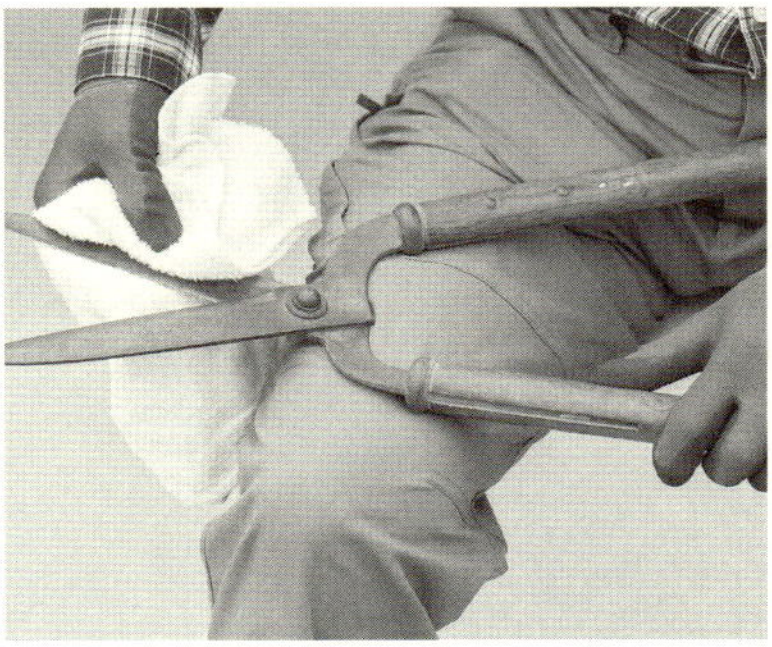

3 まんべんなく塗り込み、余分な液は拭き取る。

剪定バサミの手入れ

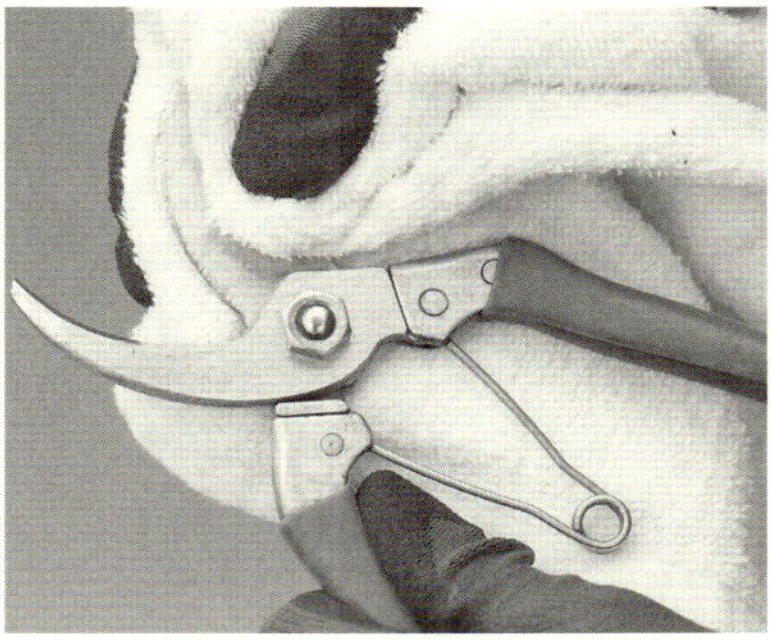

1 ヤニや汚れなどを拭き取る。

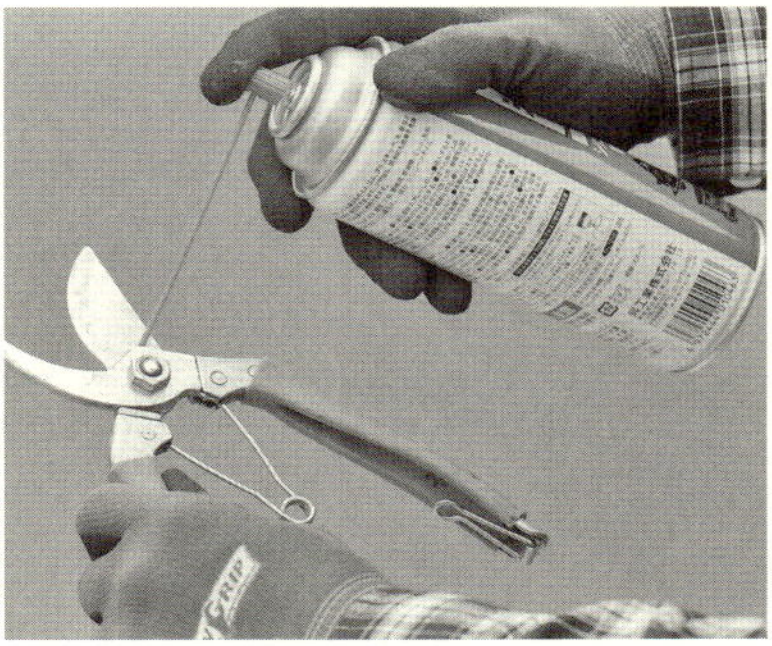

2 シリコンスプレーでコーティングする。

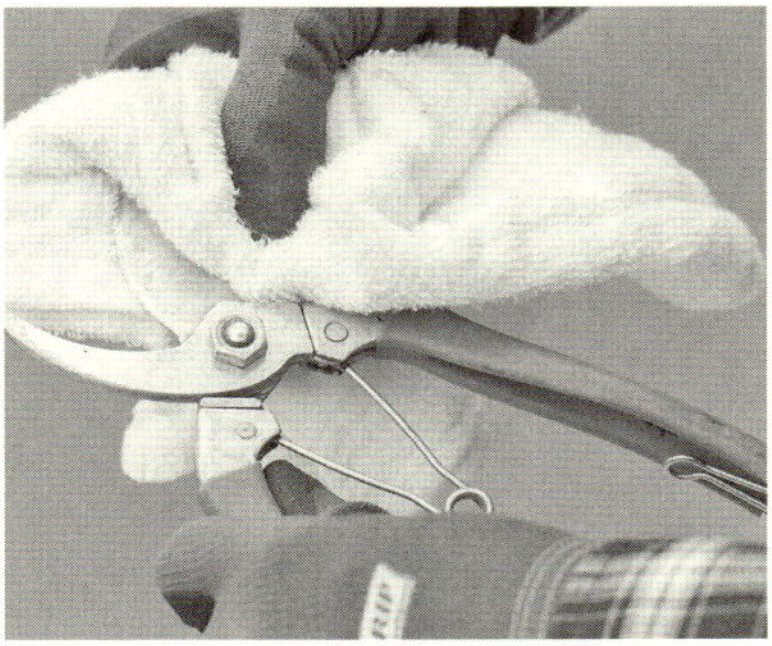

3 まんべんなく塗り込み、余分な液は拭き取る。

剪定ノコギリの手入れ

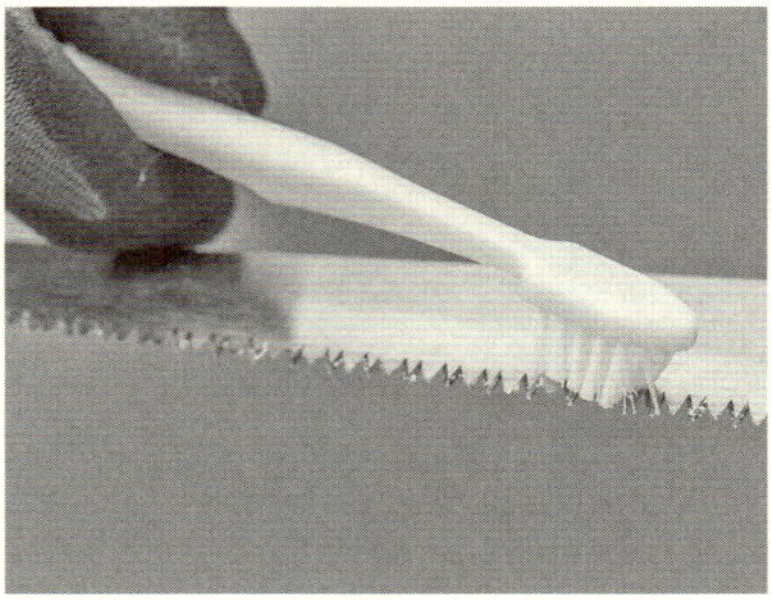

❶ 刃に詰まった木屑を歯ブラシで落とす。

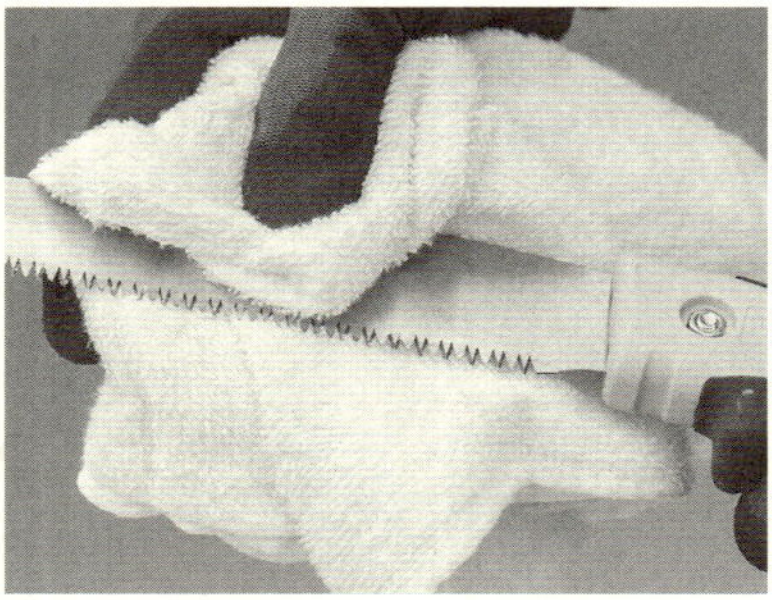

❷ ヤニや汚れなどを拭き取る。ブレードや折り込み部分にシリコンスプレーを吹きかけておくとよい。

道具の保管方法
道具は使い終わったら必ず手入れをする習慣をつけ、道具箱に入れるか所定の位置に置くようにします。湿気が少なく子どもなどの手の届かない場所で保管しましょう。

Column

刈り込みバサミは両面使える

刈り込みバサミは表使いだけではなく、裏使いで切ることも可能。刈りやすい角度に持ち替えて刈ります。

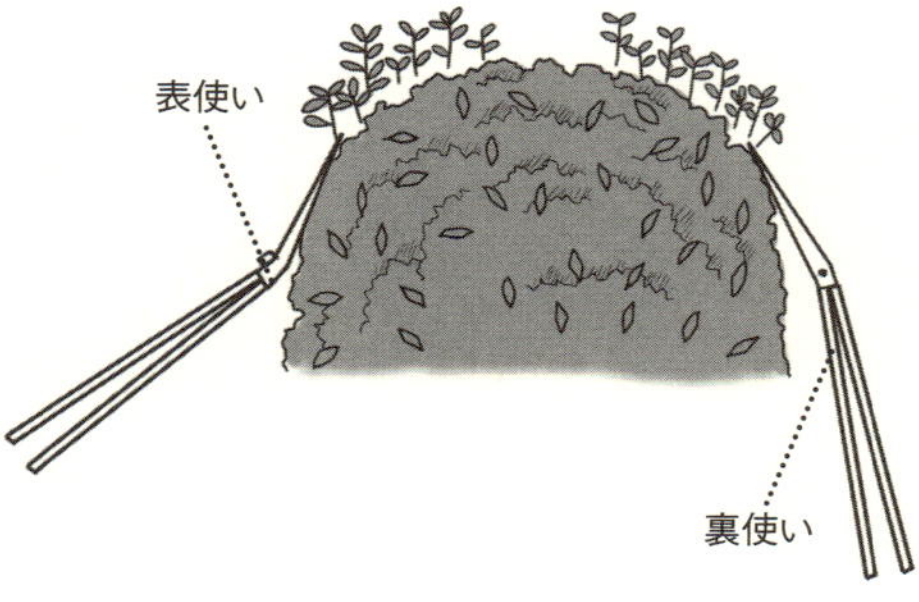

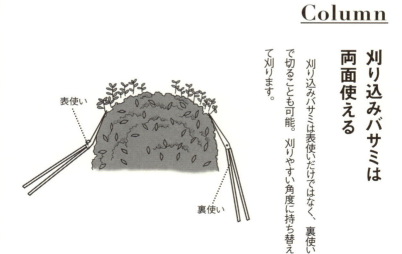

Chapter 2
すかし剪定 実際のコツ

～不要枝を切って、枝を間引いて切り替えましょう。

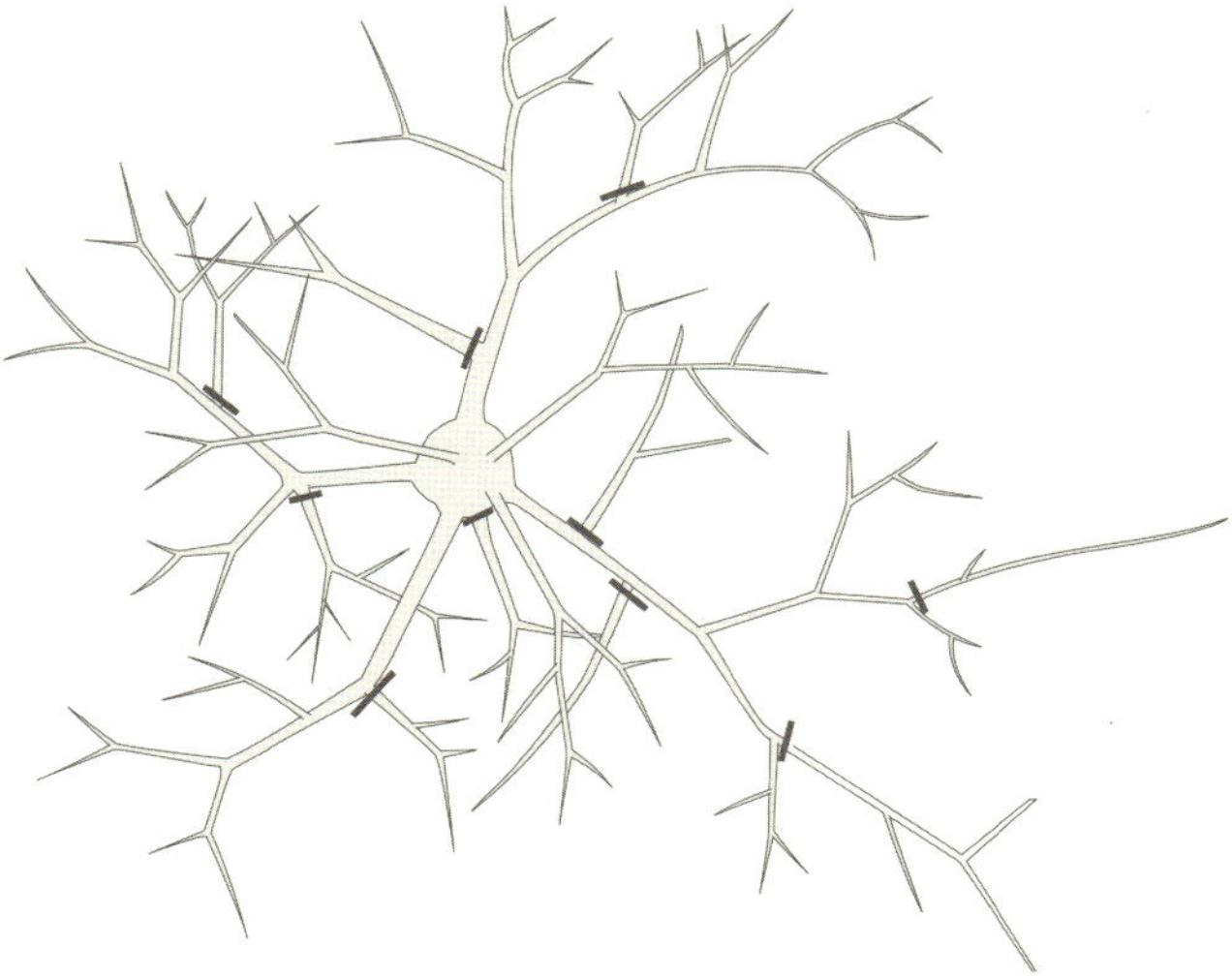

すかし剪定をするメリットはなんですか？

ここがコツ！

枝先が残って自然な雰囲気を保て、切った後の成長もおだやかです。

私たちは無意識に庭木の樹形（木姿）を観賞しています。木漏れ日を通す葉や風にそよぐ小枝を見て、さわやかな気分になったり癒されたりします。京都の名園などを訪ねた時を想像してみてください。たとえ花や紅葉の時期でなくとも、風に揺れる枝、落葉樹の明るい葉色と常緑樹の光沢ある深い緑との対比、落葉期には複雑でのびやかな木肌と枝ぶりなど、木からたくさんの情報を得ているのです。

木を見て自然な雰囲気と感じるには、じつは枝先が非常に大切な役割を果たしています。木の枝は、太い幹からいくつも枝分かれしていくごとに細くなりながら広がっていき、最後は無数の繊細な枝先に達します。その幹から枝先までの「流れ」を見て自然な木の姿を感じているのです。反対に、寸胴切りされた木のように、幹から枝先までの広がりが著しく変わった姿を見ると、不自然に感じます。

このように**剪定後も自然な姿を保つには、枝先を残すことがとても大切です。それには枝を間引いて本数を減らす「すかし剪定」が、枝先を切り落としてしまう「切り戻し剪定」に比べて、はるかに優位です。**さらに、すかし剪定には、切った後の木の成長がおだやかというメリットもあります。

上手なすかしは、「どこを切ったかわからないくらい自然な」剪定だといいます。樹種特有の自然樹形にならって、本当に必要な枝を吟味しつつ不要な枝を間引くため、剪定後も全体のシルエットや雰囲気は大きく変わらず、ぱっと見は大きな変化を感じないのでしょう。

しかし、実際に十分な枝が間引かれ、枝と枝の間に光が入って、木全体が軽やかになっています。**一見してどこを切ったかわからないというのは、木にとっても切られた刺激が少なく、強いストレスになりません。**

枝先がある木・寸胴切りの木

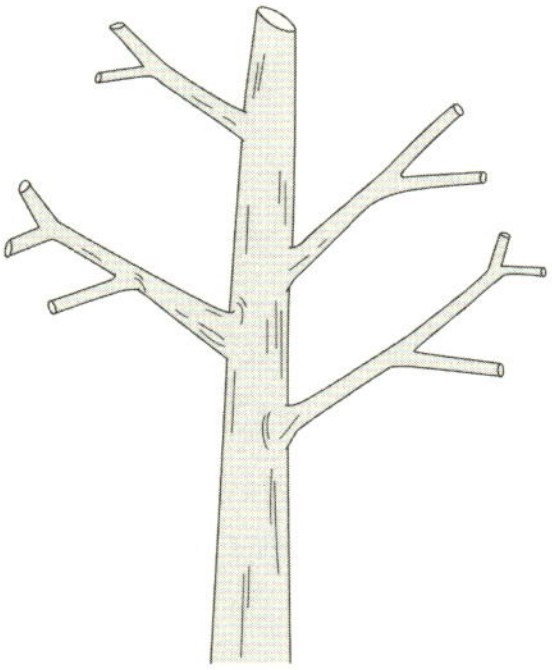

寸胴切りされて繊細な枝先が
なくなると、とても不自然。

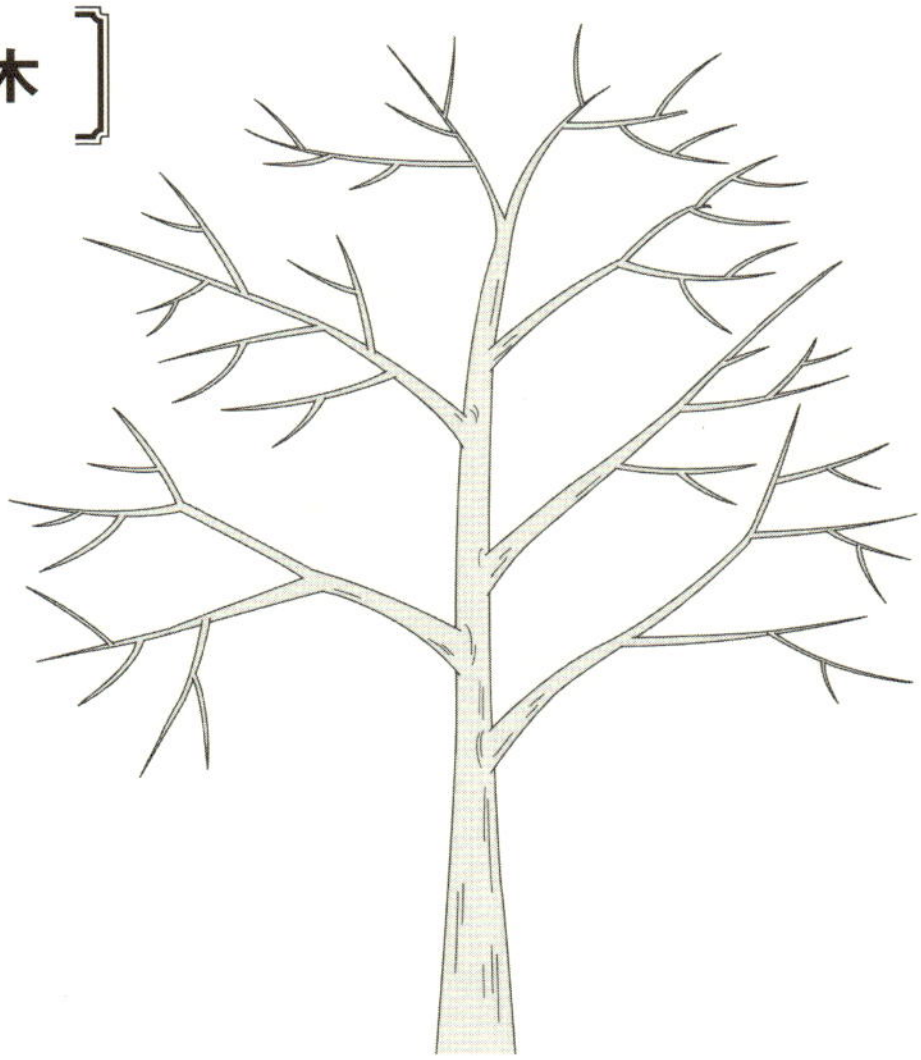

枝先があると、自然で伸びやか。いくつも枝が
分かれて広がっていく。

すかし剪定は
メリットがたくさんある!

枝先が残せるので、
自然な雰囲気を保てる。

枝と枝の間に光と風が通って、
明るくなり、病虫害も減る。

萌芽枝が出にくいので、
樹形を崩さず成長もおだやか。

枝の切り替えで、木を大きくさせずに
維持できる柔軟性がある。

切り口に葉から養分が
供給されてカルスができやすく、
切り口の塞がりが早い。

木々の繊細な枝先

枝先があるとナチュラルな感じが得られ、癒されます。

「不要枝」の切り方のコツはありますか？

ここがコツ！

大きく樹形を乱す可能性の高い不要枝から、順番に切り始めます。

「不要枝」とは「忌《い》み枝」ともいい、自然の枝の伸び方に逆らって伸びた枝のことです。剪定するときは、まず不要枝から切り始めます。不要枝を残しておくと、将来的に大きく樹形を崩すことになる可能性が高く、早めに切ることが肝要です。

おもな不要枝には以下の種類があります。ひこばえ、枯れ枝、胴吹き枝、立ち枝、下り枝、逆さ枝、絡み枝、徒長枝、平行枝、混み枝、車枝。

実際の剪定では、「不要枝を切る→枝を間引いてすかす」の手順になります。

不要枝を切る順番としては、作業性を考慮しつつ、明らかに大きく樹形を乱している不要枝から順に切っていきます。

まず、枯れ枝や病害虫に侵された枝を落とし、次に逆さ枝、立ち枝、下り枝、絡み枝、さらに徒長枝、車枝という順に切っていきます。切るべき枝がいくつかある場合は、太い枝から切ります。長い枝を短く切り詰めるときには、外芽の先で切ります。

そのほかの不要枝である、平行枝、胴吹き枝、混み枝は、樹形を乱す可能性はそれほど高くないので、ほかの枝とのバランスを見て切るかどうかを決めます。光が当たらず枯れ込みそうな場合は切りますし、何年か後に枝先を後退させることを考えて、「たとえ不要枝でも切り替える枝の候補として今は残しておく」という判断をすることもあります。

木は生き物で、必ずしも思った通りに枝を伸ばしてくれないこともあります。そんな時にも柔軟に対応できるような選択肢を残しておくのも、長く自然な姿を維持するために必要なことです。

樹木のおもな不要枝

剪定作業の時に切ったほうがよいとされている枝。

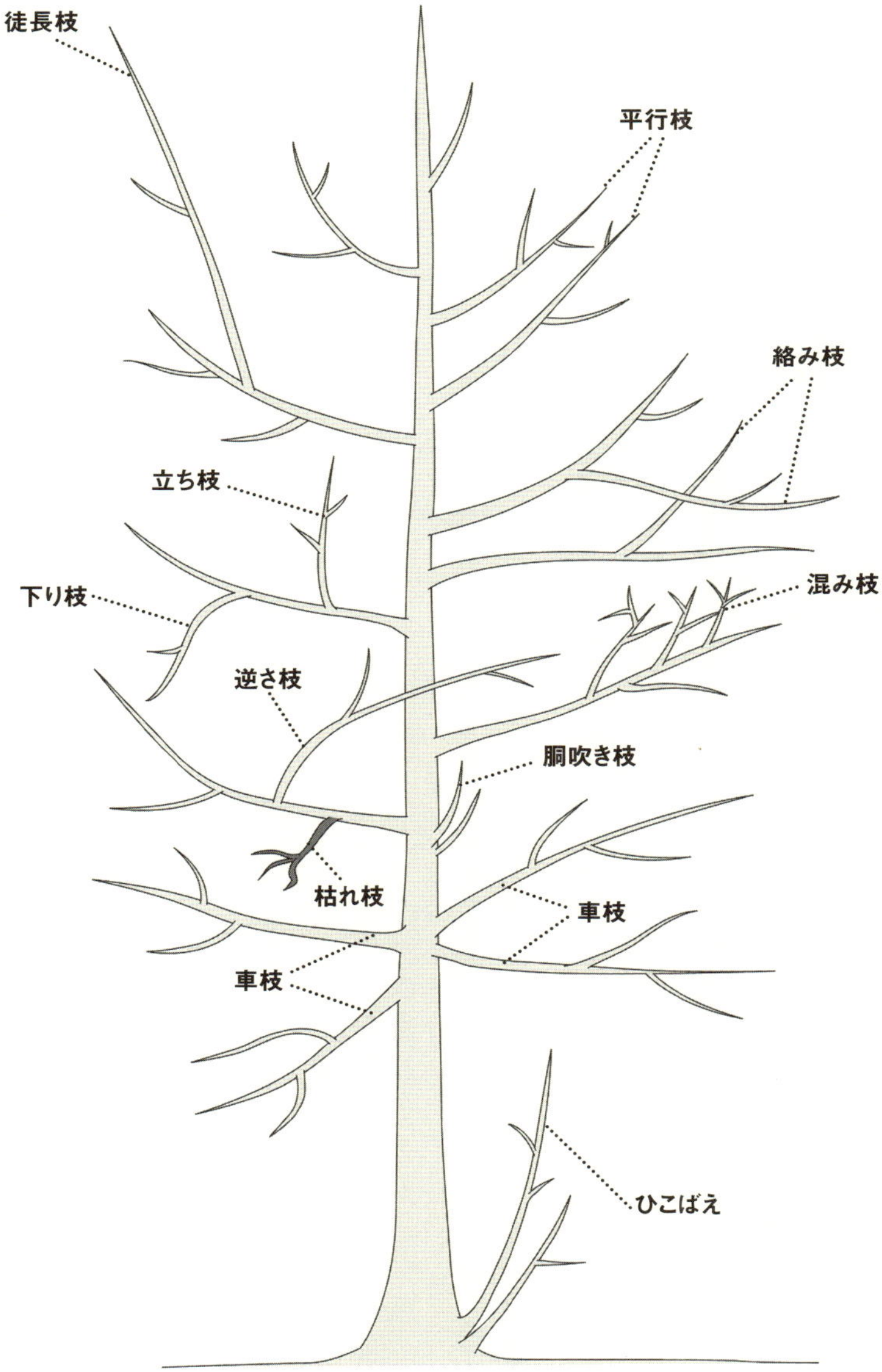

間引く枝はどうやって選んだらよいですか？

ここがコツ！

枝と枝の間隔と配置が均等な枝を残し、それ以外の枝を間引きます。

枝をすかしていく際には、どの枝を間引き、どの枝を残せばよいのでしょう？

残す枝を選ぶポイントは、枝と枝との「間隔」と「配置」です。剪定後に枝と枝の間隔がそろっていて、どこかが偏っていたり混んでいたりすることがなく、均等に風と光が通ることが理想です。

枝の配置は、上から見た時に四方にバランスよく広がる枝を残します。そのような枝の配置にすれば、木もバランスよく成長します。

実際の枝にはいろいろな太さがありますが、遠くから見て枝の密度がおおよそ均一に見えるようにすることを目指します。

残す枝を見定めたら、切る枝は原則としてつけ根で切って間引きます。

さらに、間引く際にＹ字形の枝の分岐点で片方を切る「切り替え」という技も使うこともあります。枝の切り替えは、次に伸ばしたい枝にバトンタッチすることで、柔軟に樹形をつくっていくテクニックです。

もともとの樹冠より内側に枝先がある枝に切り替えれば、枝の切り替えによって枝先の位置を引っ込めることもできます。

また、立って伸びる枝を切り、やわらかく外側へ広がる枝を残すように切り替えれば、枝の樹勢を抑えて伸びすぎないようにすることもできます。

なお、切り替える枝の方向は重要で、もし立ち気味の枝に切り替えてしまうと、さらに樹勢が増して大きく伸びてしまうので注意します。

枝の切り替え方

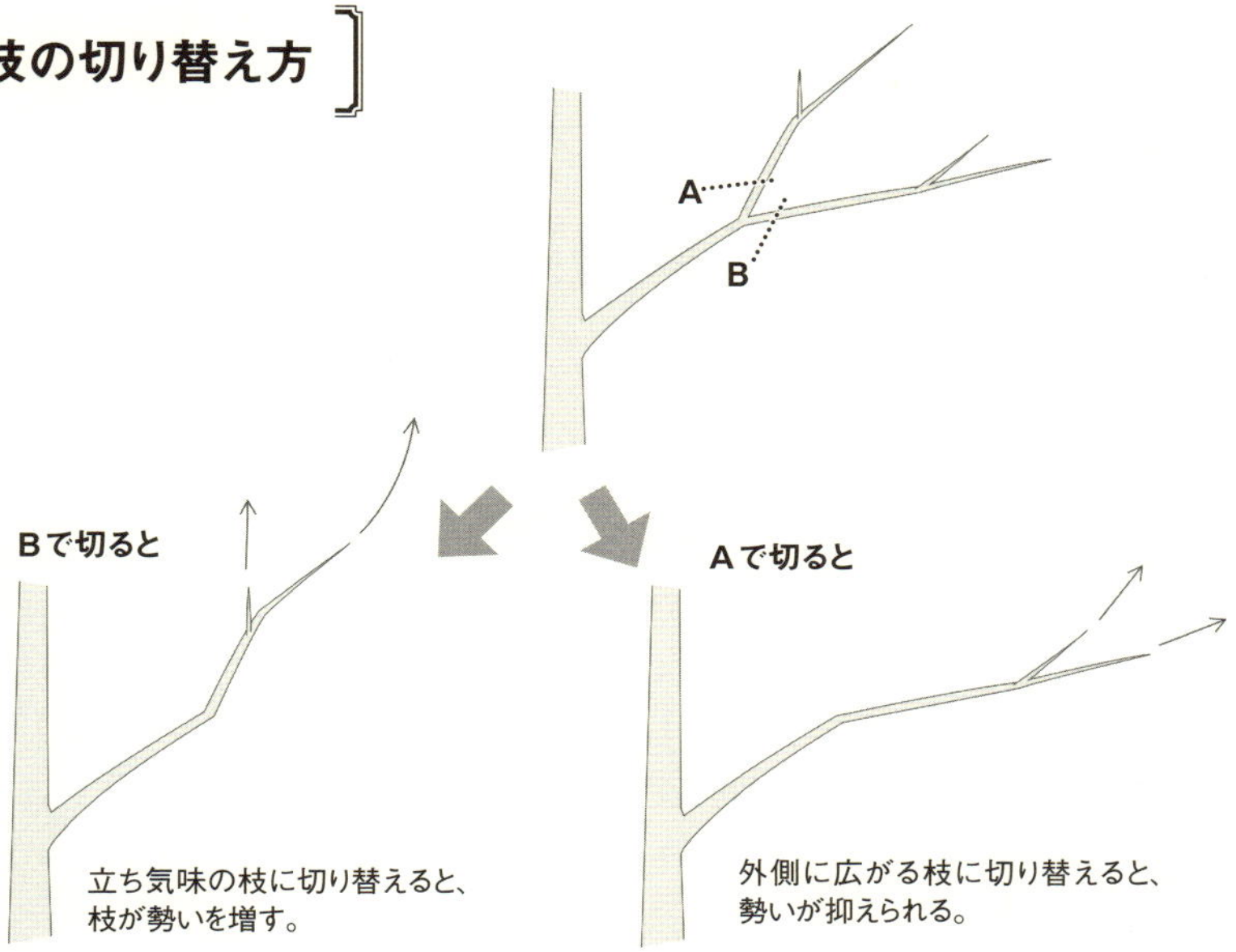
A
B
Bで切ると
Aで切ると
立ち気味の枝に切り替えると、
枝が勢いを増す。
外側に広がる枝に切り替えると、
勢いが抑えられる。

間引く枝の選び方（俯瞰図《ふかんず》）

枝と枝の間隔と配置が、どこかに偏ることなく、均一になるのが理想。

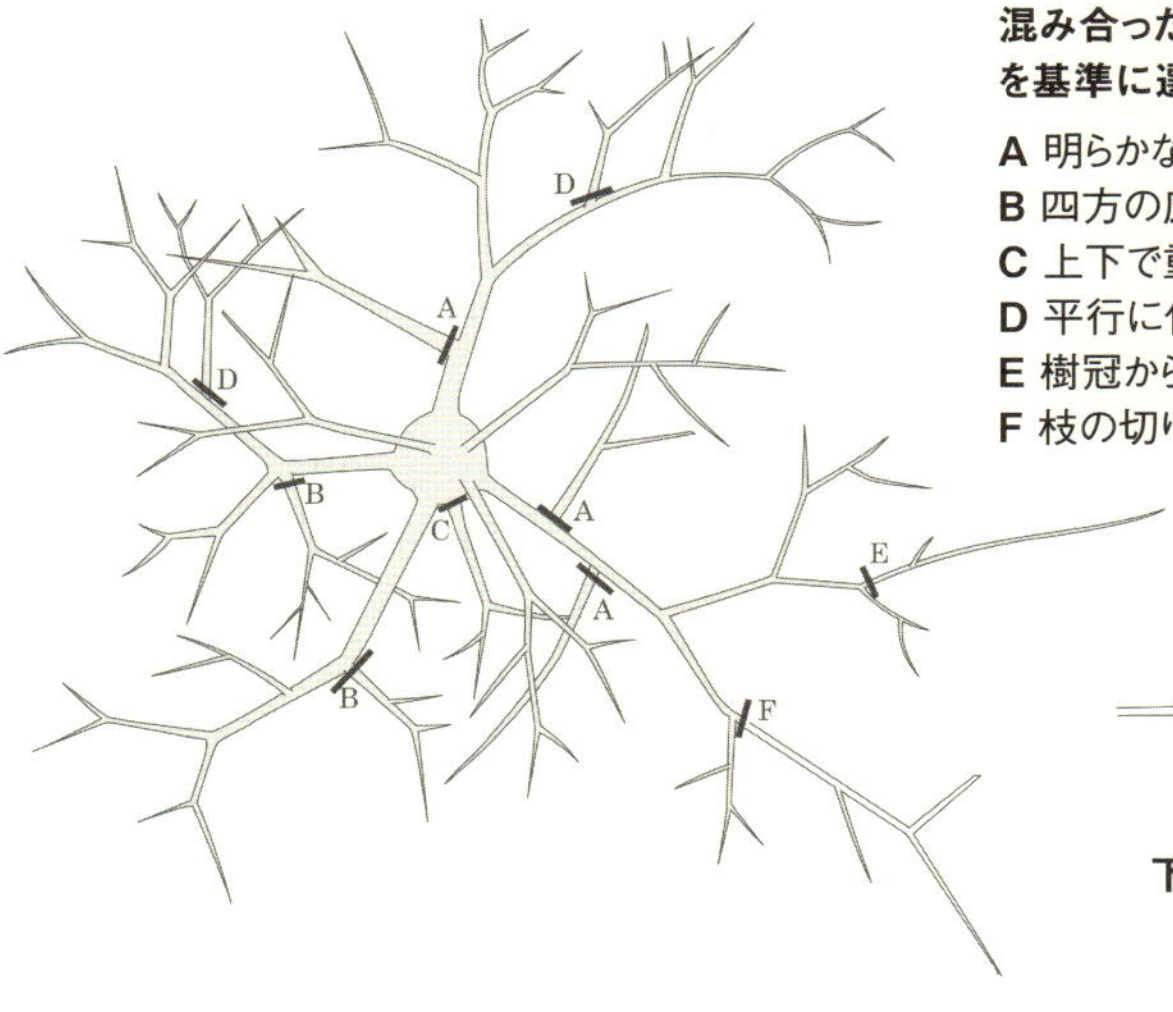
D
A
D
B
C
A
A
E
B
F

混み合った枝の判断はむずかしいが、以下を基準に選別するとよい。

A 明らかな不要枝（逆さ枝・絡み枝など）
B 四方の広がりと関係のない枝
C 上下で重なった枝
D 平行に伸びて間隔が近い枝
E 樹冠から大きく飛び出した枝
F 枝の切り替えで、枝先を後退させる場合

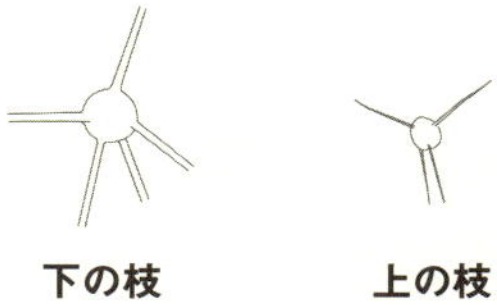
下の枝
上の枝

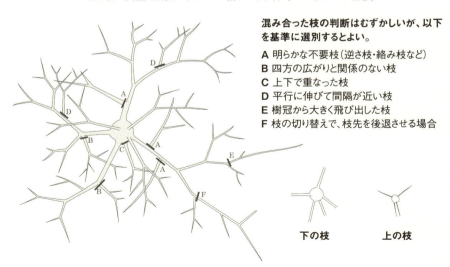

「徒長枝」とはどんな枝ですか？

ここがコツ！

上方に勢いよく長く伸びた枝で、不要枝の1つです。

「徒長枝」とは、一年の伸長量がとくに大きく、おもに上方に長く伸びた枝をいいます。幹や太い枝から発生することがよくあります。

強剪定などで芽数を大幅に減らした時など、少なくなった芽に栄養が集中して根からの水が供給され続けるため、伸長生長がなかなか止まらずに、徒長枝になります。

徒長枝は、光合成でつくられた炭水化物を新たな栄養を成長にまわし続けるので、新たな芽に栄養の分配と蓄積をしようとしません。そのため、花芽分化期になっても組織が充実せず、花芽がつくことはほとんどありません。

徒長枝を放置すると、徒長枝に養分などが集中してしまい、ほかの枝の成長が遅くなるので不要枝とされます。つけ根で切って間引きましょう。ただし、新枝咲きのサルスベリなど、徒長枝に花をつける例外もあります。

ウメの徒長枝

枝の途中から勢いよく伸びている。見た目にはよさそうだが、組織の成熟を伴っていない。

Column

切り戻し剪定をすると、たくさん萌芽枝が出る理由

木には、「頂芽優勢」という性質があります。これは上方かつ先端の芽ほど早く発芽して新梢が強く伸び、反対に下方の芽の伸長が抑えられる性質です。これは、自然の森や林の中での光を求めた生存競争で、早く上へ伸びて勝ち抜くための仕組みと考えられています。

頂芽優勢は植物ホルモンの1つ、オーキシンの働きによるもので、頂芽でつくられたオーキシンが重力方向（下）に移動して、下の芽の発芽や伸長を抑えるといわれます。

もし頂芽が剪定で切り落とされると、オーキシンの濃度が減少するため、側芽が上に向かって成長を始めます。

切り戻し剪定で枝を切り落とすと、切り口周辺の側芽から一斉に徒長枝が伸びるのは、このためです。

生け垣ではこの性質を利用し、同じラインで何度も切ることで表面を密にしていきます。

萌芽枝が出るのは、
じつは植物ホルモンの
働きなんですね。

頂芽が側芽の伸びを抑える

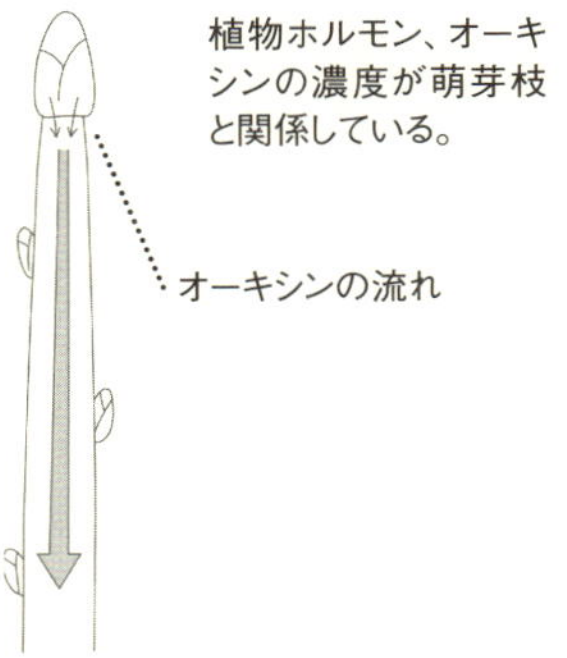
植物ホルモン、オーキシンの濃度が萌芽枝と関係している。
オーキシンの流れ

通常のオーキシンの流れ

どんな場合に徒長枝が出やすいのですか？

ここがコツ！

水平近くや屈曲した枝、極端に細い枝に切り替えた場合などです。

植物の成長にはいくつかの植物ホルモンが深く関わっています。**剪定で残した枝から徒長枝や立ち枝が出てしまうのは、頂芽や枝の角度などが変わって植物ホルモンのバランスが変わったことが原因です。**

オーキシンは、頂芽から重力側に下りてくるため、枝の角度や太さによって濃度が偏ると、側芽の発芽を抑えられなくなります。もし剪定や誘引などで枝の角度が水平に近くなると、オーキシンが枝の下方を流れるようになり、枝の上側ではオーキシンの濃度が減少するために、上側の側芽から徒長枝が萌芽しやすくなります。角度を横にするほど、また太い枝ほどこの傾向が強まります。

また、枝が大きく屈曲していると、同様に萌芽しやすくなります。剪定の際には下の点に注意しましょう。なお、果樹などではこの性質を利用した栽培方法もあります。

剪定の際の注意

太い枝は、水平近くにしない

切る時は幹とのつけ根で切って、枝全体を外す。

太い枝には大きく屈曲する部分をつくらない

分岐点で切って枝を切り替えるとき、極端に細い枝に切り替えない。

角度が広い枝から徒長枝が出る

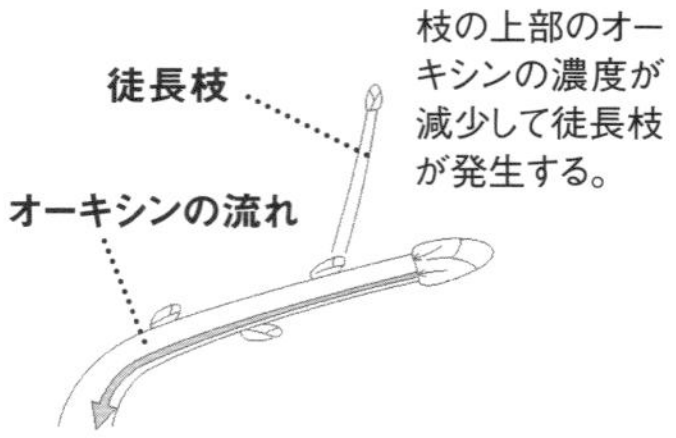
徒長枝
オーキシンの流れ
枝の上部のオーキシンの濃度が減少して徒長枝が発生する。

極端に細い枝へ切り替えると徒長枝が出る

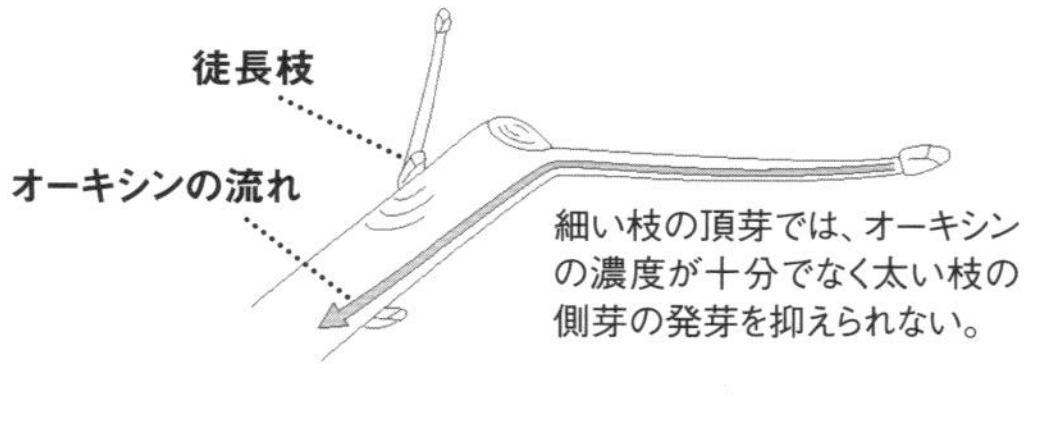
徒長枝
オーキシンの流れ
細い枝の頂芽では、オーキシンの濃度が十分でなく太い枝の側芽の発芽を抑えられない。

作業を楽に進めるコツはありますか？

ここがコツ！

剪定バサミの使い方にコツがあります。太い枝を上から切ります。

剪定バサミの刃には切り刃と受け刃があります。剪定バサミのコツは、受け刃を下にして枝を深く挟み、あいている手で枝を軽く下に押さえながら切ることです。

作業の進め方にもコツがあります。まず、どのような枝ぶりを目指すのか、最初に木をゆっくり眺めて考えをまとめてから作業に取りかかります。**すかし剪定は、不要枝を切ってから混んだ部分を間引く順序ですが、どんな場合でも太い枝から切るのが基本です。**太い枝が最初であればその後どのくらい切ったらよいか見定めやすいからです。

また、**剪定はつい手が届く下の枝から始めがちですが、じつは上部から始めると切るべき枝が見極めやすくなります。**木の頭を決めるとそれを基準に枝張りが見定まりますし、脚立にのぼって上から見下ろすと、枝全体がわかり、残す枝の配置が決めやすいのです。

剪定バサミの切り方

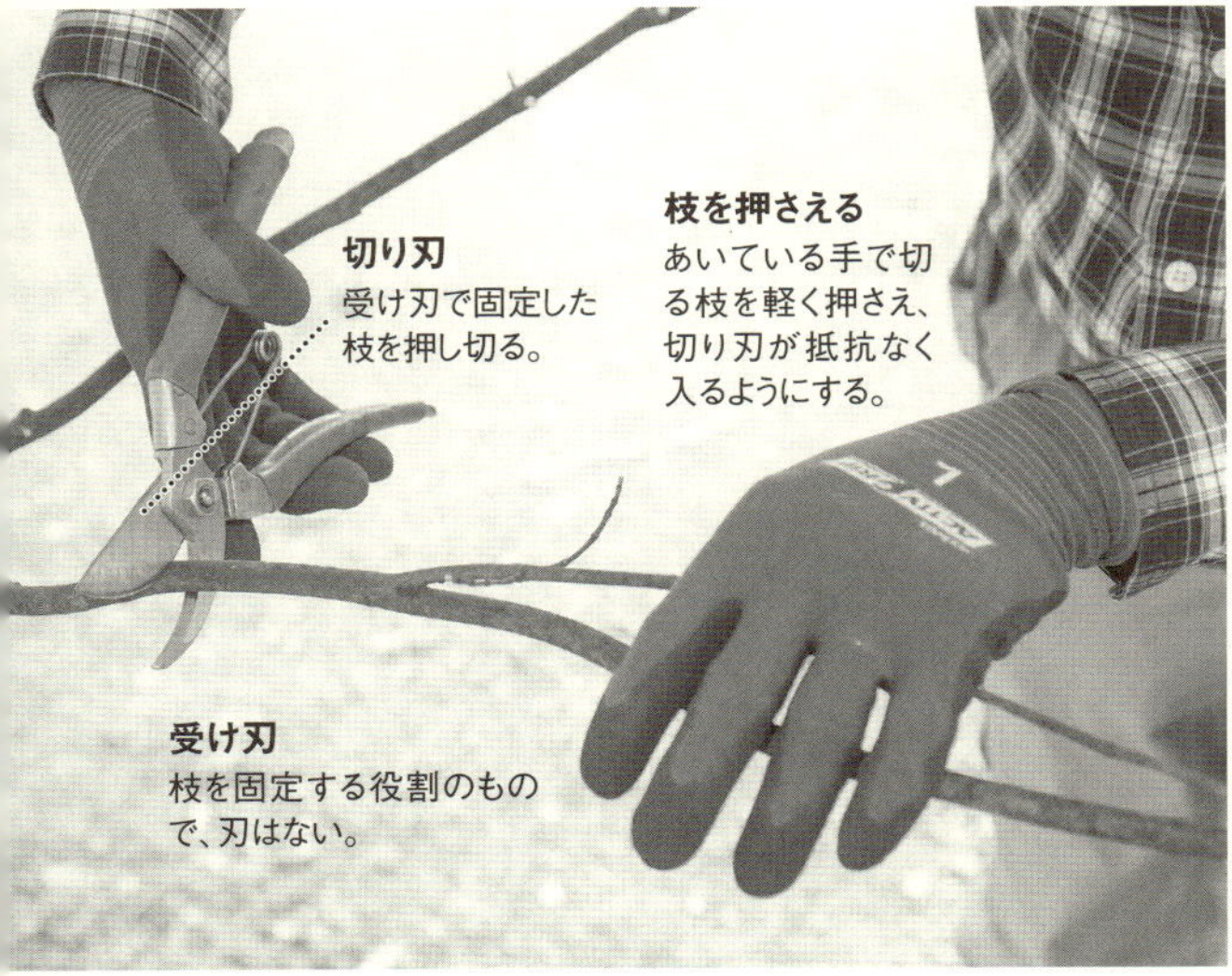
切り刃
受け刃で固定した枝を押し切る。
枝を押さえる
あいている手で切る枝を軽く押さえ、切り刃が抵抗なく入るようにする。
受け刃
枝を固定する役割のもので、刃はない。

車枝はどう切ったらよいですか？

ここがコツ！

左右対称にならないように、4本以上の1〜3本をつけ根で切ります。

車枝とは、同じ高さの幹の部分から4本以上の枝が水平方向に伸びたものです。マツ類、ヤマボウシ、サンシュユなどは、車枝ができやすい樹種です。

車枝が不要枝とされる理由は、4本以上の太い側枝から光合成でつくられた養分が下ってくるために、車枝から下の幹が上の幹に比べて格段に太くなってしまい、見苦しいからです。

同じ高さに生えている側枝でも、太さに優劣があれば車枝と判定されるとは限りません。

車枝の切り方は、剪定の中でも経験を必要とします。4本以上生えている車枝の1〜3本をつけ根で間引きますが、木全体のバランスを見ながら、左右対称にならずに、また上下も同じ方向に集中せずに散らせるように残す枝を選びます。上から螺旋《らせん》状に枝が配置されているように間引いていくとよいでしょう。

なお、残した2本の枝が幹を貫いて一直線になるような形状になる残し方は、不要枝の1つとされる「かんぬき枝」になるので避けます。

もともと「対生」の木であっても将来的には「互生」の枝の配置に変えていく要領です。どの枝を切るのか迷った時は、太い枝から間引くようにします。

木が大きくなってから太い主枝を間引くと強剪定になり、新たな不要枝の発生源にもなるので、車枝はまだ木が若いうちから解消していきましょう。

車枝の間引き方

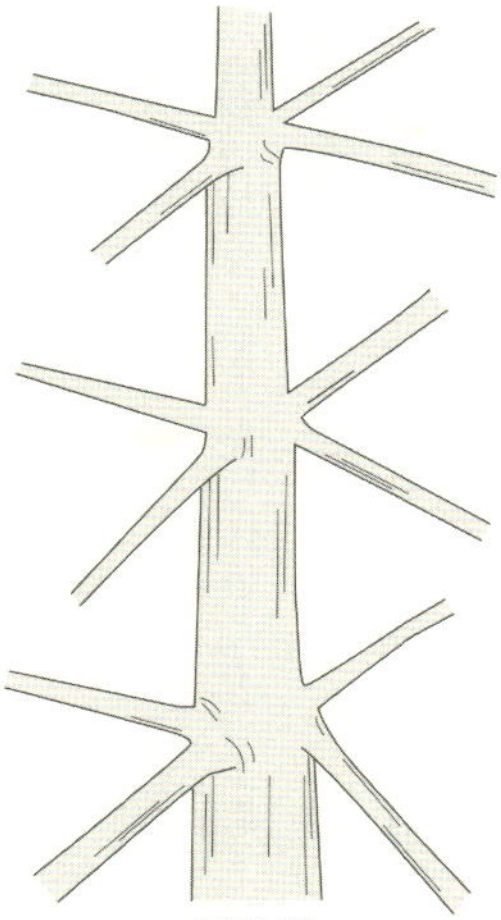

元の枝

○ 正しい間引き方

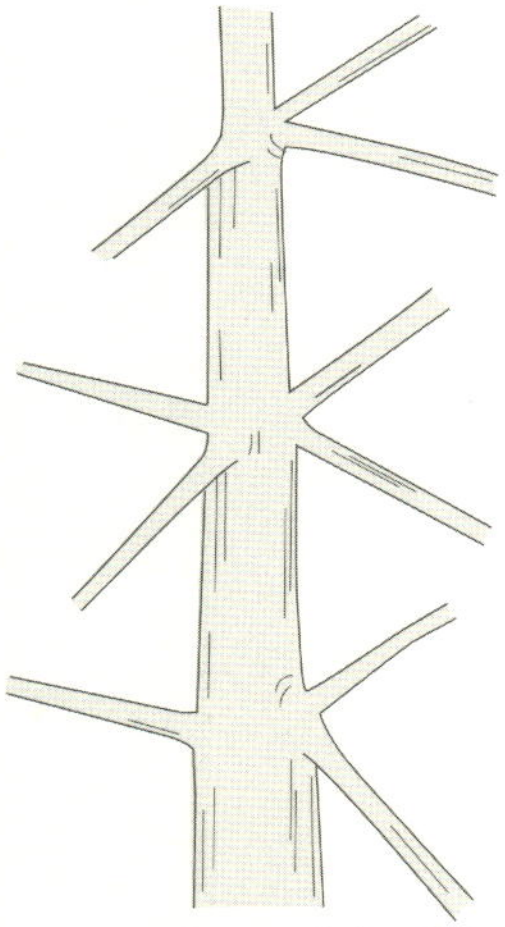

上下の枝が同じ方向に集中しないようにする。

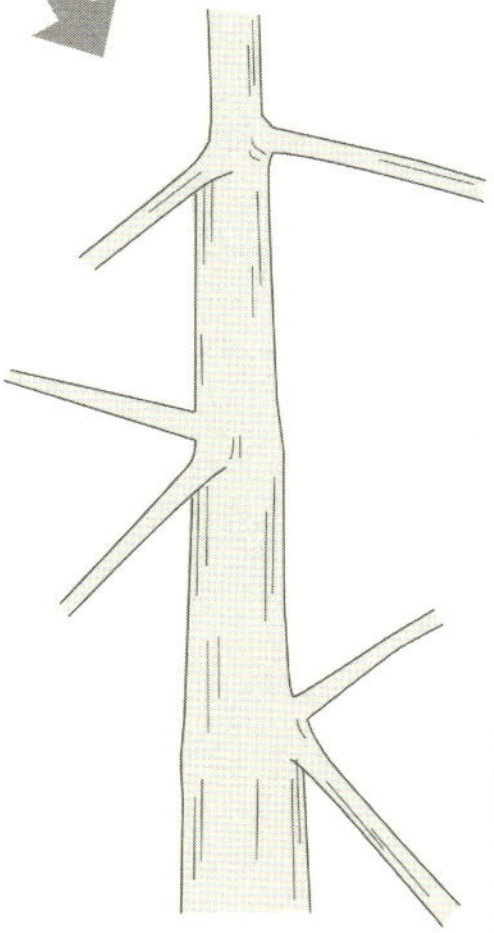

成長したらさらに枝を間引いて互生に近づける。枝張りが分散されて光も当たり、自然に見える。

× 間違った間引き方

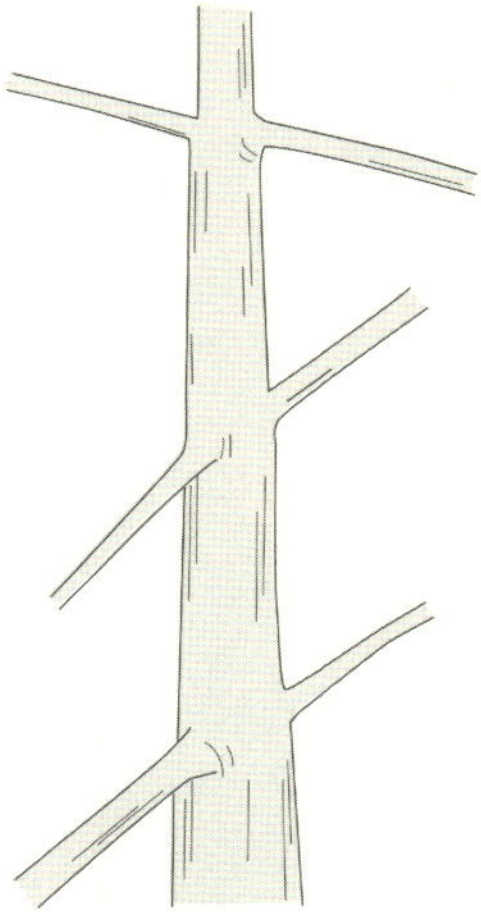

失敗のポイント

- 左右の枝が一直線になる「かんぬき枝」にすると不自然な直線が強調されて、目障りになる。
- 上下同じ方向の枝を残すと、光がさえぎられ、将来、枝枯れすることがある。

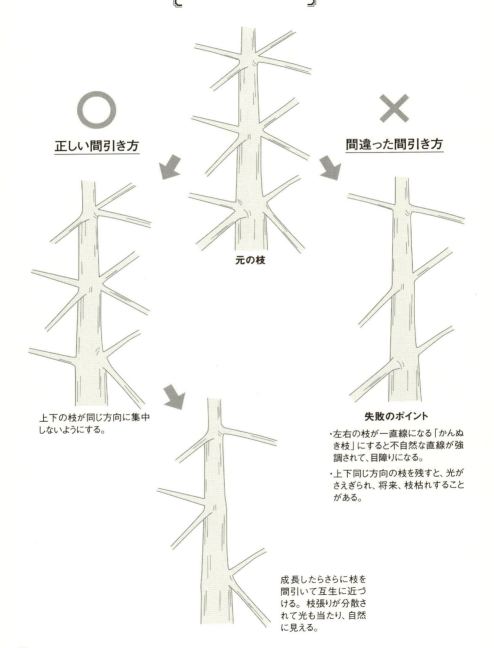

落葉期に枯れ枝を判別する方法はありますか？

ここがコツ！

棒などでたたいてみるとわかります。

落葉樹の剪定適期は冬（落葉期）ですが、その時期の枝は葉を落として、見ただけでは枯れ枝と生きている枝の判別がむずかしいかもしれません。

しかし、**枯れ枝は棒などでたたけば折れて落ちます**。生きている枝は少々たたいたところで、折れることはありません。通常は木の内側の日が当たりにくいところに枯れ枝が多くつくので、まずその辺りを中心に、棒でたたいてみましょう。剪定の際にも、枯れ枝を最初に落としておかないと、残した枝がじつは枯れていた、なんて失敗をしかねません。

春以降も、冬を越えて芽吹くはずの枝が、芽吹かずに枯れることもあります。枝の下部から芽吹きがあれば、芽吹いている芽のすぐ上で切ります。枯れ枝を切るのは、見つけ次第すぐでもかまいません。枯れている部分を切ると、芽吹きも勢いを増します。

落葉樹の冬の枝は見ただけでは、枯れ枝と生きている枝の判別がむずかしい。

「ひこばえ」を残したら株立ちになりますか？

ここがコツ！

園芸品種では違う種類に変わったり、元々の株が弱ったりします。

一般に園芸品種の苗は挿し木か接ぎ木でふやされます。接ぎ木苗の場合、台木から伸びた「ひこばえ」は、原則として切ります。ひこばえが伸びると、本来の品種を枯らして違う種類に変わってしまうからです。いつの間にか元の花と違う花が咲いた、という場合はこのケースです。

実生や挿し木苗であっても、ひこばえが強くなると本体の株が弱るので、ひこばえは不要枝の1つです。

ただし、ひこばえを残してもよい場合もあります。ジューンベリーやソヨゴなどひこばえが出る性質の樹種はひこばえを残して株立ちに育てられます。また、低木性の樹種は、1本の枝の寿命が短く、太い幹にはならない性質のため、ひこばえをいくつか残して世代交代させます。高木性の樹種でも、元々の幹が腐朽や病虫害などで弱った時は、代わりを確保するために、ひこばえを残すことがあります。

［ひこばえ］

ひこばえ

樹木の根もとから生えてくる若い芽。不要枝の一種だが、株立ちの樹種などでは利用される。

株立ち樹形はどう剪定したらよいですか？

ここがコツ！

複数立った枝をひとまとめとして1本の幹と見立て、不要枝を見極めます。

「株立ち樹形」とは、幹（主枝）が1本ではなく、3本以上立っている樹形のことです。近年人気の、雑木風の庭づくりでも、株立ち樹形の庭木が多用されています。3本立ち、5本立ち、7本立ちなどがあり、横から見た時に幹が重ならない奇数が好ましいとされています。

株立ち樹形の剪定では、上から見た時のそれぞれの主枝をひとまとめにして1本の幹と仮想し、不要枝を見極めるとよいでしょう。

それぞれの主枝の内側に伸びる枝は、樹形を乱すので、原則として切ります。もし内側に伸びる枝が強くなると、その枝を避けて主枝の先端が外側に開いてそれぞれに伸びるようになり、「まとまりのよい株立ち樹形」ではなくなるからです。

きれいな株立ちの樹形は自然風で美しい。

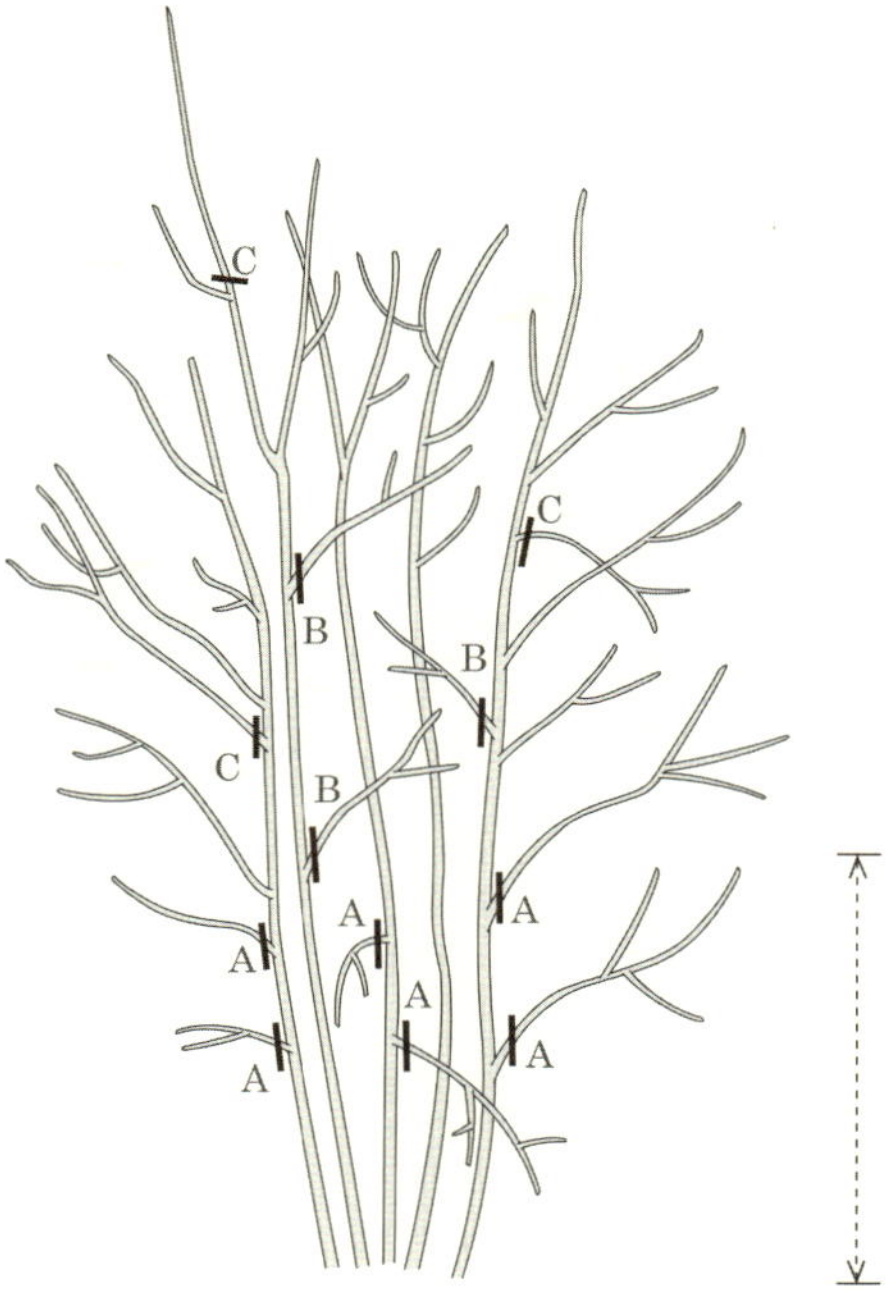

株立ち樹形の剪定

株全体のバランスや生育を考えて剪定します。

A＝下の1/3〜1/2の枝は切り除く。

B＝株の内側に向かっている枝は切る。

C＝並行枝や絡み枝などを切り、徒長枝は別の枝に切り替えて引っ込める。

俯瞰から見た剪定箇所

1本の幹に見立てる。

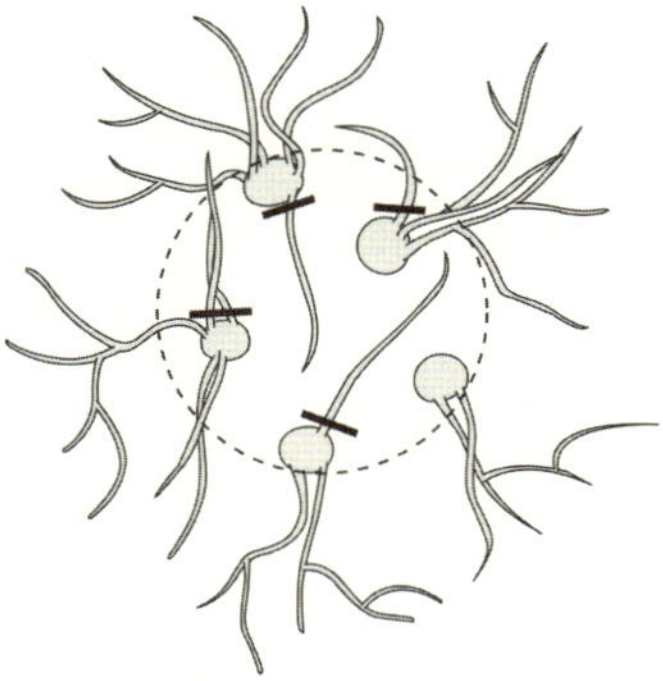

何本かある主枝を1本の幹に見立てて、内側に向かう枝や隣と重なる枝などを切り、外側に素直に広がる枝を残す。

Column

いろいろな台木について

「接ぎ木苗」は、ふやしたい園芸品種の親木の一部を切り取って「穂木」とし、近い種類の「台木」に接いでつくります。通常、台木は穂木と同じ樹種の基本種（原種）のタネから育てた苗（実生苗）を使います。

しかし、同じ樹種でなくても親和性がよければ接ぎ木できるので、台木の確保のしやすさや作業性のよさで優れた別の樹種の苗を台木にすることもよくあります。

たとえば、赤花のハナミズキの台木はヤマボウシの実生苗が使われることがあり、ライラックの台木はセイヨウイボタノキ、サクラの台木にはマザクラが多く使われます。

台木は一般に強勢なので、環境への適応力を増し、穂木の成長を促進する作用があります。

いろいろな台木

ヤマボウシに接がれたハナミズキ。

ライラックの台木のセイヨウイボタノキから出た台芽。

Column

株立ちの苗には2種類ある

株立ちの庭木は、養成過程の違いで「本株」と「寄せ株」の2種類があります。

本株は1本の幹だった木を根元近くで切り戻し、その切り株から出た萌芽枝を株立ちにしたもので、里山で炭焼きのために伐採した後の雑木林の姿と同じものです。株立ちの幹が根元で1本にまとまっていれば、本株だと見分けがつきます。太く成長した木を切り戻してつくり直さなくてはならず、長い年月がかかるので、値段は高めですが、根元でつながった1つの個体のためバランスよく枝が伸びます。樹形が崩れにくいので、剪定の手間はあまりかかりません。

寄せ株は、苗木を何本か寄せ植えして育てた株立ちです。主枝の根元が1つにならず、別々の場所から伸びているものは、寄せ株である可能性が高いです。養成する時間が短いため生産コストが安いですが、いわば寄り合い所帯の株立ちで一本一本は別個体のため、伸び方がばらつき枝が絡みやすい、などの欠点があります。きれいな姿の株立ちを維持するため、毎年剪定して樹形を乱さないことが重要です。

株立ちの種類

寄せ株（アオハダ）

複数の苗を集めてつくった株。

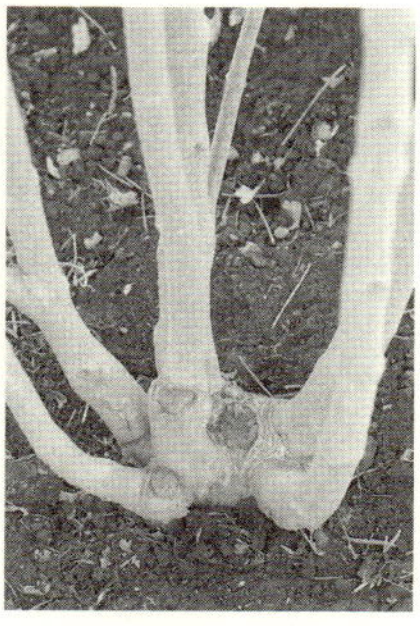

本株（ヤマボウシ）

1本の幹からつくった株。

枝垂《しだ》れ樹形の剪定のコツを教えてください。

ここがコツ！

弓なりに外側へ広がる枝で全体をかたちづくります。

シダレザクラやシダレモミジなど、枝垂れる樹種が庭やベランダにあると、風景が豊かになります。

「枝垂れ樹形」の樹種の枝は、上に伸びる性質が弱く、枝が長く伸びるごとに下を向きます。

剪定せずに放任すると、下がった枝が増えて木のふところが混み、風通しが悪くなって内側の枝が枯れてしまいます。

毎年の剪定では、滝が段々に流れ落ちるような樹形を目指しましょう。

剪定のコツは、弧を描いて外側へ広がる枝を残し、真っ直ぐ垂れる内側の枝を間引いていくことです。

なお、枝先を強く切り詰めたり刈り込んだりすると、枝垂れ特有のやわらかさが失われて、枝先が団子状になるので避けましょう。

枝垂《しだ》れ樹形の剪定

枝垂れの樹種は、放任すると枝垂れた枝が重なって内側の枝が枯れるので、全体のバランスと枝の間隔に気をつけて剪定します。

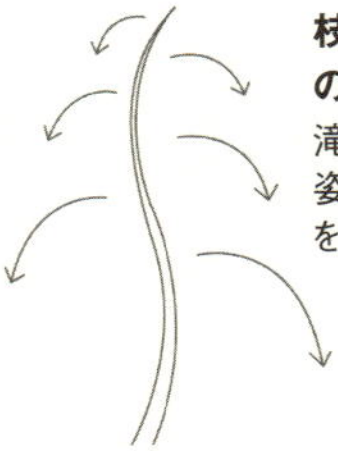

枝垂れの樹種のイメージ
滝が流れ落ちる姿のように全体を整えるとよい。

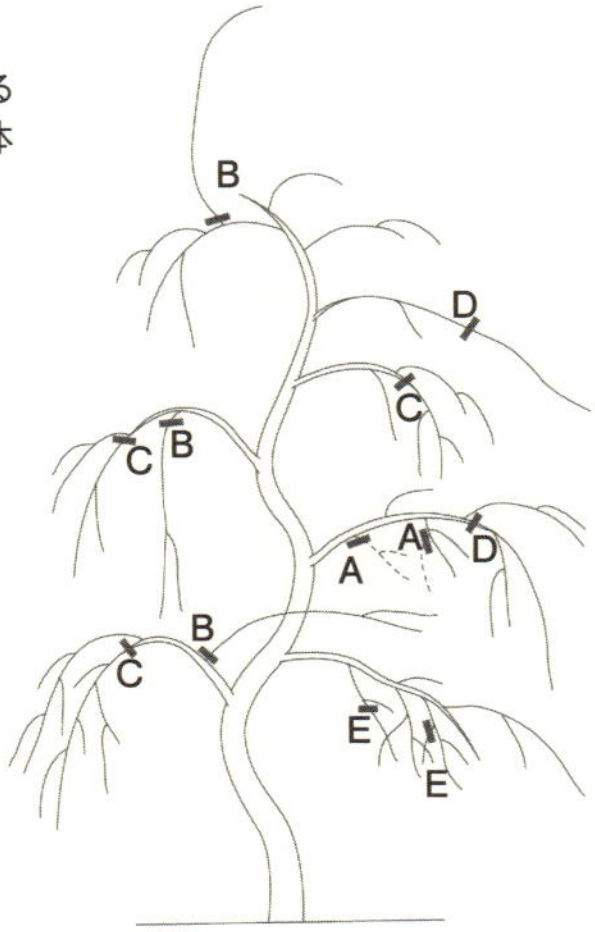

A 枯れ枝を取り除く。
B 逆さ枝、立ち枝、真っ直ぐ下に垂れ下がった枝などを剪定する。
C 上下に重なった枝は、流れの悪いほうを剪定する。
D 長く伸びた枝は、外側に広がる枝に枝に切り替える。切り替える枝がないときは、適当な上芽で切る。
E 混んでいる枝をすかす。

Column

シダレザクラの枝が枝垂れる理由

シダレザクラやシダレウメなど、枝垂れの樹種の枝はどうして枝垂れるのでしょう? 木は本来、自ら樹体のバランスをとりながら成長していきますが、その仕組みの1つは、年輪の発達の仕方が異なるため、といわれます。たとえば強い風や傾斜地、雪などで一方向へ力がかかる場所では、広葉樹の幹では倒れようとする側と反対の年輪を発達させて樹体を引っ張って支えようとします。

枝の重みも年輪の発達で支えていて、枝の断面の年輪を見ると、枝の先では上部の年輪が広がるように発達して枝を引っ張り上げています。しかし枝垂れる樹種ではこういった年輪が発達しておらず、枝の重みに耐えられずに枝垂れると考えられています。

雅趣あふれるシダレザクラ。

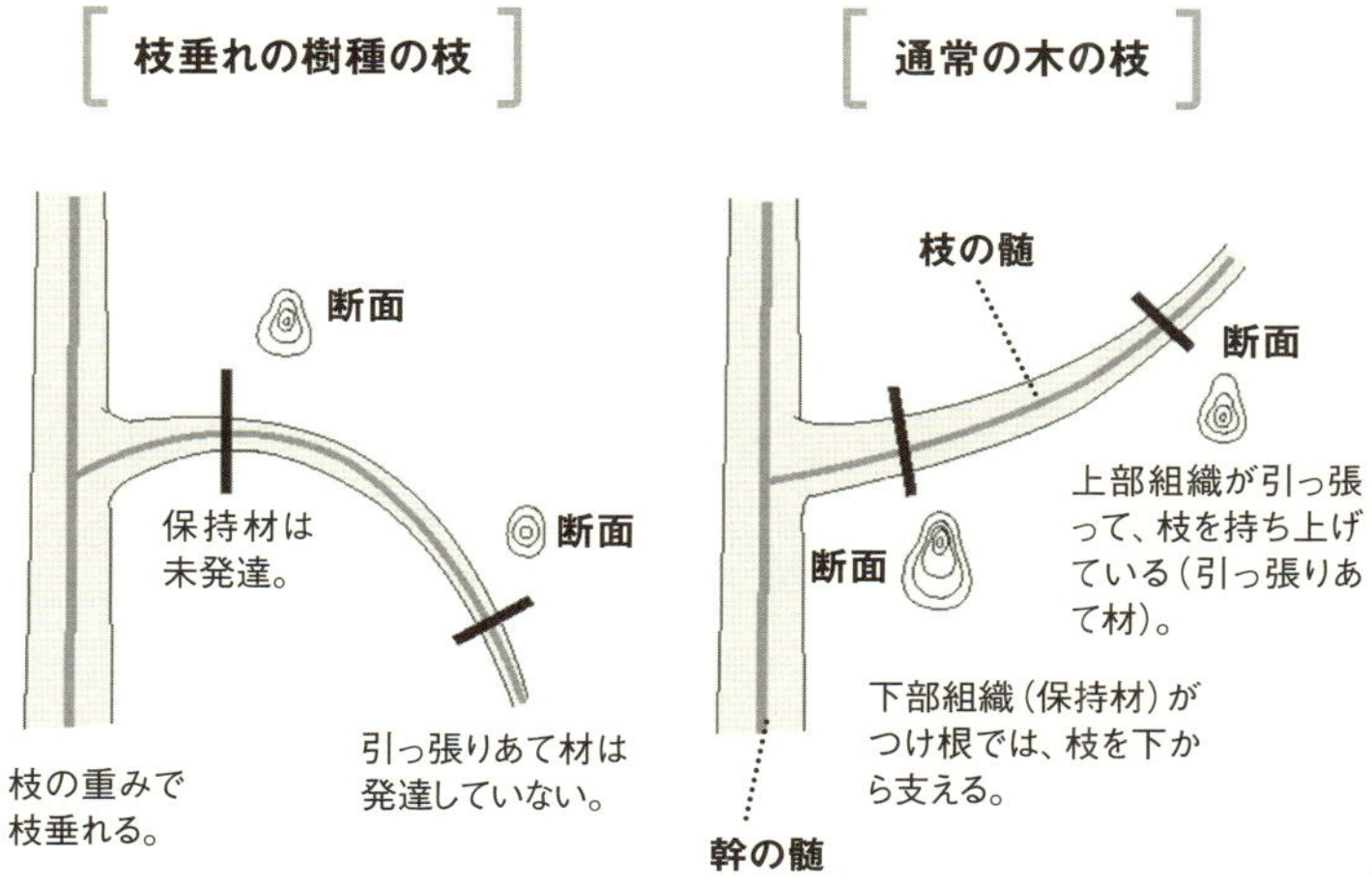

枝垂れの樹種の枝
断面
保持材は未発達。
断面
引っ張りあて材は発達していない。
枝の重みで枝垂れる。
通常の木の枝
枝の髄
断面
上部組織が引っ張って、枝を持ち上げている(引っ張りあて材)。
断面
下部組織(保持材)がつけ根では、枝を下から支える。
幹の髄

Column

枝垂《しだ》れの樹種は大きくならない？

園芸店などで枝垂れの樹種の苗を購入し、そのまま庭に植えても、横に広がるばかりで、なかなか高くならないことがあります。

じつは、枝垂れの種類はすべての枝が枝垂れてしまうために、通常の木のように上に伸びることができません。

そのため、枝垂れ種の苗木の生産者は、支柱をして伸びる枝を上に誘引して主幹をつくっています。

支柱を外してしまうとそれより上に伸びないので、もう少し高さが欲しいのなら購入後支柱をして植え、伸びた枝を上に誘引して主幹をつくっていく必要があるのです。

もし支柱なしで植えた場合、伸びた枝が枝垂れて、年々枝が混んでいくため、木の内側に光が入らず枝が枯れることがあります。

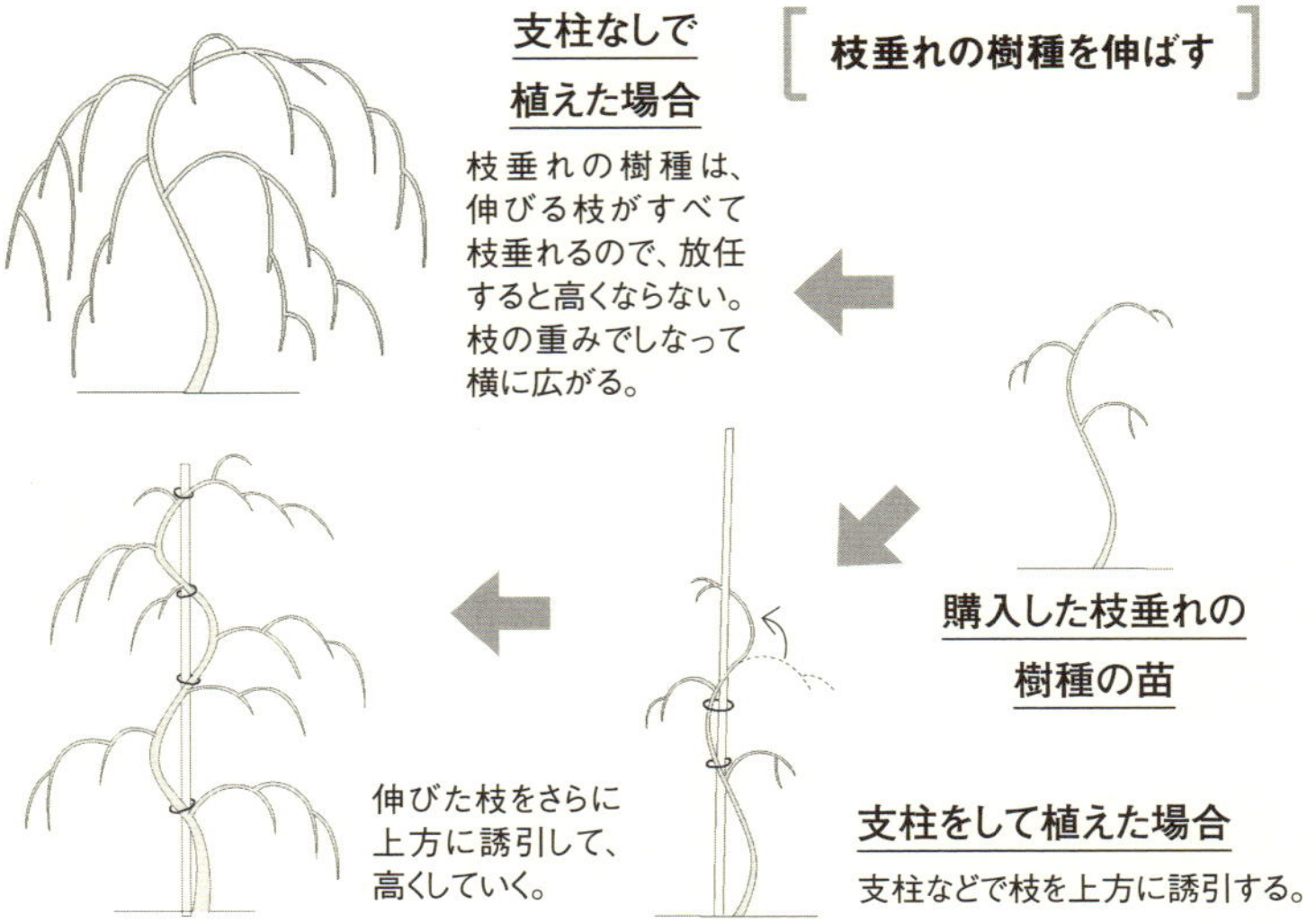
枝垂れの樹種を伸ばす
購入した枝垂れの樹種の苗
支柱なしで植えた場合
枝垂れの樹種は、伸びる枝がすべて枝垂れるので、放任すると高くならない。枝の重みでしなって横に広がる。
支柱をして植えた場合
支柱などで枝を上方に誘引する。
伸びた枝をさらに上方に誘引して、高くしていく。

低木の剪定はどうやりますか?

ここがコツ!

低木には木立性と株立性の2種類があり、剪定法が異なります。

アセビやシャクナゲなどの木立性低木は、枝の寿命が長いため、しっかりした幹になり、根元からの萌芽がほとんどありません。上方への成長が遅く樹形が乱れにくいので、飛び出した枝を整える程度しか剪定を必要としません。

一方、ユキヤナギやアジサイなどの**株立性低木は枝の寿命が短く、ある程度太くなると枯れて次の枝にバトンタッチし、株自体が生き長らえる性質です**。剪定も同様に、太く古い枝をつけ根で切って間引き、根元から伸びた細く若い枝を残して、軽やかな枝ぶりを維持します。高木類のように太い枝を切らないので、適期でなくてもとくに問題はありません。

花木の低木では、古枝の間引きと残す枝の切り戻しを一緒にする花後剪定を行えば、樹形をコンパクトに維持しつつ、翌年の花つきもよくなります。

株立性低木の剪定

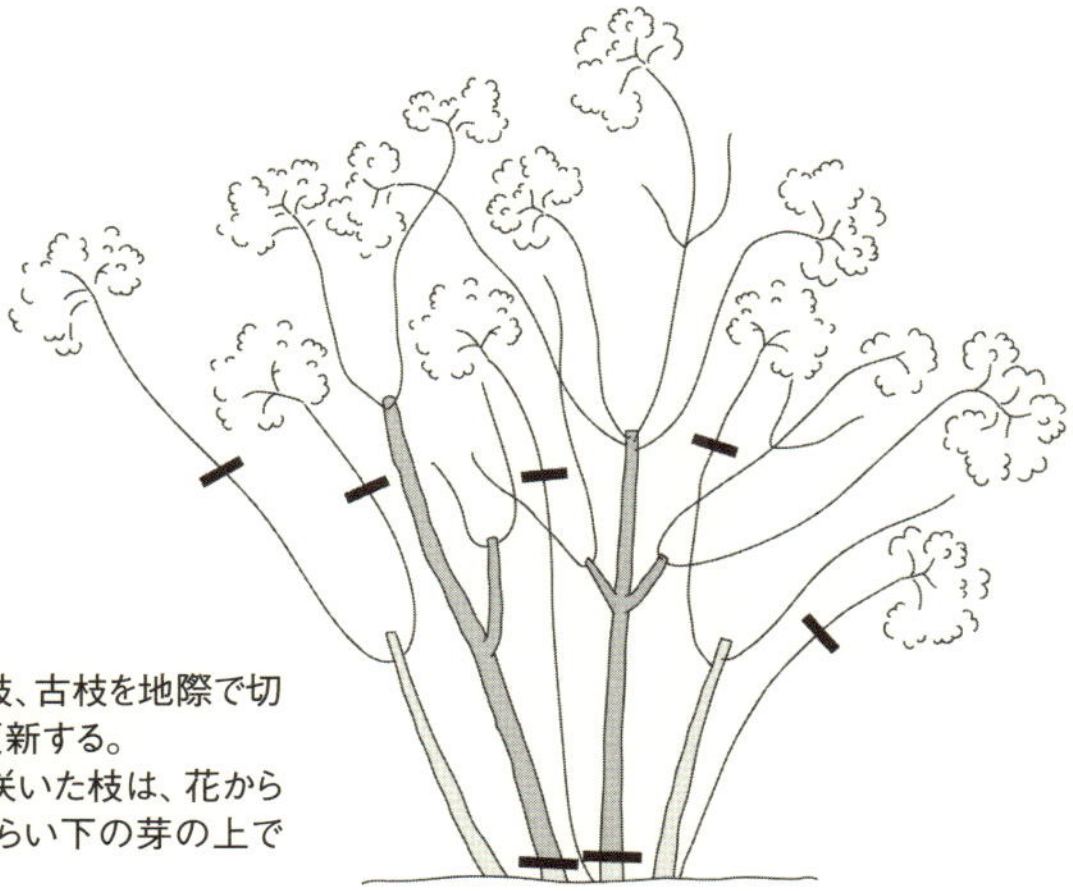

枯れ枝、古枝を地際で切って更新する。
花が咲いた枝は、花から3節くらい下の芽の上で切る。

モミジを雰囲気よく剪定するコツはなんですか？

ここがコツ！

幹から枝先に至る枝の「流れ」を止めないように剪定します。

モミジ類の剪定はプロでもむずかしいといいます。

モミジ類の多くは左右対称ではない樹形で、幹は真っ直ぐではなく、明らかな芯がありません。しかも繊細な枝ぶりの美しさが持ち味です。

そんな**モミジ類は、「枝の流れを止めない」ことを意識して剪定します。**枝の流れは、幹から枝先までゆるやかなカーブを描き、風になびくように分岐して枝が広がっていくラインをイメージするとわかりやすいでしょう。

やわらかい枝ぶりにするためには、外側に広がる枝を残しながら適宜、枝を間引いてすかします。**とくに立ち枝は、モミジの雰囲気を大きく損なうので、必ず切りましょう。**

枝が大きく折れ曲がるポイントをつくったり、枝先を短く切り詰めたり、極端に開いた角度の枝に切り替えることは、枝の流れを止めることになるので避けます。

モミジの実例

強剪定で塊になったモミジ。

伸びやかに枝を伸ばしたモミジ。

モミジの剪定

「流れを止めない」剪定をするのがコツです。

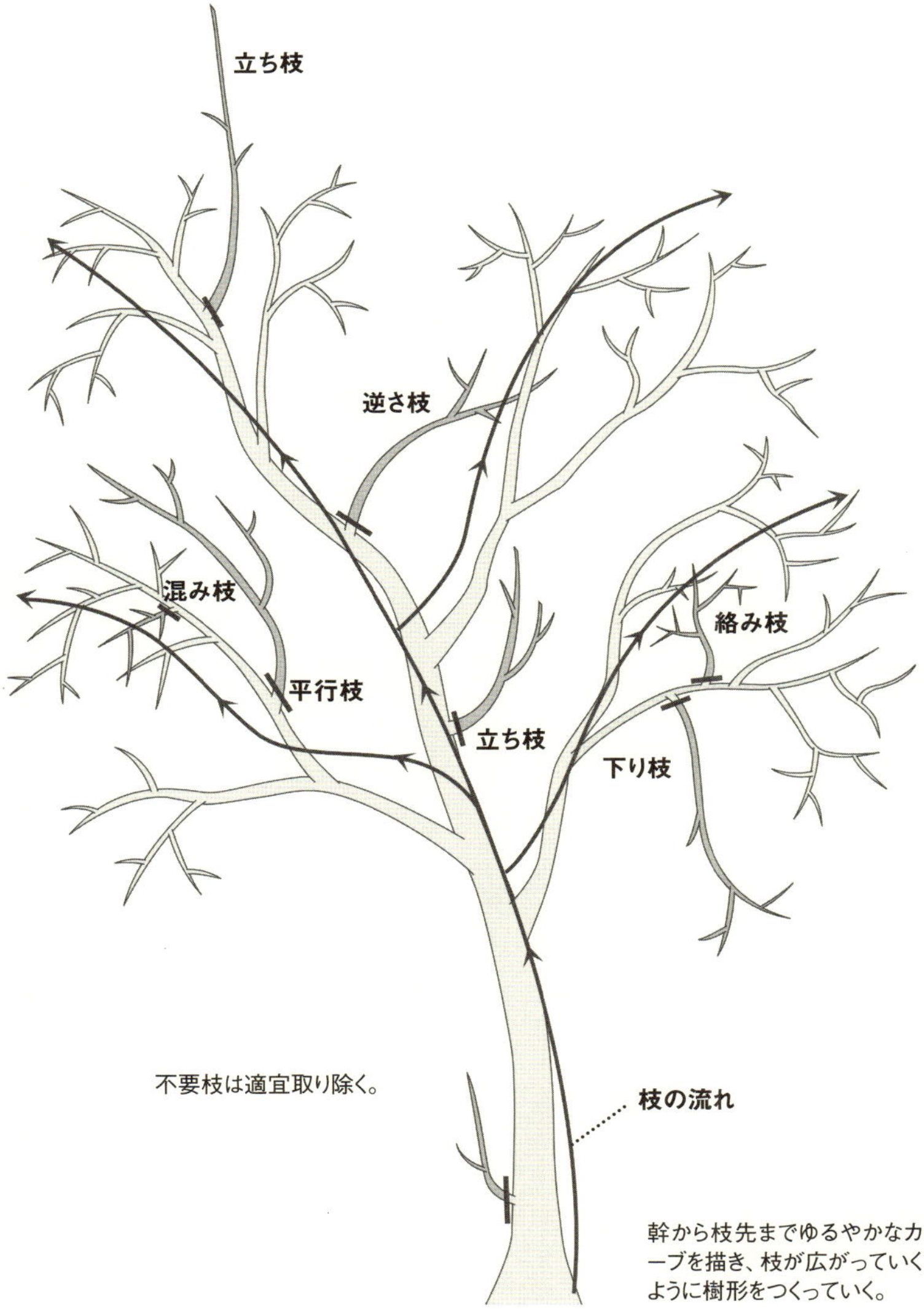
立ち枝
逆さ枝
混み枝
平行枝
立ち枝
絡み枝
下り枝
不要枝は適宜取り除く。
枝の流れ
幹から枝先までゆるやかなカーブを描き、枝が広がっていくように樹形をつくっていく。

何年も枝を短く切り詰めた木も直せますか？

ここがコツ！

切り詰めをやめ、伸びた枝を選んで間引きながら樹形をつくり直します。

何年も枝を短く切り詰めると樹形が乱れます。そんな木を元の自然な姿に戻すことも、数年の歳月が必要ですが、可能です。これらの木は樹冠の枝が混みすぎて内側の枝が枯れてしまっているので、まず樹種ごとの自然樹形につくり直すところから始めます。

まずは、切り口周辺から徒長的にたくさん伸びている枝の中から、切り口ごとに外側へ広がる比較的しっかりした枝を1～2本選びます。ほかの枝はつけ根で切ります。

もし、コブから細い枝が密生しているような状況ならば、そのコブを切り落とします。新しいしっかりした枝を伸ばす必要があるからです。外側に広がる枝が複数伸びれば、それを基準にすかし剪定を開始できます。

何年もつくってきた切り口からはしばらく萌芽枝が出ますが、それは剪定の適期でなくても随時切り取ります。

何年も切り詰めた枝をすかし剪定に戻す

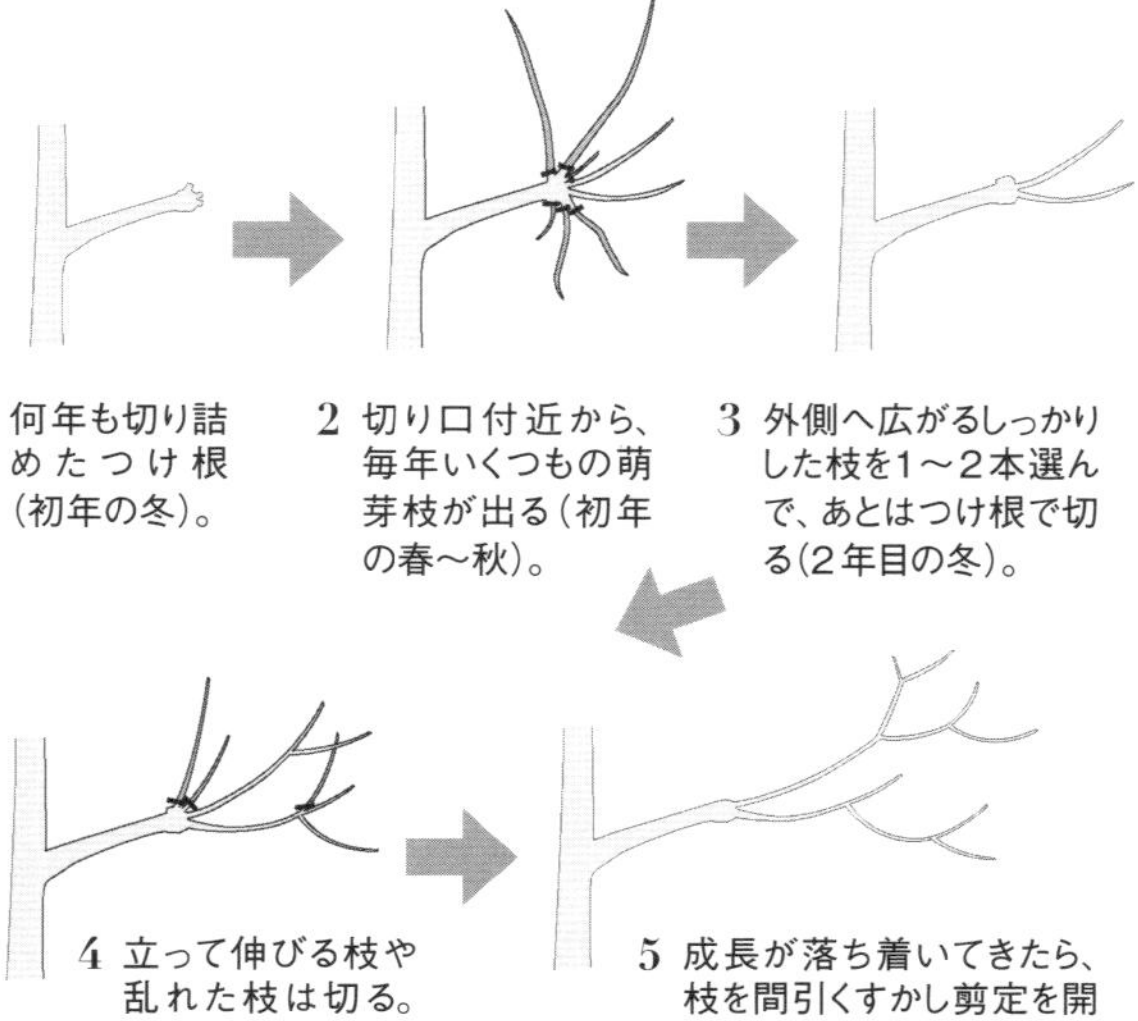

1 何年も切り詰めたつけ根（初年の冬）。

2 切り口付近から、毎年いくつもの萌芽枝が出る（初年の春～秋）。

3 外側へ広がるしっかりした枝を1～2本選んで、あとはつけ根で切る（2年目の冬）。

4 立って伸びる枝や乱れた枝は切る。（3年目の冬）

5 成長が落ち着いてきたら、枝を間引くすかし剪定を開始できる。（4～5年目の冬）

Chapter 3
切る時期と切り方のコツ

～切る時期と切り方が悪いと、のちのち木を枯らしかねません。

剪定の時期に注意する落葉樹を教えてください。

ここがコツ!

カエデ類は12月中に、ネムノキやノウゼンカズラは春早くに剪定します。

落葉樹の剪定適期は冬（12～2月）ですが、中には例外もあります。

まず、**早めに切る樹種はカエデ類です。**カエデ類は1月に樹液が活動を開始します。樹液が動き出してから剪定すると、切り口から樹液が流れ出し、木が体力を消耗します。

カエデ類は紅葉したらすでに剪定可能で、遅くとも12月中には済ませましょう。カエデほどではありませんが、サクラ類も12～1月に剪定したほうがよい樹種です。

逆に、**遅い時期に剪定をしたほうがよいものは、春の芽吹きが遅いネムノキ、ノウゼンカズラ、サルスベリなどです。**これらはもともと寒さが苦手で休眠期間が長いため、冬の初めに剪定すると、春の芽吹き前に養分が欠乏して枝枯れを起こす可能性があります。とくに寒冷地では春先の剪定が安全です。芽吹き前の3月の剪定をおすすめします。

サトウカエデの葉

Column

メイプルシロップを採る時期

メイプルシロップは、サトウカエデの幹に一定数の穴をあけてビニールホースなどで樹液を採取し、それを濃縮してつくります。本場カナダでは冬の終わりの雪解けが始まった時期に集中して採りますが、この時期は、糖度の高い樹液がもっとも活発に流れるからです。

日本のイタヤカエデもサトウカエデと同様にシロップがつくれるほど樹液は甘く、そのためにカミキリムシなどの穿孔害虫の被害に遭いやすいとされます。

芽吹きよりかなり早くから樹液が流れ始めるのは、カエデの仲間全般に共通した特徴です。カナダより温暖な日本の多くの地域では、1月には樹液が旺盛に流れ始めているので、メイプルシロップ採取に挑戦してください。

一説によると、カエデ類が完全に休眠するのは紅葉後の2週間だけといわれます。それほど休眠が短いのですね。

メイプルシロップのつくり方

採取適期は1月

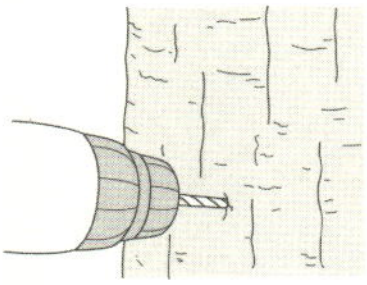

1 できれば樹齢30年、直径20cm以上の木を選び、直径1.5cm、深さ4cm程度の穴をあける。

2 ホースや蛇口を差し込み、バケツやビニールに樹液をためる。

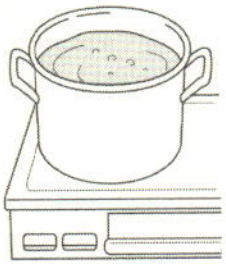

3 樹液をコーヒードリップのフィルターなどで濾過してゴミを取り除き、鍋で30～40倍に煮詰める。

切りすぎに注意するのは、どんな場合ですか？

ここがコツ！

切り口が塞がりにくい樹種、秋の常緑樹や針葉樹、衰弱した木などです。

剪定し始めると、どんどん切りたくなりますが、切りすぎてはいけない場合があるので注意します。

まず、切り口が塞がりにくい性質があるカエデ類、ナツツバキ、ナナカマドなどは、大きな切り口をつくると腐朽菌が入って木が枯れてしまうことがあります。毎年こまめに剪定して大きな切り口をつくる強剪定を避けるとともに、小さな切り口にもそのつど癒合剤を塗って腐朽菌の侵入を防ぎましょう。

寒さが苦手な常緑樹は、秋の剪定では弱い剪定にとどめます。切りすぎると、「木が風邪をひく」と表現されるように、冬の寒さで傷んでしまうからです。

針葉樹も切りすぎに注意が必要な仲間です。針葉樹はもともと寒さに強いのですが、萌芽性が弱く、芽のないところからはほとんど芽吹かないため、葉のないところまで切り戻すと芽吹かずに枝全体が枯れてしまいます。針葉樹は、落葉樹のように不定芽（葉腋以外など決まっていないところにできる芽）が起きて萌芽枝を伸ばし、樹勢を回復する仕組みをもっていないからです。切り戻しは葉のあるところまでにとどめ、とくに秋は切りすぎに注意します。

さらに、**弱っている木も切りすぎは禁物です。**衰弱している症状（今年の新梢の伸びが少ないもの、葉が小さくなり枚数が減っているなど）が見られるものは、剪定で葉が少なくなると光合成の量が減って枯死する危険があります。また、剪定で葉が減ると幹に強い直射光が当たるようになり、幹焼けなどを起こすこともあります。弱った木はしばらく剪定せず、葉の量を増やして樹勢を回復させ、その後少しずつ剪定を再開しましょう。

木を内部から腐らせる腐朽菌とはなんですか？

ここがコツ！

木の成分を分解して繁殖するキノコの仲間です。

木に関するキノコは大きく2つに分けられます。木の組織を分解するキノコと、木と共生するキノコです。

我々が普段食べる栽培品のキノコ、たとえばほだ木（種菌をつける原木）で栽培するシイタケ、おがくずで栽培するエノキタケ、ブナシメジ、マイタケなどは、木の組織を分解して繁殖する腐朽菌です。もう1つの仲間は生きている木と共生関係にあるキノコで、マツタケ、ホンシメジなどがあります。これらは「菌根菌」と呼ばれ、生きている木と菌糸がつながっていないと育つことができないため、まだ人工的に栽培できないとされるキノコです。キノコが2つの仲間のどちらであるかは生え方で見分けることができ、木から生えていれば腐朽菌、土から直接生えていれば菌根菌です。

腐朽菌の胞子は空気中を漂っていますが、健康な木は硬い樹皮で覆われていて、腐朽菌は侵入できません。しかし、雪や風で枝が折れたり、剪定でできた切り口などで内部の組織が露出すると、そこから容易に侵入できるようになります。木が健康であれば、防御層がつくられて菌の侵入を食い止め、その間にカルスができて切り口を塞ぎます。ところが木が衰弱していたり、不適期の剪定などのために防御層の働きが弱かったり、切り方が悪くなかなか切り口が塞がらないと、屋台骨ともいえる幹に菌の侵入を許し、最悪の場合、根まで腐って枯死することがあるのです。

木から生えたカワラタケ。腐朽菌が侵入してしまっている。

なぜ枝のつけ根で切るのでしょうか？

ここがコツ！

つけ根で切ると、切り口が早く塞がるためです。

剪定で枝を切られることは、木にとって手術のようなものです。剪定の切り口を、木は光合成でつくった炭水化物でカルスをつくることによって塞ぎます。

切り口に順調にカルスをつくるためには、樹液に含まれる炭水化物が切り口周辺に供給されなければなりません。そのためには、切り口より上部に光合成をする十分な葉の量が必要です。しかし、樹液の流れはどこでも一定ではなく、広い真っ直ぐな本流はたくさんの樹液が流れ、角度がつくとか細くなった部分は流れが悪くなります。

剪定の際、枝を残して切ると、上部に葉がないうえに残した部分が行き止まりのようになって樹液が入らず、結果、切り口が塞がりません。**いつまでも切り口が塞がらないと、腐朽菌が侵入して道管や師管を通って幹へ侵入し、最悪の場合は木全体を枯らしてしまう危険があるのです。**

癒合した切り口

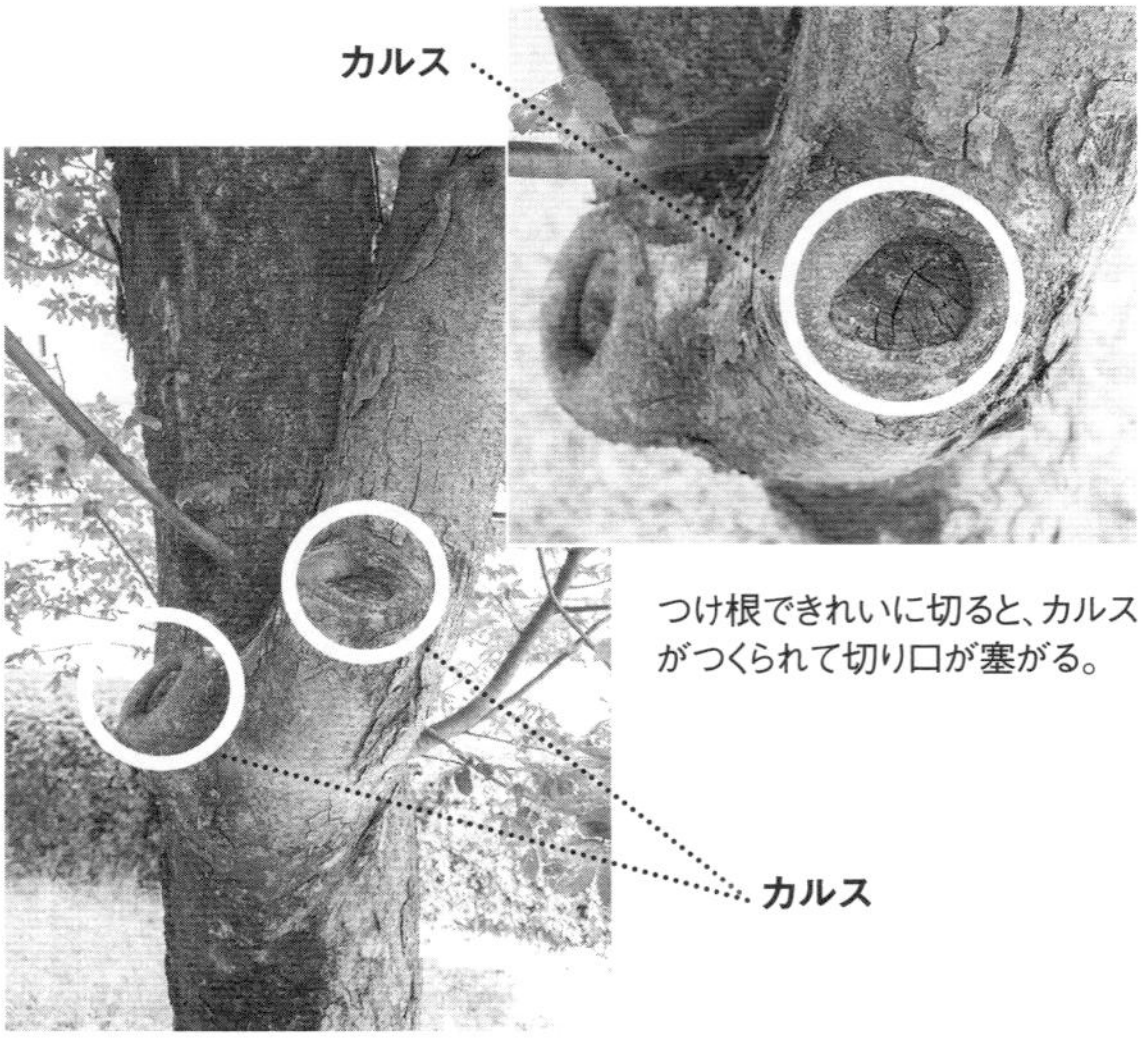

つけ根できれいに切ると、カルスがつくられて切り口が塞がる。

切り口が癒合していない

枝を長く切り残すと、カルスがうまくできずに切り口が塞がらない。 切り口がうまく塞がらないと、腐朽菌が侵入し、幹を枯らしてしまう。

腐朽菌が侵入し、幹の一部を枯らした例。

枝と幹の内部構造

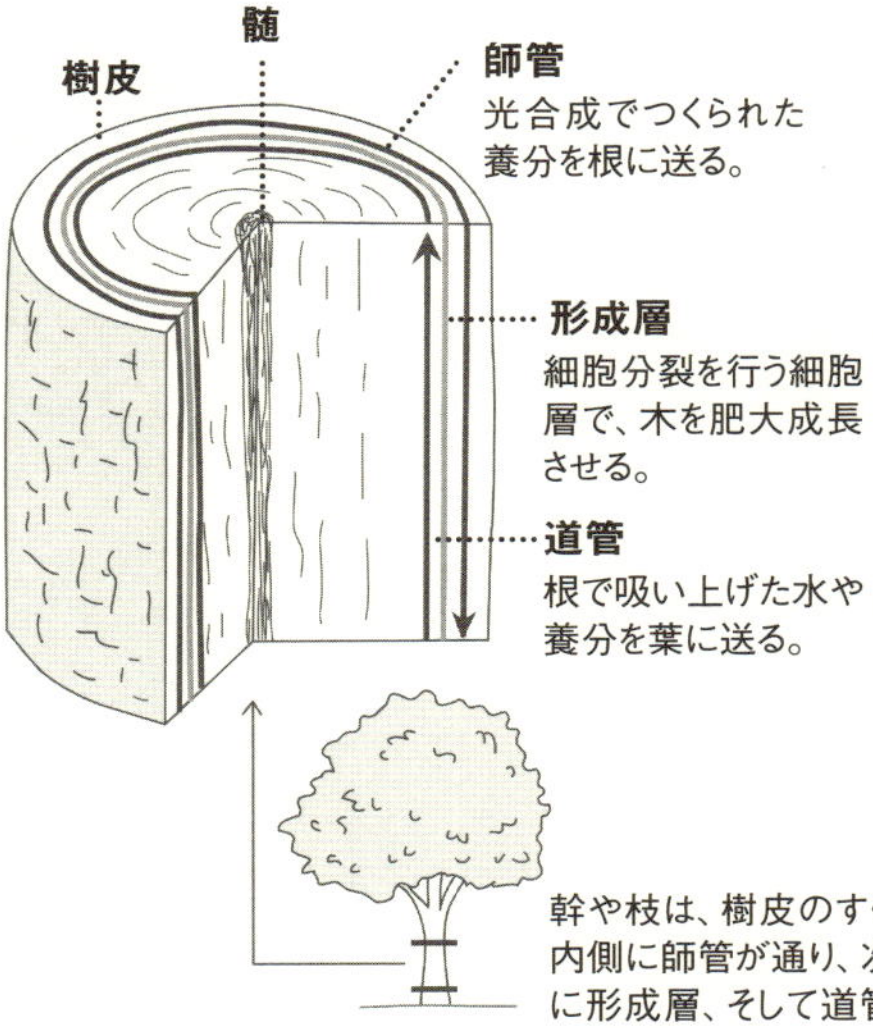
樹皮
髄
師管
光合成でつくられた養分を根に送る。
形成層
細胞分裂を行う細胞層で、木を肥大成長させる。
道管
根で吸い上げた水や養分を葉に送る。

幹や枝は、樹皮のすぐ内側に師管が通り、次に形成層、そして道管が通っている。

つけ根とは、細かくはどの位置ですか？

ここがコツ！

幹と枝の境目のブランチカラーと呼ばれるふくらみの外側がつけ根です。

幹と枝や、枝と枝はつながっているので、どこが境目なのかはっきりとわかりません。それに加えて、つけ根で切ろうとした時、太い枝では幹と枝の境目の部分がふくらんでいて、どこにノコギリを入れたらよいのか迷うことがあります。

このふくらみは「ブランチカラー」といい、構造的には幹の一部とされます。ブランチカラーの内部には、防御層という枝から侵入してきた腐朽菌などを幹へ入れないようにブロックする組織があります。

防御層は、剪定で枝が切られた時に、樹液から供給される炭水化物を使ってカルスをつくり、切り口を塞ぐ役割もします。ですから、剪定の際は、防御層を残すようにすることが大切です。

ブランチカラーと剪定位置

ブランチカラーを傷つけないことが、防御層を残しつつ切り口の癒合を早くします。

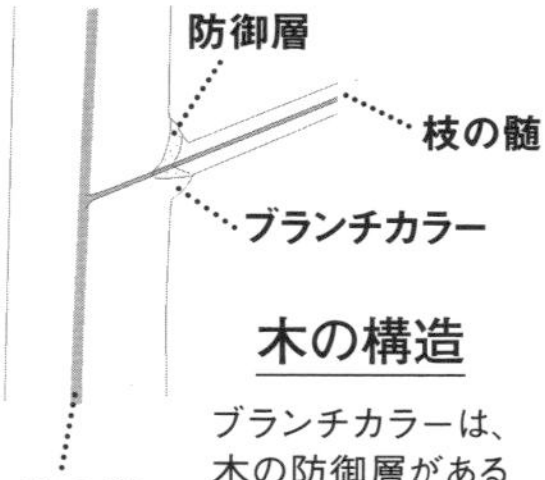

木の構造

ブランチカラーは、木の防御層がある大切な部分。

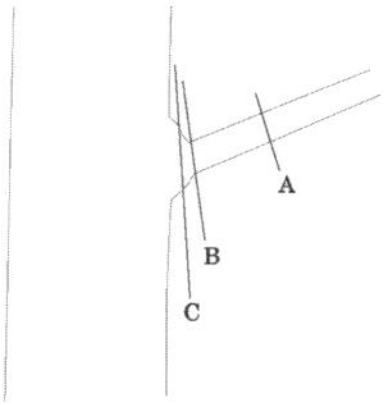

太枝を切る位置

A…切り口が塞がりにくく、腐朽菌が入りやすい。
B…ブランチカラーにそって切ると、防御層が残せ、早く切り口が塞がる。
C…防御層を傷つけるので、腐朽菌が侵入しやすい。フラッシュカットと呼ばれる。

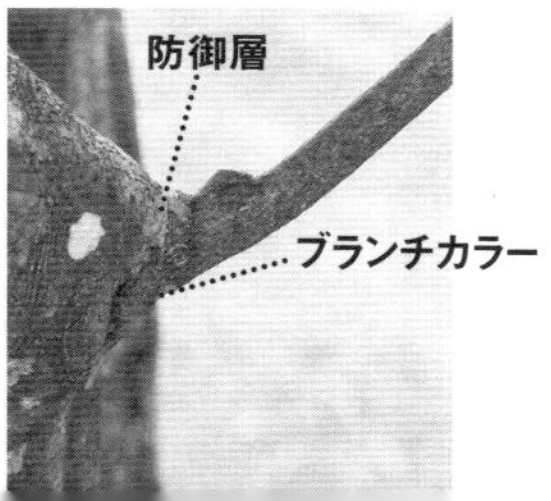

太い枝を切る際の注意点と切り方を教えてください。

ここがコツ！

切り口が滑らかになるようにし、重みで裂けないように三段切りに。

剪定では腐朽菌を侵入させないことが大切で、そのためにはきれいな切り口が目標です。しかし、木が大きくなったり太くなったりするほど、剪定はむずかしくなります。

切り口がうまく塞がるためには、切り口の表面が平らで滑らかなことがとても重要です。人間でも、スパッと切った傷口はきちんとケアすれば比較的治りが早いのですが、がさがさに荒れた傷口はなかなか治らないものです。木の場合も同じで、**剪定で切り口をつくる時には、①よく切れるハサミやノコギリを使うこと、②滑らかな切り口になるように丁寧に切ることを心がけましょう。**

また、太い枝は長くて重いため、一度に切ろうとすると、枝の重さで切り口が裂けてしまう危険があります。裂け方が大きいと、幹まで多く傷つけてしまいます。そうならないように、太い枝を切る時は三段切りをしましょう。

太い枝の切り方

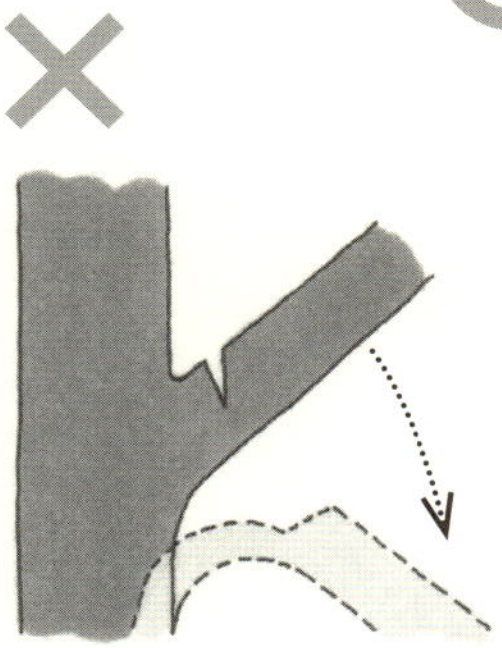

下から切れ目を入れずに一気に切り落とそうとすると、枝の重みで幹の近くまで裂けてしまい、幹の損傷や枯れの原因になる。

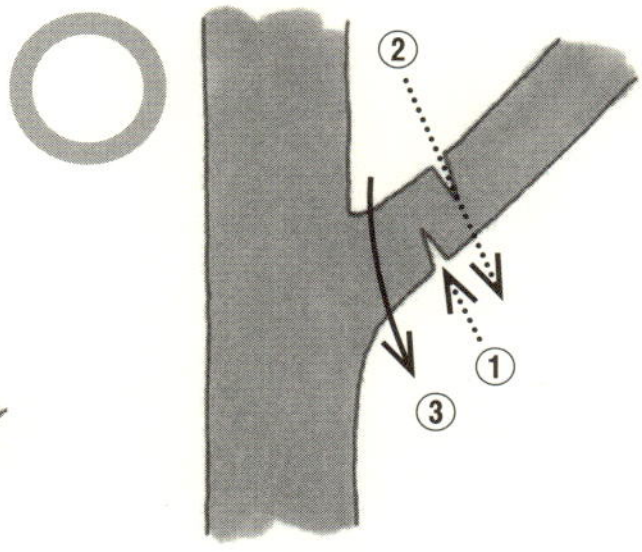

①…切る位置の少し手前に下側から1/3程度の切り込みを入れる。
②…枝の上側から切り落とす。
③…幹の近くを切り直して切り口をきれいにする。

癒合剤の効果はどのくらいの期間、持続しますか？

ここがコツ！

一般に市販されているものは、3ヵ月～半年程度です。

一般に入手しやすい癒合剤には、「トップジンMペースト」などがあります。ペースト状の殺菌剤で、切り口から腐朽菌が入らないように保護します。効果は3ヵ月～半年ほどで、切り口の保護にとても有効です。ただし、大きな切り口をつくると癒合が完了するまでに通常1～2年かかるので、3ヵ月程度経ったら上塗りするとよいでしょう。

また、保護効果が長い癒合剤として、「ラックバルサン」があります。切り口の保護に主眼をおいたもので、殺菌剤の成分は入っていませんが、皮膜が硬化し2年程度保護効果が持続するので、大きな切り口の保護に適しています。

癒合剤は、腐朽菌の侵入する可能性が高い500円玉より大きな切り口には、すべて塗りましょう。塗るところと塗っていないところをつくると、塗っていない切り口から腐朽菌が侵入しやすくなるので、要注意です。

癒合剤の塗り方

1 容器から直接、もしくはへらなどを使って切り口に塗布する。

2 切り口にまんべんなく塗っていく。

3 完成。切り口が塞がるまで、2～3ヵ月に1回、2回ほど上塗りするとよい。

癒合剤の代用になるものはありますか？

ここがコツ!

木工用接着剤などでも一定の効果はあります。

市販の癒合剤の多くは、接着剤のように固まる成分に殺菌成分を加えたものです。**癒合剤を入手できなかった場合などは、木工用接着剤でも代用は可能です。**

また、大きな枝を切ったあとに空き缶をかぶせてあるのを見かけることがあります。じつは、これも有効な方法です。腐朽菌は空気中のどこにでも漂っていますが、切り口が雨などで濡れていて付着繁殖しやすい時に侵入しやすくなります。空き缶などで雨よけするだけで、侵入するリスクを大幅に減らすことができます。

また、古木の治療などで切り口に炭を塗るのは、保護よりも炭がもつ殺菌効果を期待するものです。

ただし、最終的な癒合は木が光合成でつくった炭水化物で自らカルスを形成するしかなく、癒合剤もその代用品も当初の切り口の保護で、それを助ける役割です。

剪定する時には、切り口を思いやる気持ちを忘れないようにしましょう。

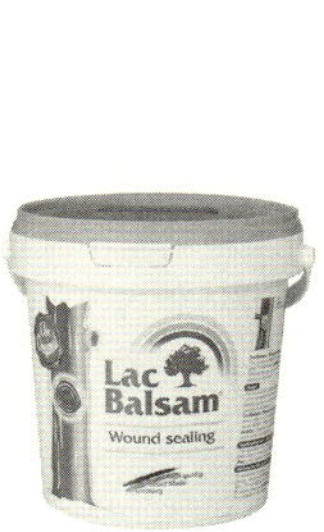

ラックバルサンは、保護効果の長い癒合剤。

入ってしまった腐朽菌は除去できますか?

ここがコツ!

除去はできませんが、樹勢を増せば進行を止められます。

もし大切に育てている木に腐朽菌が入って、枝や幹が枯れ始めてしまった場合はどうしたらよいでしょうか? 残念ながら腐朽菌を完全に取り除くことは、今の技術ではできないといわれています。

十数年前までは、腐朽部を削ってモルタルやウレタンを詰めて腐朽を止める努力をしていました。しかし、後年にそれらの処置を検証すると、多くのケースで腐朽が止まってはいませんでした。

そのため、**現在では、腐朽菌が入った木に対して樹木医の行う施術の主流は、樹勢の回復です。土壌改良で樹勢を増すことで防御層を強くします。**

注意したいのは、木からキノコが生えた時点では、もうすでにかなりの腐朽菌が木の内部で繁殖しているということです。

腐朽菌はキノコ

カワラタケが生えた木。体内から菌を抜くことはもうできない。

キノコは十分に繁殖した菌が外部に拡散するために咲かせる花ともいえる器官なので、キノコが生えた場合はかなり進行してしまっている段階だといえます。

大切な庭木を腐朽菌から守るためにも、剪定の時期や切り方に注意することが重要なのです。

剪定は毎年ではなく、一年おきではダメですか？

ここがコツ！

葉の量が著しく減少することになり、木に大きなストレスを与えます。

剪定は毎年行うのが基本ですが、一年おきに行うとすると、2年分を一度に剪定することになります。大きく茂っていた木から枝を一気に奪うと、極端な葉の減少が木に対して大きなストレスを与えます。葉の量が大幅に減ると光合成でつくられる炭水化物が不足し、根の一部が死んでしまうこともあります。

また、強剪定になるので、早く元の大きさに戻ろうとして徒長枝が発生しやすくなります。また、大きな切り口が増えるため腐朽菌が侵入するリスクが高まります。2年間剪定しないあいだは、枝のあいだの風通しが悪くなるので、カイガラムシやアブラムシ、うどんこ病などの病害虫が発生するリスクも増えます。

毎年剪定をすることは、葉の量の増減を比較的小さくできるので、木にかかるストレスを抑えられます。木の健康を保つことにつながれば、木の寿命を長くできるでしょう。

ところで、マツやスイリュウヒバなどが弱ってしまったので診てほしい、という相談を樹木医として時々受けます。詳しく話を伺うと、剪定を毎年行わずに一年おきだったケースが多くありました。つまり、相談の植物が弱った原因は、2年分茂っていた葉を一度の剪定で切り落としたストレスが原因と考えられます。

とくに針葉樹では、年末の剪定で2年分の葉を落とすと、葉が少なくなったために冬を乗り切れなくなって弱った事例が多く見られました。

剪定の目安として、針葉樹では、葉の量が剪定前の3分の1以下になると傷むリスクが高くなる、といわれています。剪定の際は注意が必要です。

切った枝を挿し木できますか?

ここがコツ!

発根のよい樹種であれば可能ですが、パテント品種は注意します。

剪定で「切り落とした枝をただ捨てるのはもったいない」「挿し木をしてふやせないか」などといった考えが浮かぶかもしれません。挿し木に適した時期は、春の芽吹き前と梅雨時の新梢の伸びが止まったあとなので、**冬の終わりに落葉樹を剪定した場合や、常緑樹を初夏に剪定した場合などでは、切った枝を挿し木することができます。**

樹種によって挿し木の発根のしやすさは異なりますが、一般に低木類のほうが、高木類より発根性がよいです。

とくに、常緑性ツツジ類やジンチョウゲ、ユキヤナギ、レンギョウなどは容易に発根します。

挿し穂は長さ10～15cmに調整し、初夏の挿し木では葉を2～3枚程度つけて、植木鉢などに入れた鹿沼土に基部の3分の1を挿します。発根までの間、挿し穂をしおれさせないよう、湿度を維持するためにビニールで覆って日陰に置きます。ビニールは挿し穂に触れないように、フレームなどで支えてください。ときどきビニールを外して水やりをし、土の湿り気を保って管理すれば、樹種によって異なりますがおよそ1～2ヵ月で発根します。ビニールの代わりに、加工したペットボトルなどを使ってもよいでしょう。

なお、挿し穂が1本だけだと発根しなかったり発根後に枯れてしまったりすることもあるので、1つの樹種ごとに複数本挿し木をするとよいです。

発根したらビニールポットなどに植え替えて、挿し木をした植物に適した管理をします。

なお、挿し木をする前には、パテント（特許）の登録がされた品種であるかないかを確認します。パテント品種であれば、無断で増殖するのは禁じられているので、挿し木しないようにしましょう。

挿し木の仕方（常緑樹 例：ツバキ 6月下旬〜7月中旬）

底穴の開いた容器なら挿し木できますが、いずれの場合も水の管理に気をつけ、いつでも土が湿っている程度を維持します。

1 挿し穂は新梢の枝先を使う。

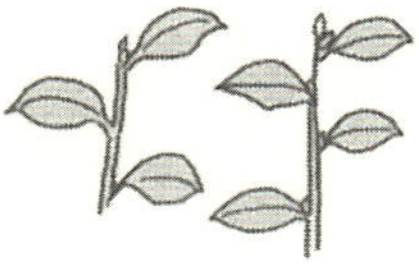

2 3〜4節で切る。

3 下の葉は半分落とす。

4 基部はくさび状に切る。

5 水を張ったバケツなどに4を入れ、水揚げをして水を吸わせる（1〜2時間）。

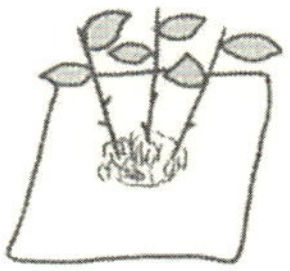

6 水揚げ後、基部に市販の発根促進剤をつける（つけなくてもよい）。

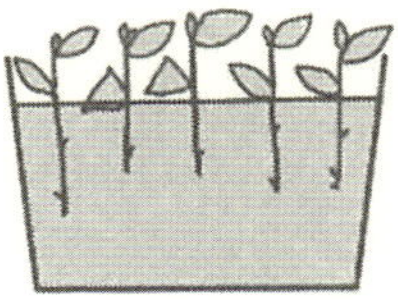

7 清潔な小粒の赤玉土か鹿沼土に挿す。乾燥しないように注意する。

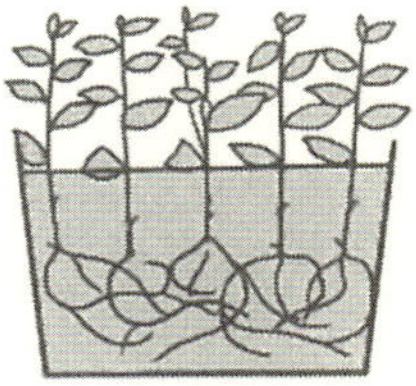

8 翌年の4月には新梢を10㎝ほど伸ばす。植えつけられるが、もう1年このまま育てると扱いやすい苗になる。

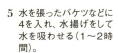

上方に木が伸びません。剪定で上に伸ばせますか？

ここがコツ！

木の伸び方には環境（植え穴の深さ、日当たりなど）が関係します。

枝垂れ樹種や矮性《わいせい》種などではないのに上方に伸びない庭木は、環境に原因があると考えられます。

上部の異変は根に問題のあることが多く、植えつけ場所のやわらかい土の部分が浅いため、根が深く張れずにいるのかもしれません。その場合、木が強風に耐えられる高さの限界と判断しているか、根張りが浅いため頻繁に乾燥にあって水分ストレスにさらされているために、重力に逆らって水を上げられる限界と判断した高さで成長をやめてしまっているのかもしれません。

また、建物のわきなどに植えられた木の場合、建物からの照り返しを弱めようと枝を横に伸ばして、自ら環境を改善しようとすることもあります。そんな場合は、横に伸びる枝を切っても上に伸びず、むしろ木を弱らせてしまうことがあるので、注意が必要です。

植物を育てる時に大切なこと

育てる植物に適した環境と手入れが大切です。

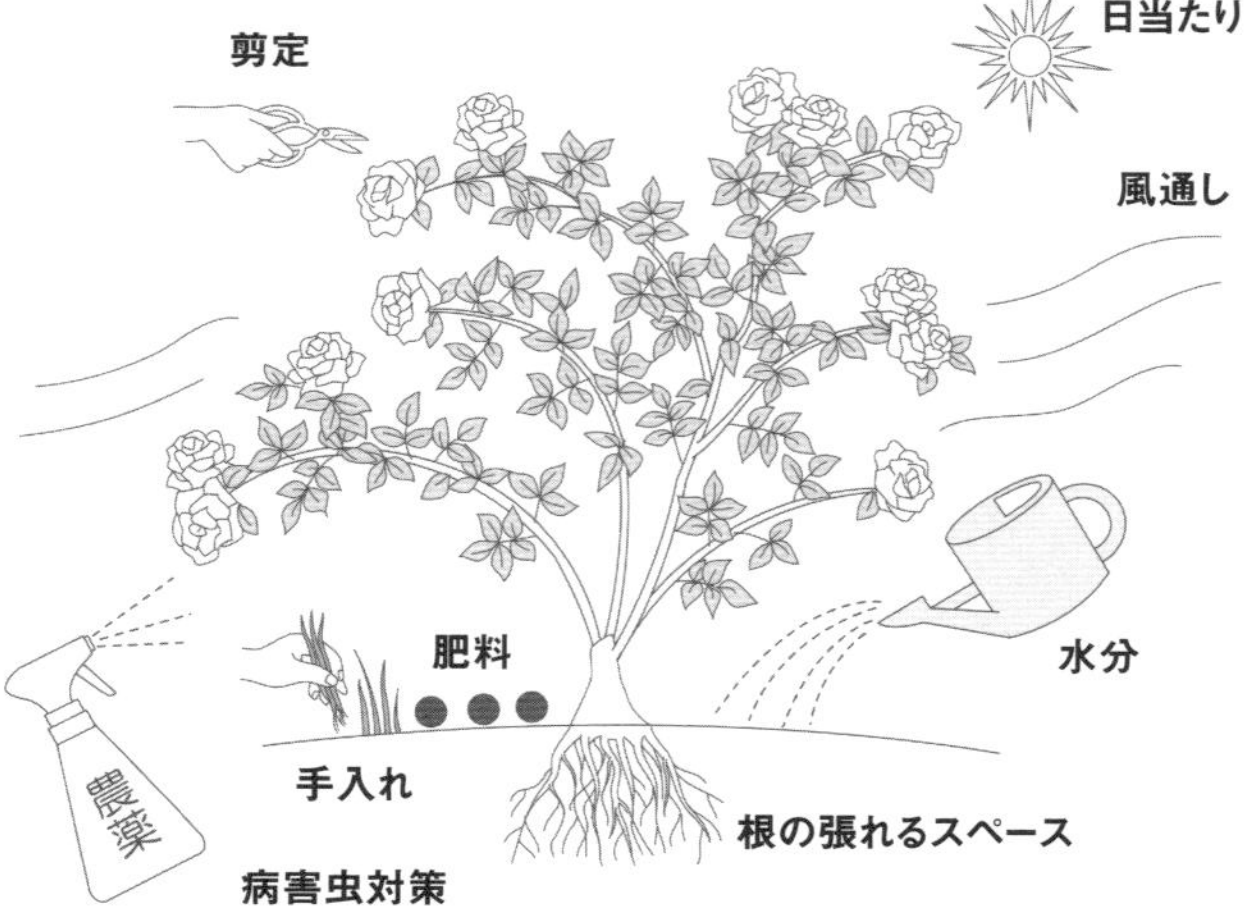

Chapter 4
木を小さくする剪定のコツ

～単純に剪定で木を低くすると…木が小さくなる、わけではありません。

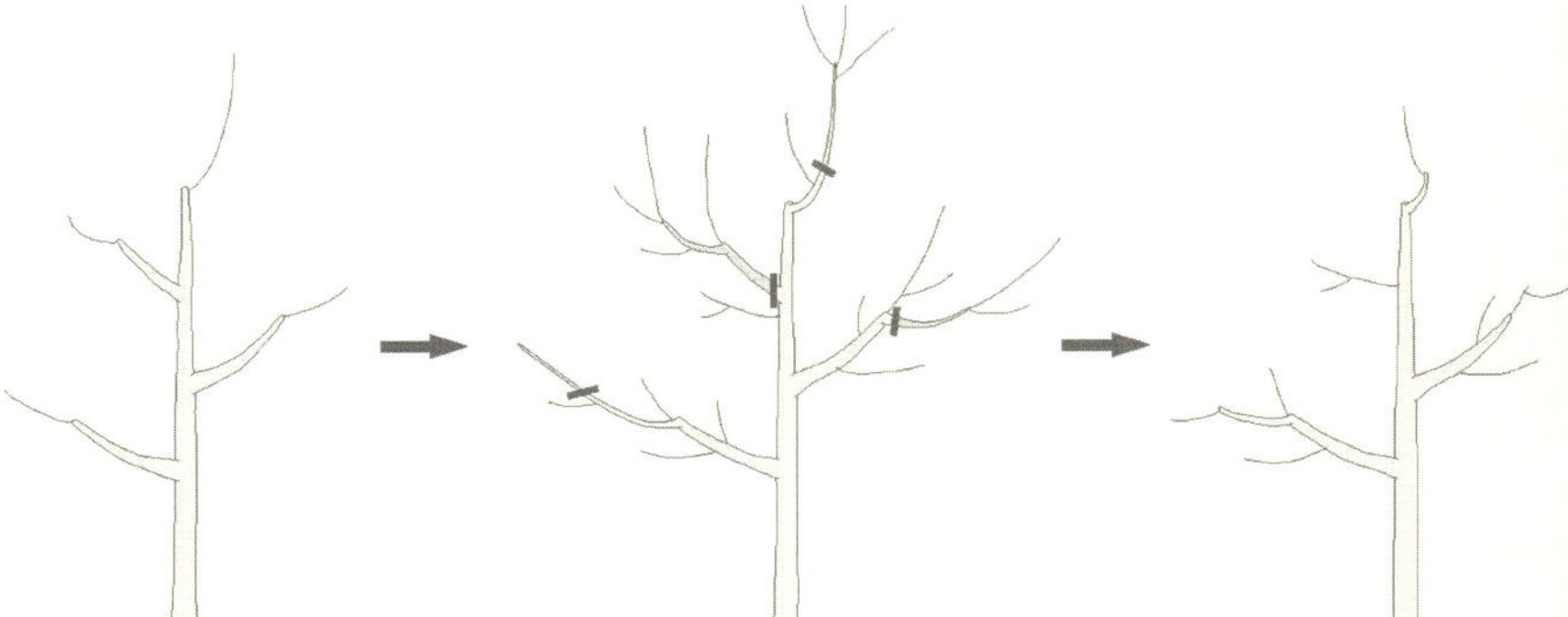

木をバッサリ剪定して低くしてもよいですか？

ここがコツ！

バッサリ低くすると、木が暴れてたくさんの徒長枝が伸びてしまいます。

庭木が大きくなりすぎて圧迫感がある、うっとうしい、と感じるようになると、**木の高さを単純に低くするために上部をバッサリ切ってしまいがちですが、これは失敗のもとです。**

太い枝を含めてたくさんの量の枝を一度に切ることは強剪定になりますが、木を小さくしようとして強剪定をして芽数が大幅に減ると、根からの水や養分が残った芽に集中して、強い枝が伸びます。

これは、水を吸い上げる根の活力とそれを受け止める芽数のバランスが大きく崩れたためで、枝の伸長量はこの「収支のバランス」で決まってきます。

つまり、上部をバッサリ切られるような極端な切り戻しにあうと、逆にたくさんの徒長枝が伸びてしまいます。これは「木が暴れる」といって、残っている側芽や幹の表面にある芽のもと（不定芽）からたくさんの枝を伸ばして、元の大きさに戻ろうとする現象です。

大量の枝先を失うと、頂芽から下りてくる植物ホルモンのオーキシンが急激に減少し、側芽の発芽を抑えるブレーキが外れます。木が緊急事態を意識して、側芽が一斉に伸びはじめる仕組みもあるのです。

このように、強い切り戻しは、木に強い刺激を与えて逆に成長を加速させてしまうので、避けましょう。

木が大きすぎると思ったら、毎年少しずつ小さくしていく方法がベストです。

もしくは、元々成長が極めて早い樹種など、その場所に合わない樹種なのかもしれません。その場合は業者に依頼してその木を抜いて別の樹種に植え替えます。

上部をバッサリ切られると、その後に徒長枝が伸びる

バッサリ剪定する。

自然樹形の木（ケヤキ）。

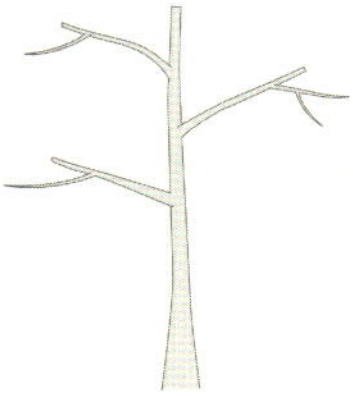

剪定後

強剪定後の姿。

側芽や不定芽が強く伸びて、木が暴れる。

寸胴切り後のケヤキは樹形が大きく崩れ、切り口付近からたくさんの萌芽枝が伸び始めた。

木を暴れさせずに小さくする剪定を教えてください。

ここがコツ！

数年かけて、段階的に芯を切り替えていきます。

普段からすかし剪定と枝の切り替えを行うことで、樹冠を大きくしないで維持することはできます。しかし、**さらに小さくする必要がある場合は、木に強い刺激を与える極端な切り戻しを避け、数年かけて、段階的に芯を切り替えて低くしていきます。常に芯を残し、その樹種の自然樹形を大幅に変えないことで、萌芽枝の発生を抑えることができます。**

そのためのテクニックとして、毎年の剪定の際に、幹から主幹にそって伸びる胴吹き枝（本来は不要枝）を、将来の芯の候補として残しておきます。何年も先を見通して選択肢をつくっておき、その必要がなくなった時には切り落とせばよいのです。

なお、ケヤキのように明らかな芯がない樹種では、その樹種の自然樹形をそのまま縮小した形を目標にし、枝を切り替えて低くします。主枝から萌芽した枝の中で2〜3年先に枝先にできそうなものを残しておき、枝の切り替えの準備をします。

ケヤキの冬姿。

木を低くする剪定

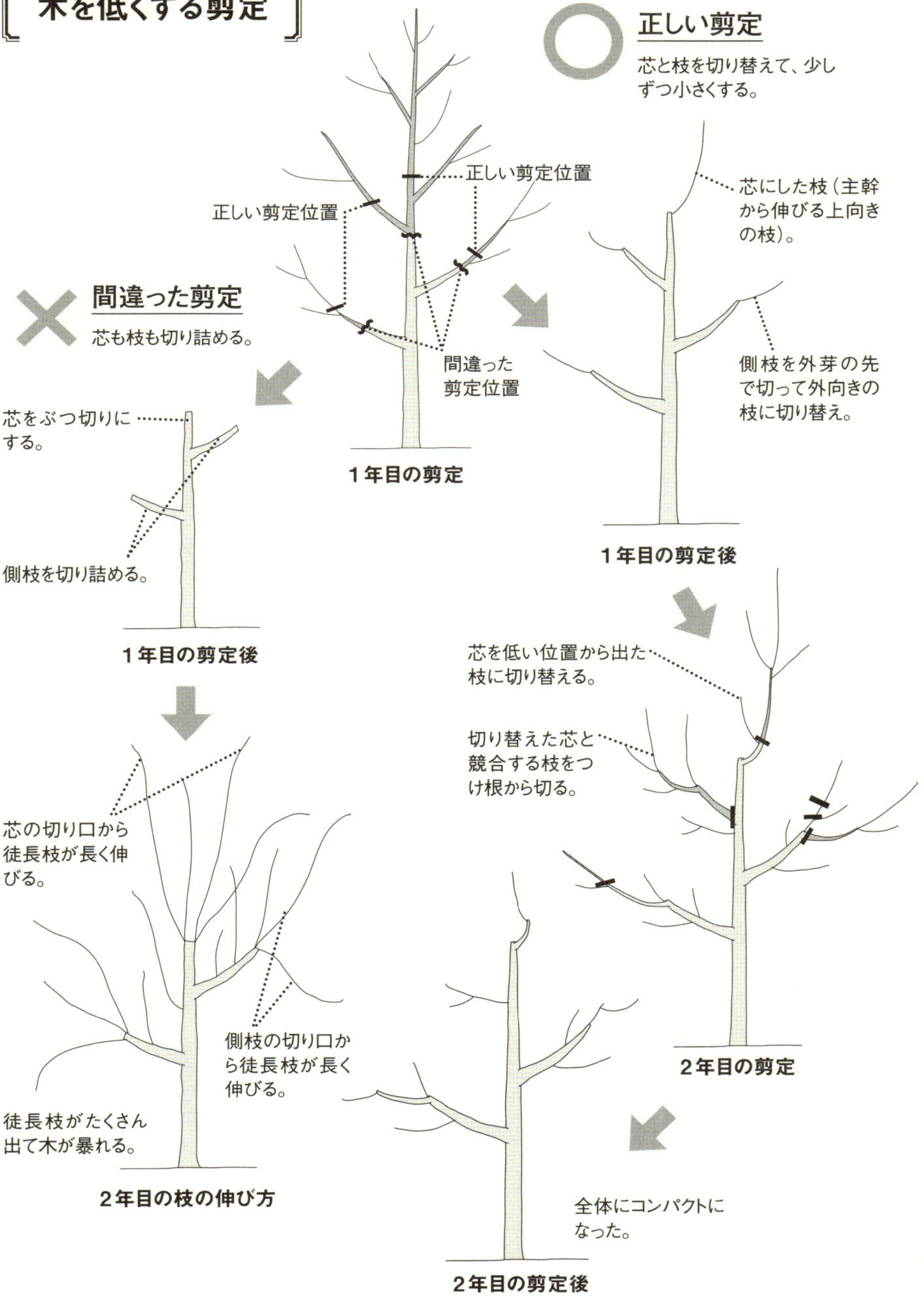

正しい剪定
芯と枝を切り替えて、少しずつ小さくする。
正しい剪定位置
正しい剪定位置
間違った剪定位置
1年目の剪定
芯にした枝（主幹から伸びる上向きの枝）。
側枝を外芽の先で切って外向きの枝に切り替え。
1年目の剪定後
芯を低い位置から出た枝に切り替える。
切り替えた芯と競合する枝をつけ根から切る。
2年目の剪定
全体にコンパクトになった。
2年目の剪定後
間違った剪定
芯も枝も切り詰める。
芯をぶつ切りにする。
側枝を切り詰める。
1年目の剪定後
芯の切り口から徒長枝が長く伸びる。
側枝の切り口から徒長枝が長く伸びる。
徒長枝がたくさん出て木が暴れる。
2年目の枝の伸び方

木陰をつくりたいので、木の選び方を教えてください。

ここがコツ!

成長が遅い落葉樹を選び、脚立で手が届く高さで管理します。

木陰をつくるための木が欲しい、という要望はとても多いようです。温暖化の影響か、近年の夏はとても暑く、木陰があるとずいぶん快適にすごせるからでしょう。

実際に、窓やテラスを木陰にするには、建物のすぐわきに木を植える必要があります。夏場は日射角が大きく、影が短くなるからです。

夏には木陰、冬には日当たりを確保するためには、冬に葉が落ちる落葉樹が適しています。**ナツツバキ、ハナミズキなど、成長が比較的ゆっくりとした花木を選べば、脚立で手の届く高さで管理でき、花も楽しめます。**

木陰のための木は、株立ち樹形よりも枝が横に張る単幹（幹が1本）のものが向いています。下枝を落として上部に枝が広がるような樹形にすれば、木の下を広く使えます。

Column

脚立で安全に作業

庭木を自分で剪定して管理するには、脚立を使って作業できる高さを知っておきます。ホームセンターなどで販売されているものでもっとも高い12段の園芸用脚立を用いたとして、手が届くのは高さ4・5mくらいまでです。ただし、長い脚立は持ち回しがよくないので、高さの違った脚立を複数用意しておくと作業効率がよくなります。

3点で支える脚立。

鉢植えと庭植えでは、剪定が異なりますか？

ここがコツ！

基本は同じですが、樹勢が弱いため、切りすぎに注意します。

鉢植え（コンテナ栽培）は土の量が制限されるために根張りに限りがあり、樹勢がコントロールされるので、花つきがよくなるメリットがあります。同じ理由で庭植えに比べて樹勢が弱くなりがちで、一年の枝の伸長量は多くありません。

鉢植えの剪定は、庭植えの庭木ほどたくさんの枝を切る必要がなく、絡んだ枝、大きく飛び出した枝などの不要枝をつけ根で切って間引き、樹形を整える程度にします。上部の枝葉を茂らせすぎると、風で倒れやすくなるので、剪定で高さを抑えます。風が抜けるように上部を中心にすかして、軽やかな雰囲気にするように心がけましょう。

鉢植えの剪定後の回復力も庭植えに比べて劣るので、切りすぎると光合成量が足りずに枝枯れするなど樹形を崩します。また、常緑樹、針葉樹の秋の剪定は避けたほうが安全です。

ビックリグミの大鉢植え。コンテナ栽培はどんな植物も育てられる。庭がなくてもできるので、チャレンジしたい。

Column

タイプ別剪定法と剪定時期

庭木の剪定適期に従って剪定するのが基本ですが、庭木の姿の違いや、樹形を重視するか、花数を重視するかなどによって、どのように剪定するかをまとめました。

【自然樹形】

○落葉樹

・樹形重視→樹種ごとの樹形に従って冬にすかし剪定

・花数重視→花後剪定＋適期のすかし剪定、で樹形を整える

○常緑樹

・樹形重視→適期の剪定
（すかし剪定で枝ぶりを見せ、樹冠線を整える。）

・花数重視→花後に刈込み＋春に混んだ枝のすかし
（寒冷地は春に刈り込み）

○針葉樹（コニファー類）

・自然にまとまる基本樹形に従った適期の剪定
（多くは刈り込みできるが一部できないものあり）

【人工樹形】

○和の仕立てもの

・仕立てた形に従って刈り込み
（マキ類・マツ類などを除く）

○洋風の仕立もの（トピアリー）

・仕立てた形に従って年数回刈り込み

○生け垣

・年1～2回の刈り込み
（成長の早い樹種は年2回以上）

Chapter 5
もっと花と実を楽しむ剪定のコツ

～樹形を重視しますか?　花数を重視しますか?
花数重視なら花後剪定をしましょう。

花後剪定のメリットと注意点を教えてください。

ここがコツ！

花後すみやかに切り、強剪定を避けます。

樹形重視なら適期に剪定をするのが基本ですが、花を重視するなら「花後剪定」を行います。これは花が咲き終わった直後、次の花芽ができる前のタイミングで剪定するものです。枝が整理できるほか、各枝によく光が当たるようになって、次の花芽分化を促進する効果があります。

花後剪定では「花後すみやかに剪定する」「強い切り戻しはしない」ことが大切です。

モクレンやハナミズキなど葉より先に花が咲く一部の樹種を除き、中高木類の花後の時期は葉が茂っているため、花後剪定は混んだ枝の間引きやすかしといった弱い剪定になります。もし、強く切り戻してしまうと徒長的に伸びる強い枝が出てしまい、花芽分化期になっても成長が止まらないために、花芽がつくられません。多くの落葉樹では、花後剪定の時期は剪定適期と一致しないので、ノコギリを使うような太い枝は切らないよう注意してください。

花後剪定で花数をコントロールし、樹形をつくる剪定は、枝が見やすい冬に行う、という二段構えが理想です。

低木類は中高木ほど幹が太くならないので、花後剪定でノコギリを使っても木を傷める心配はほとんどありません。

切り戻しの法則

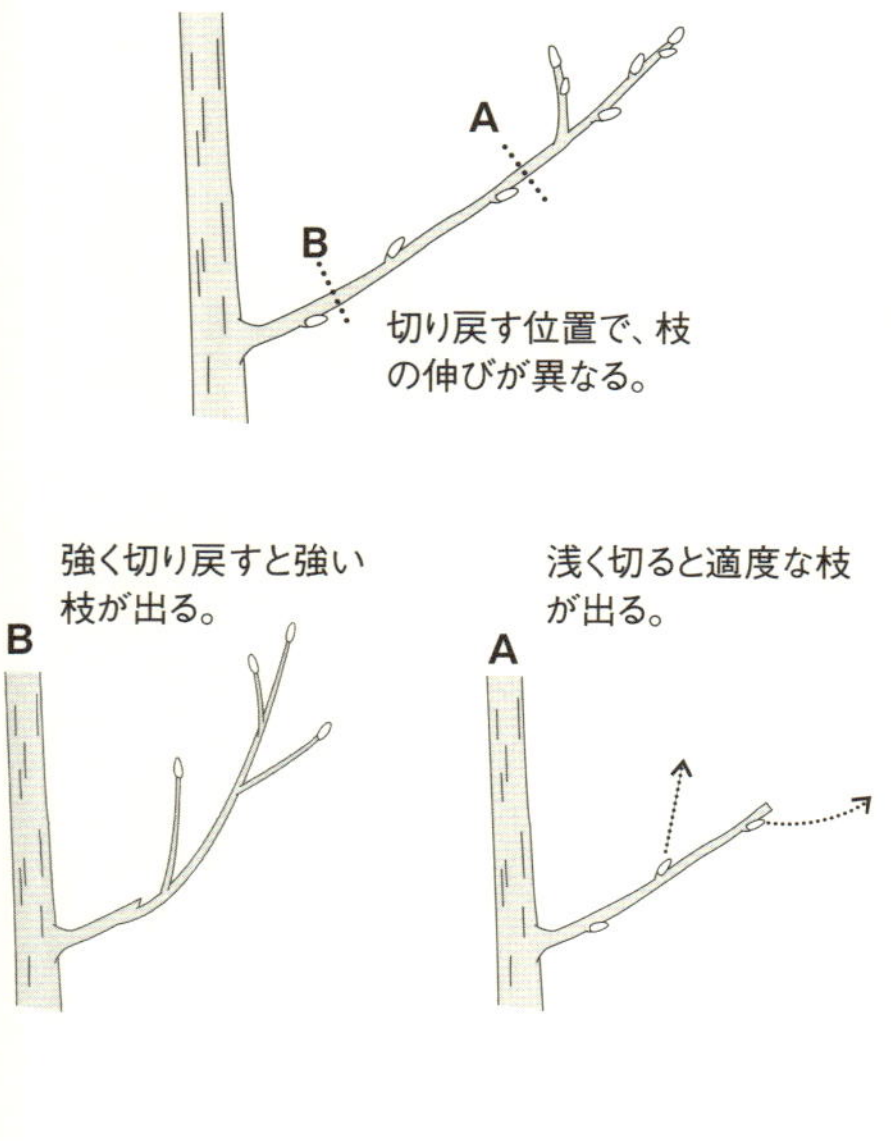

A
B
切り戻す位置で、枝の伸びが異なる。
強く切り戻すと強い枝が出る。
B
浅く切ると適度な枝が出る。
A

それぞれの花木の剪定法を教えてください。

ここがコツ！

落葉性か常緑性か、旧枝咲きか新枝咲きかで異なります。

花芽分化から花が咲くまでのパターンは大きく分けて2つあります。花の前年に花芽が分化し、冬を越してから咲く「旧枝咲き」と、花芽が分化してその年のうちに咲く「新枝咲き」です。

多くの落葉性の花木は旧枝咲きタイプです。3～5月に花が咲き、7～8月に次の花芽がつくられるので、春の開花後すみやかに花後剪定します。

落葉性の新枝咲きであるサルスベリやムクゲは、強く伸びた枝に大きな花をつけるので、花重視ならば切り戻し剪定で勢いのある枝を出します。

常緑性の花木は一年中葉をつけているため、刈り込みで管理するのが一般的です。寒さが苦手なので春の刈り込みを基本とし、同時に内側の混んだ枝を間引いて光を入れます。

太い枝を切らない低木類は、花後剪定のみでＯＫです。

Aタイプ　落葉性の中高木（旧枝咲き）

ハナミズキ、モクレン類など多くの落葉樹→花後剪定＋冬の剪定（すかし剪定）

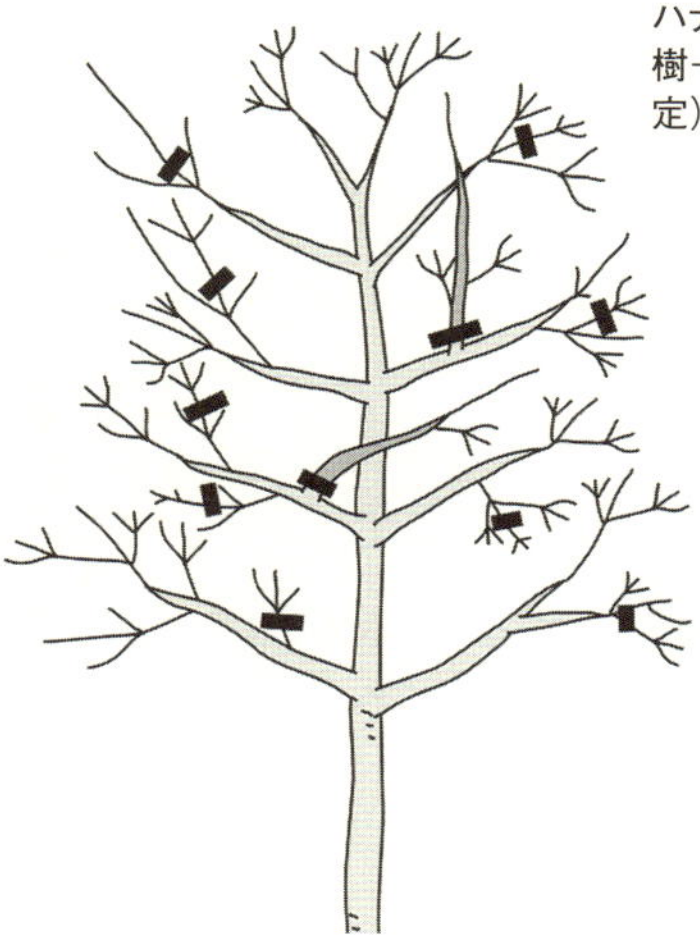

花後剪定と冬の剪定を組み合わせる。

花後剪定と適期である冬の剪定を組み合わせます。花後の剪定で花芽を担保しつつ、冬の剪定で樹形と健全な木の生育を確保します。

花後剪定は細い枝、混んだ部分を整理します。木の内側に光が通り、花つきがよくなります。花後剪定では太い枝は切れません。

冬の剪定では花数を減らしすぎないよう気をつけ、バランスを見ながらすかし剪定をします。

Bタイプ 落葉性の中高木（新枝咲き）

（サルスベリ、ムクゲなど）→冬の剪定（切り戻し可）

2〜3節残して切り、勢いのよい枝を出させる。

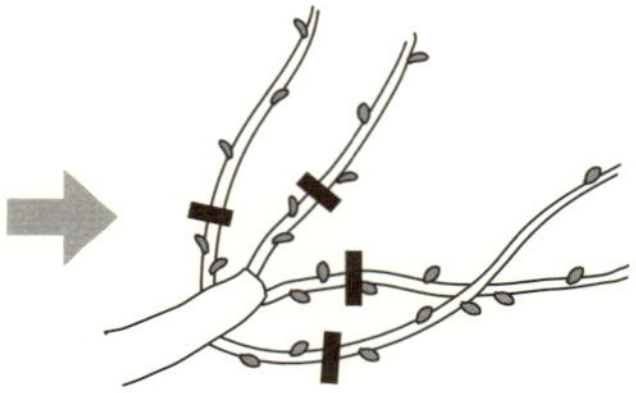

剪定適期の冬にはまだ花芽はないので、自由に剪定できます。枝を強く切り戻して強い枝を出させ、よい花を得ます。寒冷地では、芽吹き前に剪定します。

Cタイプ 常緑性の中高木

（キンモクセイ、サザンカ、ツバキなど）→花後剪定（ただし冬は避ける）

春から夏に咲く樹種は花後に、秋に咲く樹種は春の芽吹き前に刈り込みます。正月前に庭をきれいにする目的で秋に刈り込む場合は、軽い刈り込みにとどめます。刈り込みに適さない樹種は花後にすかします。

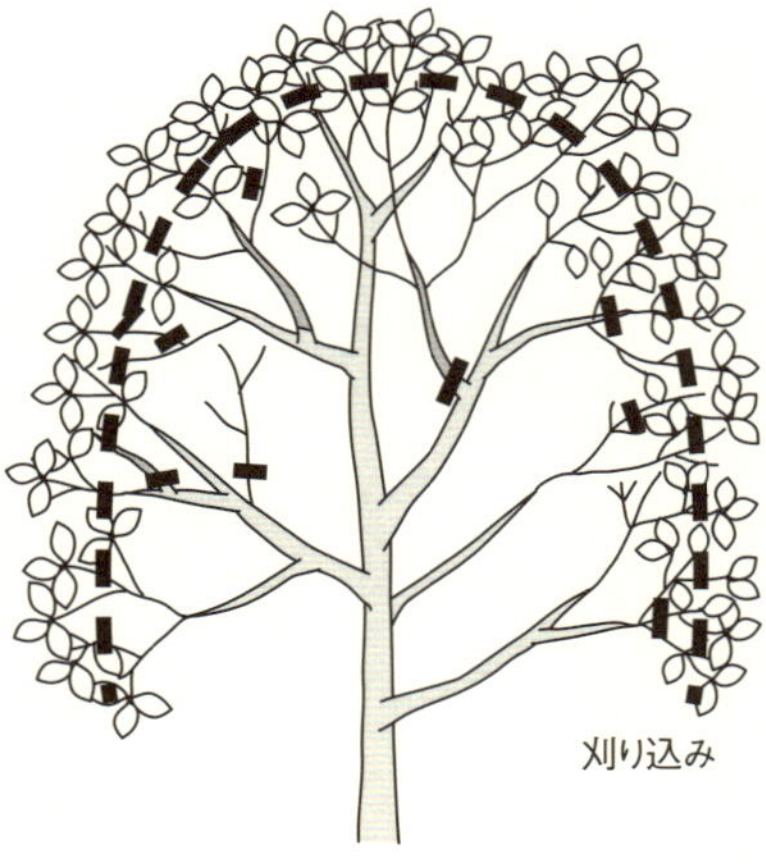

刈り込み時に太い枝をやや深く切って内側にも日が入るようにすると、花つきがよくなります。

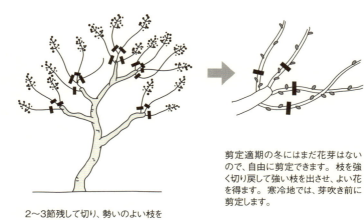

Dタイプ 株立ちの低木類（落葉性・常緑性）

（アジサイ、ハギ、アセビなど）→花後剪定（古枝間引き＋切り戻し）

株立ちの低木は落葉性、常緑性ともに太い枝を切らないので、花後剪定のみで十分です。古い枝は株元から剪定して随時更新します。新枝咲きのハギなどは枝を切り戻して充実した枝をつくり、よい花を咲かせます。

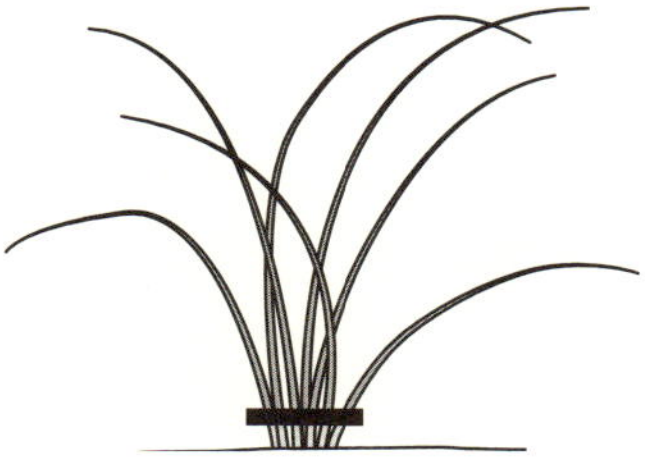

ハギなど（新枝咲き）
花芽がない冬に地際から10cmほどのところで剪定する。

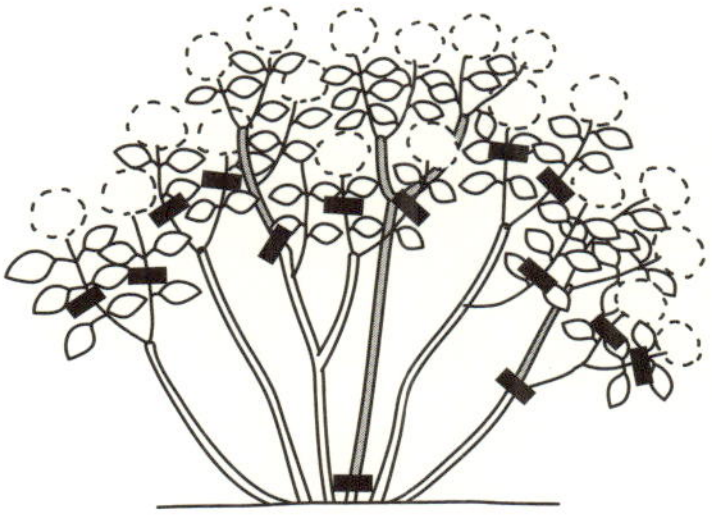

アジサイなど（旧枝咲き）
花後すぐに花より2〜3節下で切る。古枝は株元から切って更新する。

Eタイプ 玉づくり（落葉性・常緑性）

（ツツジ類、アベリアなど）→花後剪定（刈り込み）

花芽が形成される前に刈り込んで、形をつくりつつ花数を確保します。早く刈り込むほど秋に新梢が飛び出すことがありますが、その場合、その枝だけ切り落とします。

花後すみやかに全体に刈り込む。頂部を強めに切る。

花木の剪定タイプ一覧

剪定タイプ		樹 種
落葉性の中高木	Aタイプ〈旧枝咲き〉	ウメ(花2月・花芽分化7月)、エゴノキ(花5〜6月・花芽分化8月)、オオデマリ(花4〜5月・花芽分化7月)、サクラ(花3〜4月・花芽分化7〜8月)、サンシュユ(花3月・花芽分化6〜7月)、スモークツリー(花5月・花芽分化7月)、トサミズキ(花3月・花芽分化7月)、ナツツバキ(花6月・花芽分化8月)、ハナズオウ(花4月・花芽分化7月)、ハナミズキ(花4月・花芽分化7月)、ハナモモ(花3〜4月・花芽分化7月)、ヒメシャラ(花6〜7月・花芽分化8月)、フジ(花4〜5月・花芽分化7月)、ボケ(花3〜4月・花芽分化8月)、モクレン類(花3〜4月・花芽分化6月)、ヤマボウシ(花5〜6月・花芽分化7〜8月)、ライラック(花4〜5月・花芽分化7〜8月)
落葉性の中高木	Bタイプ〈新枝咲き〉	サルスベリ(花芽分化6〜8月・花7〜9月)、ノウゼンカズラ(花芽分化6月・花7〜8月)、ムクゲ(花芽分化6〜9月・花7〜9月)
Cタイプ 常緑性の中高木		〈旧枝咲き〉 ギンヨウアカシア(花3月・花芽分化8月)、ツバキ(花3月・花芽分化7月)、トキワマンサク(花5月・花芽分化8月) 〈新枝咲き〉 キョウチクトウ(花芽分化5〜6月・花7〜9月)、キンモクセイ(花芽分化8月・花9〜10月)、サザンカ(花芽分化7月・花10〜12月)
Dタイプ 株立ちの低木類(落葉性・常緑性)		〈旧枝咲き〉 アジサイ(花6〜7月・花芽分化9〜10月)、アメリカテマリシモツケ(花5〜6月・花芽分化7〜8月)、ウツギ(花5月・花芽分化8月)、エニシダ(花4月・花芽分化8月)、クチナシ(花6〜7月上旬・花芽分化8〜9月)、コデマリ(花4〜5月・花芽分化9月)、ナンテン(花5〜6月・花芽分化7〜8月・実11〜12月)、ブルーベリー(花5〜6月・実7〜9月・花芽分化8〜9月上旬)、ボタン(花4〜5月・花芽分化8月)、ミツマタ(花3〜4月・花芽分化7月)、ヤマブキ(花4月・花芽分化7〜8月)、ユキヤナギ(花4月・花芽分化9月)、レンギョウ(花3〜4月・花芽分化7月)、ロウバイ(花1〜2月・花芽分化6月) 〈新枝咲き〉 アメリカアジサイ'アナベル'(花芽分化5〜6月・花6〜7月)、コムラサキ(花芽分化6月・花8月・実9〜10月)、ハギ(花芽分化5〜7月・花7〜9月)、ブッドレア(花芽分化7〜9月・花7〜9月)
Eタイプ 玉づくり(落葉性・常緑性)		〈旧枝咲き〉 サツキ(花5月・花芽分化7月)、ジンチョウゲ(花3月・花芽分化7月)、ドウダンツツジ(花4月・花芽分化7月) 〈新枝咲き〉 アベリア(花芽分化5〜9月・花6〜10月)

旧枝咲きと新枝咲きのライフサイクル

旧枝咲き 例：ハナミズキ

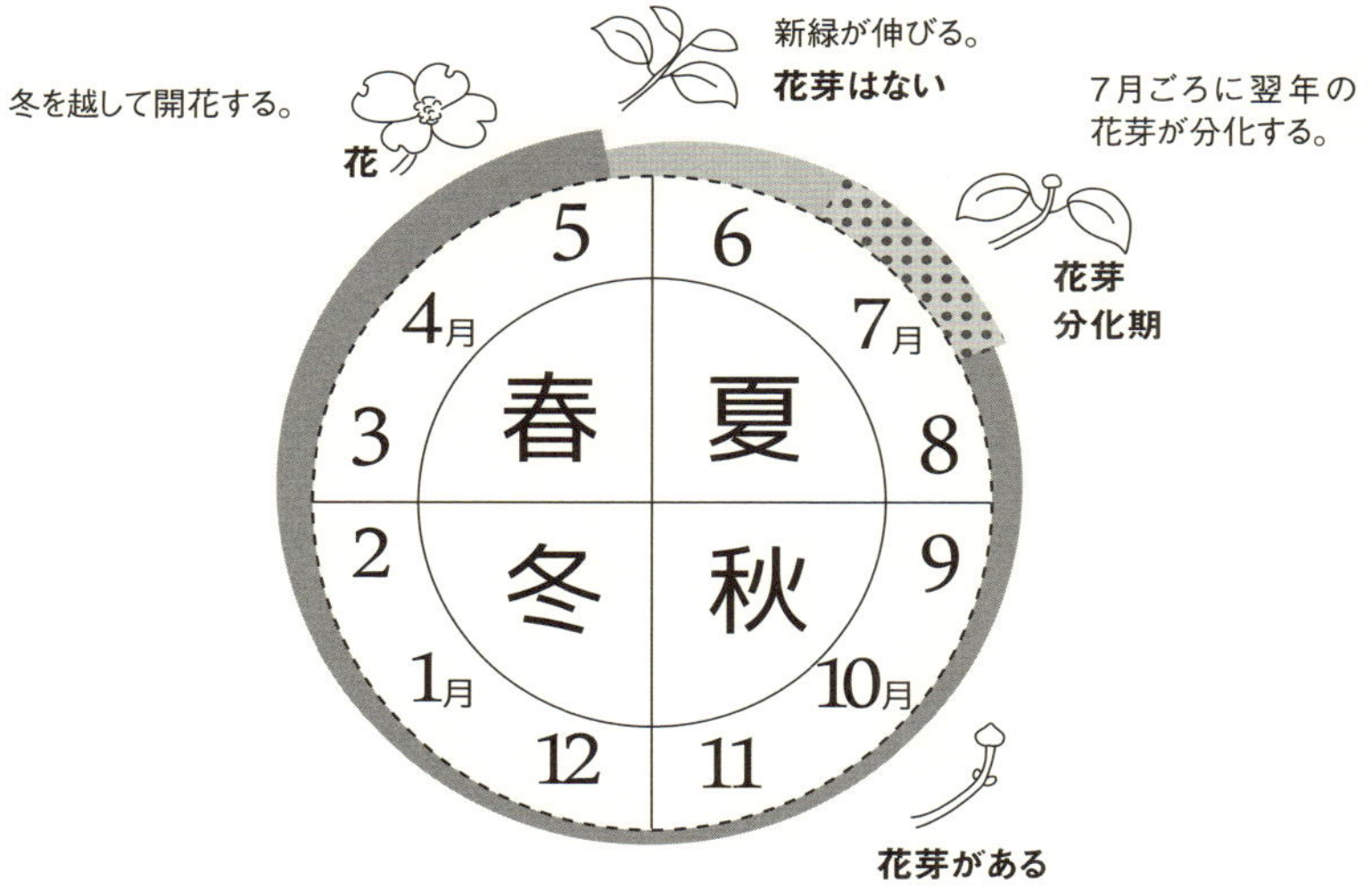

新枝咲き 例：キンモクセイ

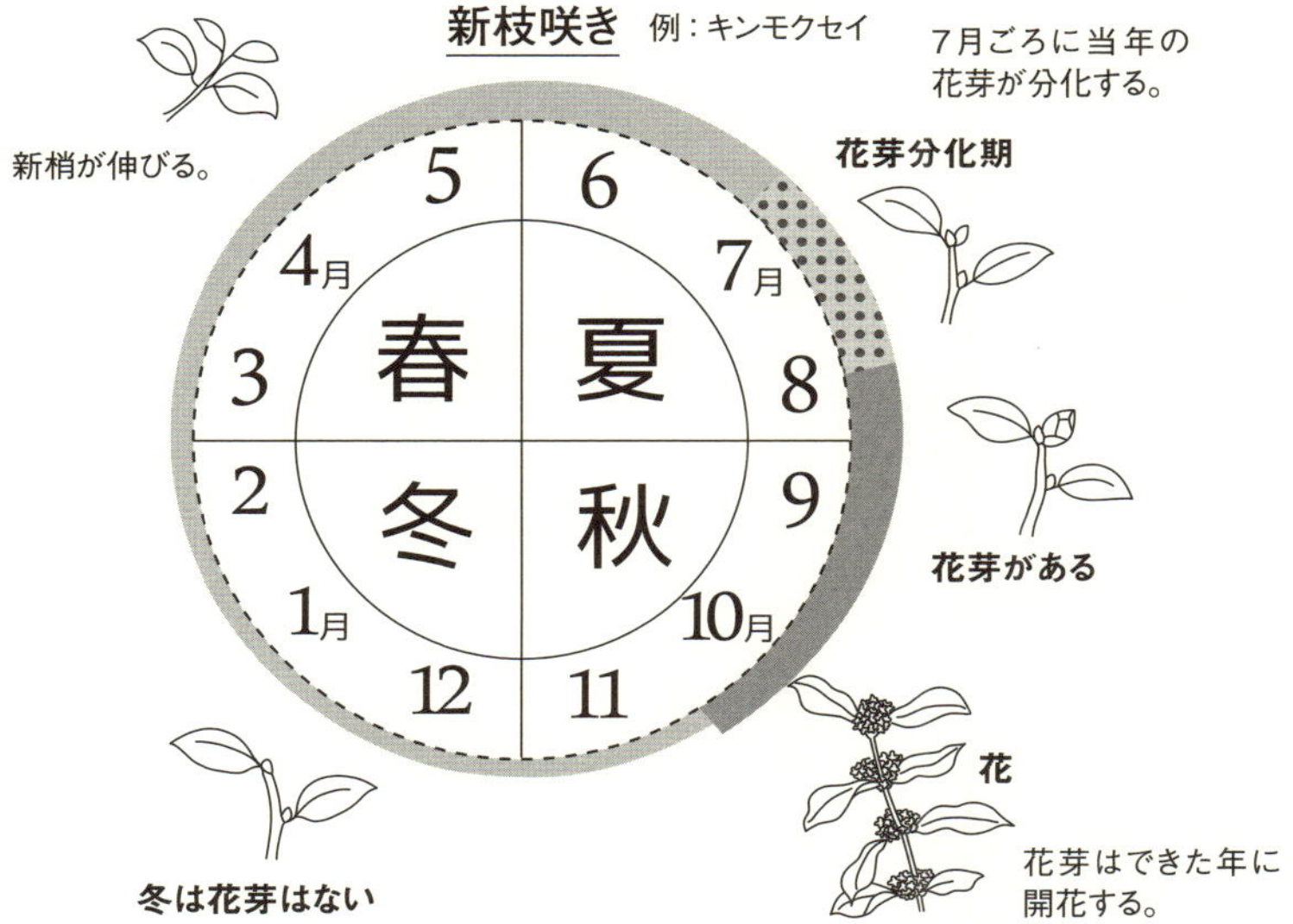

樹種によって花芽のつき方は違うのですか？

ここがコツ！

枝先につくもの、枝の中ほどから先までつくもの、などさまざまです。

花木は樹種によって花芽のつき方が異なるので、花を咲かせたい樹種の花芽のつき方を理解してから剪定しないと、思うように咲かせられません。

多くの落葉樹は、剪定適期の冬に、成長した花芽を目で確認することができます。花芽のつき方は細かく分けると6タイプ以上ありますが、**剪定のやり方に関係する４タイプを以下にあげます。**

花芽を確認しながらできるだけ切り落とさないように剪定するというのは、タイプ①では可能です。

しかし、タイプ②や③では、そうするのはむずかしいかもしれません。

とはいえ、**すべての花芽を残せなくとも、花後剪定で光を入れて花芽を増やしたうえですかし剪定をすれば、十分な数の花が咲く、と考えるのが現実的です。**

花芽のつき方４タイプ

剪定で考慮しなくてはならない花芽のつき方です。

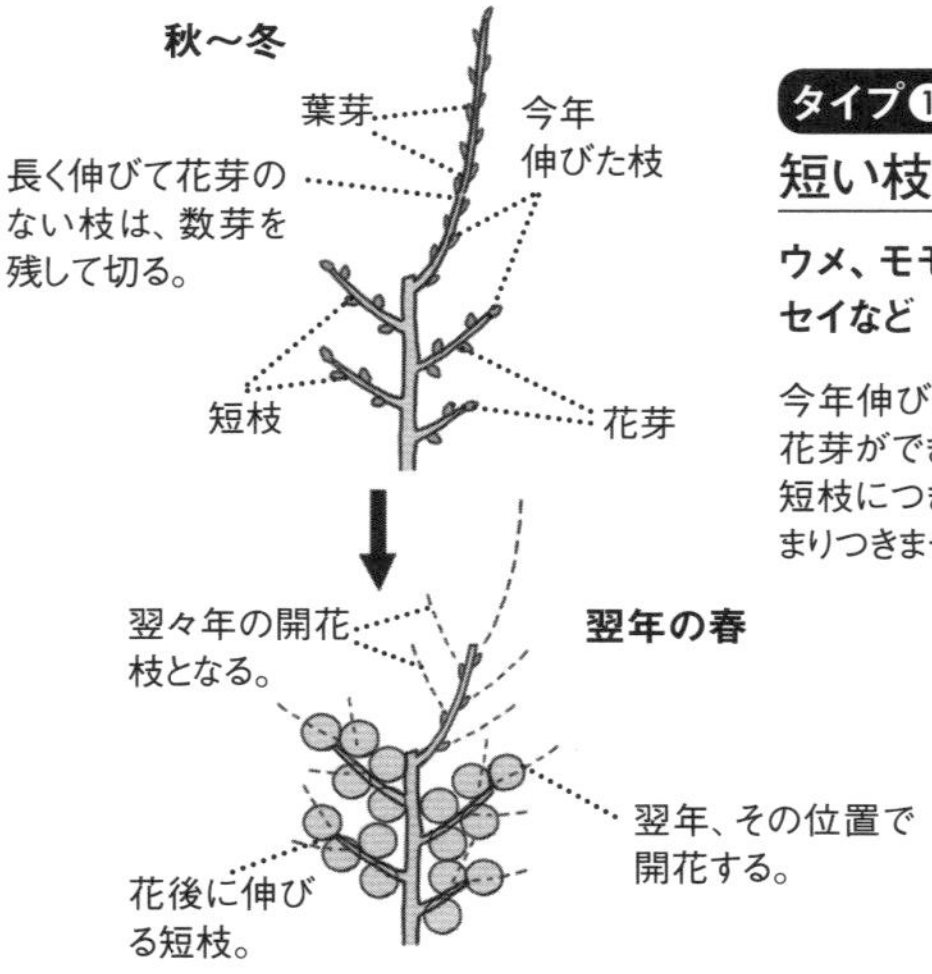

秋～冬
葉芽
今年伸びた枝
長く伸びて花芽のない枝は、数芽を残して切る。
短枝
花芽
翌々年の開花枝となる。
翌年の春
翌年、その位置で開花する。
花後に伸びる短枝。

タイプ❶

短い枝につく

ウメ、モモ、フジ、モクセイなど

今年伸びた枝の葉腋に花芽ができます。多くは短枝につき、長枝にはあまりつきません。

タイプ②

枝の先端につく

モクレン、ツバキ、サザンカ、ライラックなど

今年伸びた枝の頂芽に花芽ができるタイプ。モクレンなどのように短枝の頂芽に花芽ができるものと、ライラックのように長枝の頂部に花芽ができるものがあります。

モクレン、コブシなど　**ツバキ、サザンカなど**　**ライラック**

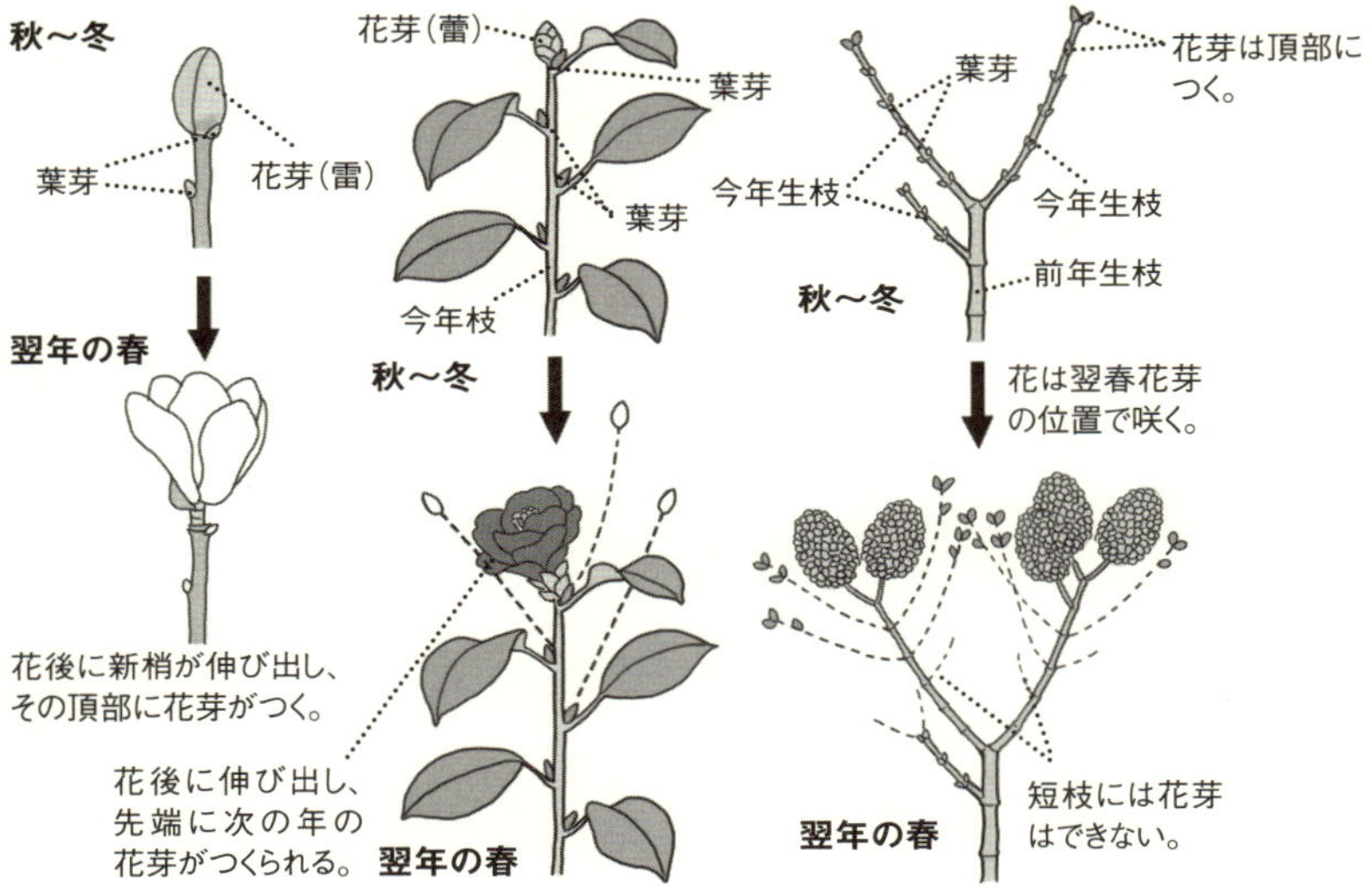

タイプ④

冬には花芽がない

ムクゲ、アベリア、ハギ、木立性のバラなど

冬に花芽はもたず、充実した枝から伸びた新梢に花をつけます。木立性のバラやノウゼンカズラは新梢の枝先に花をつけ、アベリア、ハギ、ムクゲなどは新梢の葉腋に開花します。

ムクゲ、アベリア、ハギなど

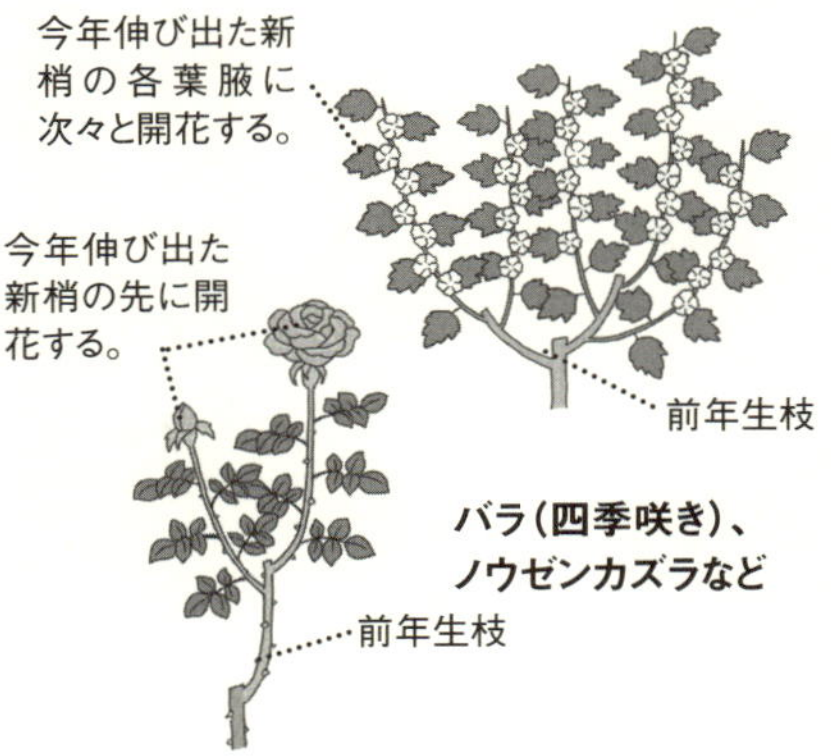

タイプ③

先端から枝の中ほどまでつく

レンギョウ、ユキヤナギ、コデマリなど

今年伸びた枝の先端から中ほどまでたくさんの花芽ができるタイプ。翌年は花後に枝先から分岐して伸びた枝に、花芽ができます。

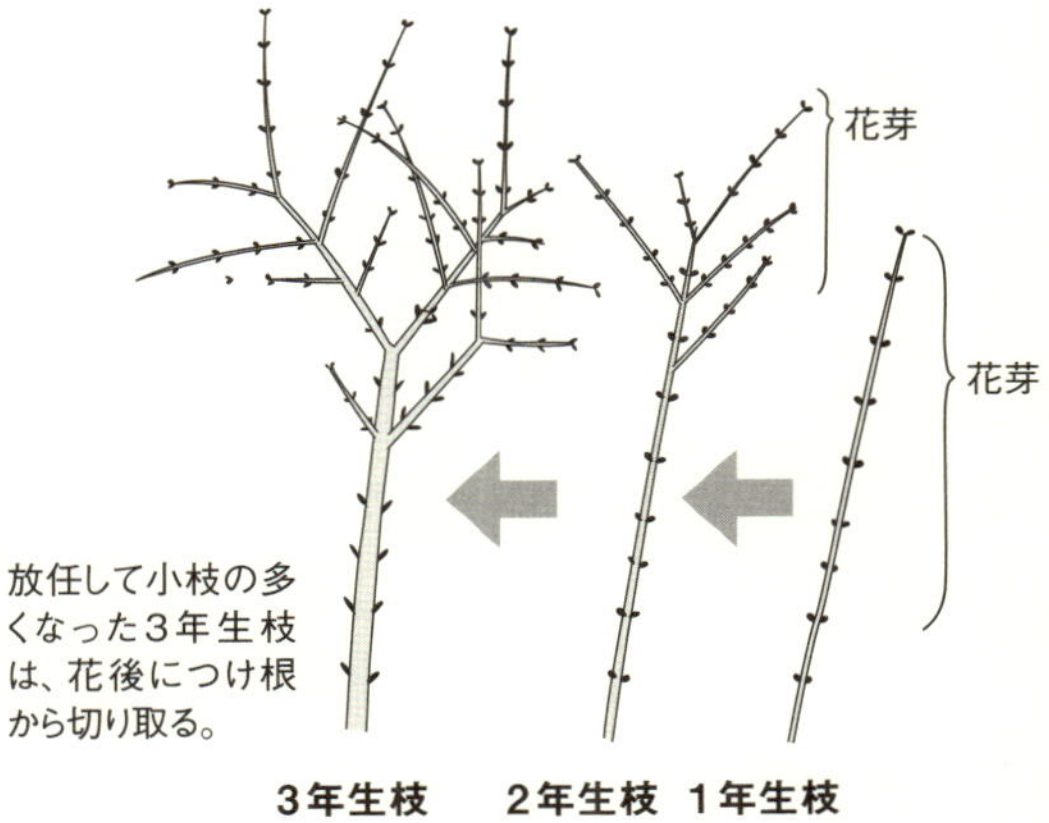

剪定で年に何度も咲かせることができますか？

ここがコツ！

早めに切って二度以上咲かせられる種類があります。

好きな花が何度も咲くとうれしいものです。アメリカアジサイ，アナベル・や、アベリア（ハナツクバネウツギ）などの新枝咲きの樹種は、比較的短い期間で新梢が充実して花芽分化できるので、早めに切り戻しをすれば、その年のうちにもう一度花を咲かせることが可能です。木立性のバラも新枝咲きで、年に数回咲かせることが可能です。

新枝咲きを再び咲かせるポイントは、「花が咲き終わる前に切る」「軽く切り戻す程度にする」ことです。 早い切り戻しを一部の枝にすれば、最初の花が終わるころに切り戻した花が咲き始めるので、より長く花を楽しむことができます。ただし、剪定が遅れたり強く切り戻すと、強い枝が出て伸びが止まらず、冬までに咲かないことがあります。

なお、気温が下がると花芽分化できないので、夏が短い寒冷地では二度咲かせるのはむずかしいかもしれません。

アナベルとピンクのアナベル

返り咲く性質のある品種は、時機を逃さず作業して、もう一度花を楽しみたい。

アナベル

ピンクのアナベル

Column

狂い咲きはどうして起こるの？

春と気候がよく似ている秋に、春の花が咲いてしまうことを「狂い咲き」といいます。通常、夏のあいだに育った蕾は、秋に春によく似た気候になっても開くことはありません。これは休眠ホルモンともいわれる植物ホルモンのアブシジン酸によって、翌年の春まで蕾が開かないようにブレーキをかけているからです。

花はタネをつけるための生殖器官ですが、多くの樹種は開花から結実まで時間がかかるために、秋に咲いてしまうと、冬までのわずかな期間では子孫（タネ）をつくれません。アブシジン酸は葉でつくられるので、葉が青々と茂っている間は花が咲かないようになっていますが、ケムシによって葉のほとんどを食害されたり、猛暑や極端な乾燥で異常落葉したりしてしまうと、アブシジン酸のブレーキが利かなくなり、その後に春を思わせるような暖かさにあうと花が開いてしまうのです。

ちなみに、日本の気候では花芽形成は初夏の一時期に限られるので、秋に狂い咲きした花芽はそれっきりで、春はその分の花数が減ってしまいます。

紅葉の中で狂い咲きしたサクラ。

花後とは、花が散っていつまでですか？

ここがコツ！

花が終わって半月～1カ月以内です。遅く切ると翌年咲きません。

花後とは、花が終わってどのくらいの期間のことをいうのでしょうか？　**これは樹種によって異なりますが、一般には花が終わって半月～1ヵ月以内です。多くの花木では、花が咲き終わってしばらくすると、新梢が伸び始めます。花が終わってから次の新梢が伸び始めるまでの間が、「花後」というわけです。**

花後剪定は、咲き終わったら早いほどよいとされます。それは、剪定後に伸びる新梢が伸びを止めて充実するころに、温度・光などの条件が揃う花芽分化期を迎えられるよう、十分な期間が必要だからです。

花後剪定が遅れると、花芽分化期になっても新梢が伸び続けていたり、伸びが止まっても枝が充実していなかったりして、花芽がつくられないことがあります。もしタイミングを逃したら、無理をせずに花後剪定を見送りましょう。

咲き終わったら、
すぐに花後剪定を
しましょう。

花後のタイミングを逃すとこうなるかも?!
花が咲かなくなるスパイラル

初夏

花後を大きく遅れて切ってしまうと……。

夏

遅くに伸び始めた枝が、花芽分化期にも止まらない

翌春

花芽分化しないと、葉芽が多くなって葉が茂る

翌初夏

枝が長く伸びたので、花後に強く切り戻した。

翌夏

再び徒長的に強い枝が伸びる

徒長枝は花芽分化期にも止まらず伸び続ける。花芽分化しない。

葉芽ばかりでまた茂ってしまう。こうなってしまったら、いったん花後剪定をやめ、適期のすかし剪定で樹勢を整えよう。

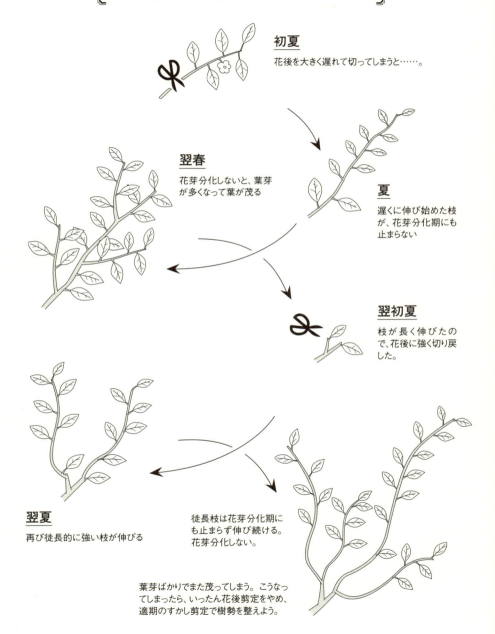

花びらの落ちないアジサイは、いつが花後ですか？

ここがコツ！

ガクアジサイでは、装飾花が裏返ったら花が終わったサイン。

花後のタイミングがわかりにくいものの1つに、アジサイ類があります。アジサイ類で花と思われている部分は、じつは装飾花で、花びらのように落ちないために、いつからが花後なのかがわかりにくいからです。

本当の花（両性花）は、ガクアジサイでは中央に集まった小さい粒状の一つひとつで、装飾花は受粉してもらう虫たちの目を引くためにあるといわれています。両性花には花びらはありませんが、雄しべと雌しべはあり、受粉が終わると下にパラパラと落ちるので、それが確認できれば花後と判断できます。**そのほかに装飾花が色あせて反り返ったら花後のサインです。**受粉したら目を引くための飾りは必要なくなった、というわけです。

これらを確認したら、すみやかに花後剪定しましょう。切った枝は吊り下げてドライフラワーにできます。

花の終わったアジサイ

装飾花が色あせて裏返っているのは、花が終わっているサイン。

装飾花

旧枝咲きと新枝咲きの見分け方はありますか？

ここがコツ！

開花期で、どちらであるか推測できます。

花芽は、温度・日照・枝の充実度などの要素をすべて満たした時に分化しますが、その時期は日本の気候では一年でも限られていて、多くの樹種では初夏の7月ごろです。7月ごろに分化した花芽は、旧枝咲きでは秋まで成長して翌年の春（ほとんどの樹種は、2～6月）に咲きます。一方、新枝咲きは7月ごろに分化した花芽がその年の7～12月に咲きます（冬を越しません）。

ですから、**開花期から類推して、春2～6月に咲くものは旧枝咲き、7～11月に咲くものは新枝咲きと、おおまかに推測することができます。**

旧枝咲きと新枝咲きでは、時期だけでなく花の咲き方も少し異なります。

旧枝咲きは十分に成長した花芽が温度などの開花条件が揃った時に一斉に開いて短期間に咲き終わるので、見応えがあります。ただし、花芽分化の条件範囲が狭いため、いったん分化した花芽を剪定で切り落としてしまうと、次に分化した花芽が咲くまで、一年以上空いてしまいます。そのため「花が咲かなかった」という相談が多くなります。

新枝咲きは、サルスベリやムクゲなど花芽分化の期間が長く、次々と花芽分化しながら咲き続けるものがあります。また、「二季咲き」「四季咲き」と呼ばれる種類では、花芽分化する条件範囲がさらに広く、年に何度か花芽分化して咲きます。もちろん四季咲きとは「何度も長く咲く」ということの比喩であり、冬には咲きませんのでお間違えなく。

花がたくさん咲く年と咲かない年があります。

ここがコツ！

隔年結果の現象で、強剪定も隔年結果の原因になります。

収穫量の多寡が年により交互に異なることを隔年結果といいます。果樹栽培での大きな問題(温州ミカンなどが有名)とされていますが、花木でも比較的大きな実がつく樹種には、隔年結果が見られることがあります。

隔年結果は、夏場の高温と乾燥などによって花芽の数が増加し、例年よりたくさんの実がついた場合などに始まります。これは植物ホルモンであるジベレリンの影響と考えられています。

ジベレリンはタネなしブドウをつくる時に使われるので、名前を聞いたことのある方も多いのではないかと思います。成長や発芽を促進させる働きがあります。

ジベレリンは発育中の果実や若いタネで多く生成されます。たくさん実がつくとこれが芽や枝に広がり、翌年はジベレリンの影響で栄養成長が盛んになるために、葉芽の割合が多くなって花芽は反対に少なくなります。

するとその翌年は開花が少なく、実で生成されるジベレリンが減少するため、また、次の年は花芽が多くなり、ジベレリンがたくさんつくられる……、というふうに、シーソーのように増減を繰り返します。

隔年結果を抑えて一定数の花を咲かせるためにもっとも効果があるのは、花が多い年に花がら摘みをすることです。たくさん花が咲いたら、実をつけさせないようにするために、散ったあとに柄ごと摘み取る作業をしましょう。

なお、切り戻し剪定を多用したり、一年おきに強剪定したりするのも、葉芽が極端に増えて隔年結果の引き金になるので、避けたほうがよいでしょう。

たくさん花をつけるのは、木が元気な証拠ですか？

ここがコツ！

木が弱った時にたくさん咲く、ストレス豊作の可能性もあります。

花は子孫を残す手段ですが、木は自分の命を次の世代につなげるために、最大限効率がよくなる仕組みになっています。若木のうちはまず自分の体を大きくすることに専念して、十分大きくなってからたくさんの花をつけるようになります。花を咲かせタネを実らせるには多くのエネルギーを使うため、枝に十分な量の炭水化物が蓄積されないと花芽分化しないのも、効率よく子孫を残す仕組みです。

　ところがその仕組みが正常なバランスでない時にもたくさんの花芽分化が起こることがあるのです。歴史あるサクラなど、**衰弱していて花が咲かなかった木に、ある年突然たくさんの花をつけることがあります。**こんな時、「たくさん花がついて元気になった」と評価されがちですが、「ストレス豊作」といって、衰弱した木が残されている力を使って子孫を残そうとしてたくさんの花を咲かせる現象かもしれません。**ストレス豊作でたくさんのタネをつけると、その後に枯れてしまうことがあります。**

　ストレス豊作は環境の悪化などで新梢の伸びが少なくなり、相対的に枝の充実が早くなり花芽がつくられやすくなる性質です。この性質を利用して、園芸売店向けに生産されるハナミズキなどは、小さな鉢で根詰まり気味に育ててストレスを与え、若いうちから花芽をつけさせます。

　もし庭木がたくさんの花をつけた時、花の数に見合うだけの十分な葉が茂っていれば問題ありませんが、葉が少なかったり新梢の伸びが少なかったりした場合はストレス豊作の可能性があります。タネをつけるといっそう弱るので、花柄《え》ごと花がらを摘み取りましょう。剪定はしばらく休んで、乾燥時の水やりや寒肥・花後の追肥などの環境改善を試みて、枝の伸びを回復させます。

実ものは、いつ剪定したらよいですか？

ここがコツ！

花後剪定しないので、果実を収穫後の適期に剪定します。

ブルーベリーやリンゴ、柑橘《かんきつ》類などの実を収穫する実ものや、ナンテン、コムラサキなど実を観賞する花木は、実がおもな目的ですから、花後剪定は行いません。

落葉性の実もののほとんどは秋までには実が熟すので、そのあとの冬に剪定します。柑橘類の場合は冬に実が熟しますが、常緑性なので収穫後の春の剪定になります。常緑性のナンテンも秋から冬の実を観賞したあとの春に剪定します。実のついた枝を正月の飾りとして利用する程度に切るくらいは、冬でも剪定して問題ありません。

柑橘類やカキ、クリ、ブドウ、イチジク、ビワなどの果樹やナンテンなどでは、今年実がついた枝には翌年実になる花芽がつきにくい性質があるので、着果枝を剪定で切って間引きましょう。

実ものの例

ナンテンの花〈上〉と実（下）

ジューンベリーの実〈上〉とジューンベリーのある庭。

花が咲かない！ 原因と対策を教えてください。

ここがコツ！

日照不足、強剪定や極度の乾燥などが原因かもしれません。

「花が咲かない」という相談は、園芸関係でもっとも多いものです。その原因はいろいろ考えられます。

まず、**日陰などで日照不足ならば、花芽がつきません。**

また、木がまだ若くて花を咲かせるほど成熟していない場合や、追肥して枝が伸びすぎた場合にも花芽ができないことがあります。また、極端な高温や土壌の乾燥などにあった時も、木は自分の生命維持に必要な水分を優先して花芽が傷んだり落ちるために、花が咲かなくなります。

剪定に関係した原因としては、強剪定を繰り返したために花芽がつかない徒長枝がたくさん発生しているケースがもっとも多いでしょう。

花芽分化期以降に剪定して花芽を切り落とした場合も花が咲かなくなりますが、ツツジ類の玉づくりのように表面全体を刈り込んだり、枝先をすべて切り戻すような乱暴な剪定をしたりした場合以外は、すべて花芽を切り落としてまったく咲かなくなることはあまりないと思います。

実際、すかし剪定がベースであれば、落葉期の剪定のみでもある程度の数の花は咲くはずです。強い切り戻しを避け、花後剪定を行うとか、花芽形成後はすかし剪定を心がけることで花つきが改善するでしょう。

また、環境が原因であれば、原因を推測してその改善を試みます。

日照不足なら、日の当たるところへ移植したり、追肥が原因なら寒肥のみとします。土の乾燥がひどい場合は、夏場に水やりをしたり土の表面をバークチップなどでマルチングしたりして保湿するとよいでしょう。

Column

劣悪な環境で木が伸びないようにすれば、剪定はいらない？

何年も鉢替えをせずに根詰まりすると樹勢が極端に落ち、木はほとんど成長しなくなりますが、その状態は剪定いらずのローメンテナンスなのでしょうか？　じつはこんな状態は、デメリットがたくさんあります。

新梢が伸びない状態が続くと、樹勢が極端に落ちて葉の量が減少します。光合成量が減ると抵抗力も落ちるので、病害虫にあうことが多くなります。光合成による炭水化物の供給が減ると、しっかりした越冬芽の形成ができなくなり、冬に枝枯れすることが多くなって最終的には木全体が枯れてしまいます。環境を整えて元気を維持したうえで、剪定で葉量をコントロールするのが本流です。

なお盆栽が小さい器で長い間栽培し続けられるのは、古根を取り除き新しい土に入れ替えるなど、1～2年ごとに植え替えを続け、リフレッシュさせているからです。

ヒメガキをたわわに実らせた盆栽。小さい器で育てるには技術と適切な管理が必要。

Chapter 6
常緑樹、生け垣、仕立てものなどの剪定のコツ

～お庭に欠かせない常緑樹や生け垣、
仕立てものなどにもコツがあります。

常緑樹の剪定のコツを教えてください。

ここがコツ!

刈り込むだけでは不十分。光を入れるために、もうひと切りします。

年中葉がついている常緑広葉樹は、樹冠線を整える剪定が一般的です。

ただし刈り込みだけでは、枝が混みすぎて内側の葉が枯れてしまいます。そうなると葉のないところまで刈り込めなくなり、浅い刈り込みとなるので年々木が膨らんで大きくなってしまいます。

内側の葉を枯らさないためには、絡んだ枝などの不要枝を間引くなど、樹冠線より内側にハサミを入れて枝の分岐で切り、混んだ部分の枝をすかします。

一見、刈り込みできれいに揃った表面に穴をあけるようになりますが、光が通るようになって内側の葉が残るので、毎年同じラインで刈り込みが続けられるようになります。

また、常緑樹の中でもシマトネリコなど枝ぶりを見せたいものは、刈り込まずにすかし剪定で軽やかな樹形にします。

常緑樹の内側に光を入れる

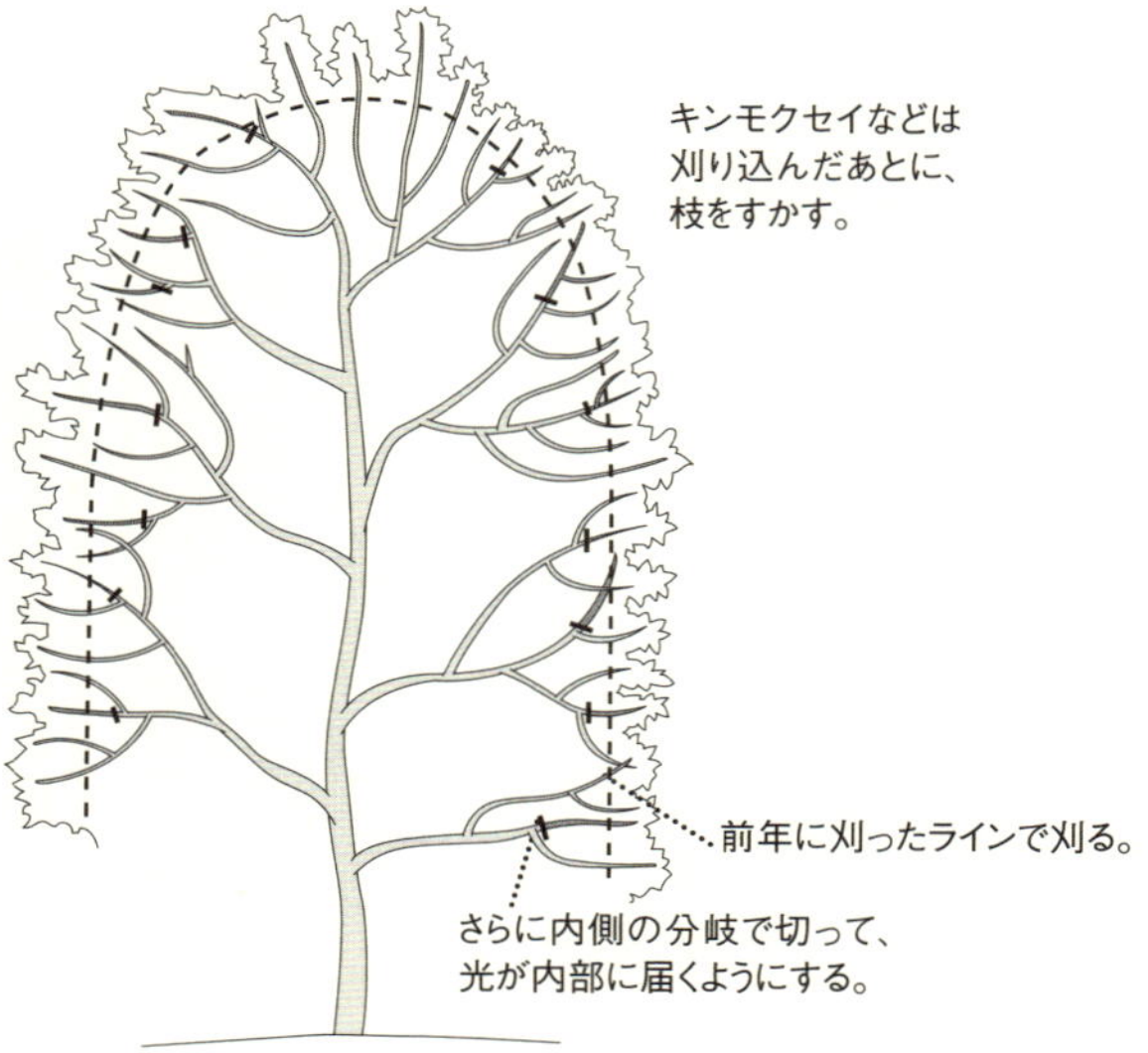

キンモクセイなどは
刈り込んだあとに、
枝をすかす。
前年に刈ったラインで刈る。
さらに内側の分岐で切って、
光が内部に届くようにする。

生け垣をきれいに維持するコツを教えてください。

ここがコツ!

生け垣を厚くしないために、成長が早い樹種では年2回以上刈ります。

生け垣は、境界を植物で区切るために仕立てた人工樹形で、刈るほどに葉が密になって美しくなります。また、生け垣は、薄く仕立てて維持することがコツです。

しかし、成長がとても早いセイヨウカナメやシラカシなどの樹種は、一年で刈り込みバサミや電動バリカンで切れなくなるほど、新梢が太く成長します。年1回の刈り込みでは、前年の刈り込みラインまで戻せないため、生け垣が年々厚くふくらんでいきます。厚くなった生け垣は、場所を占有するだけでなく、内部の風通しが悪くなって中の枝が枯れ、薄く仕立て直すことが不可能になります。

そうならないように、**成長の早い樹種では1年に2回以上刈ります。太い枝は剪定バサミで切りながら、確実に前年の刈り込みラインまで戻して生け垣が厚くならないように心がけましょう。**

密に生えた生け垣の例。

生け垣の刈り込み

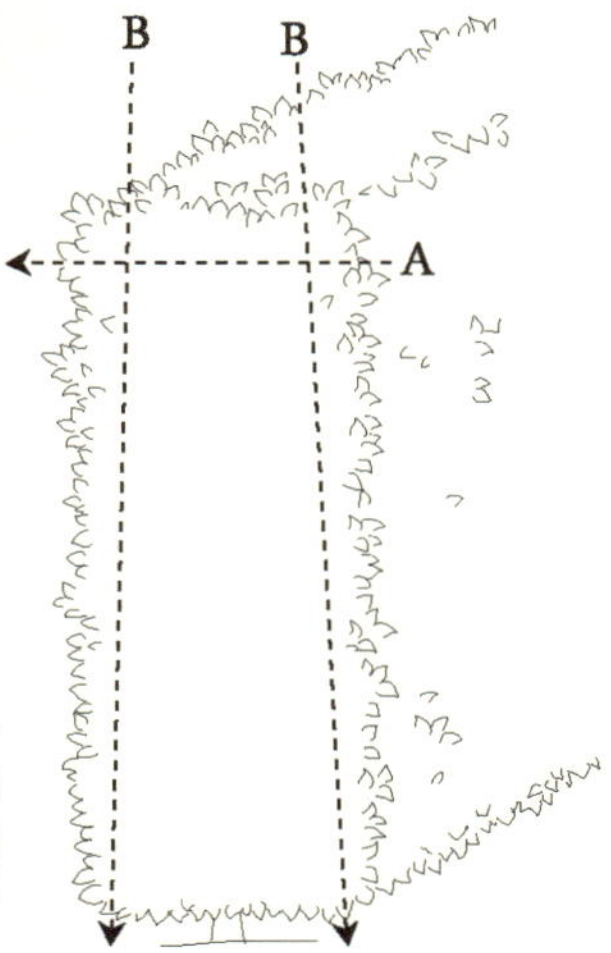

A 最初に上面を刈る。
B 次に、側面を上から下に刈る。断面が少し台形になるようにする。上部は伸びやすいので強めに刈るようにする。

Column

枝は一年に何度か伸びる

新梢の伸びというのは春から秋まで一定ではなく、四季のある日本では多くの樹種は、伸びて止まり、伸びて止まる、というのを何回か繰り返します。成長の早い樹種では、春、初夏、秋の3回伸びるものがありますし、寒冷地や樹種によっては春と初夏の2回だったり、成長の遅い樹種は春に1回伸びるだけだったりします。

また枝が太る時期は、おもに夏から秋です。春は新梢を伸ばすのに養分の大半を使い、あまり太りません。枝の伸びが止まって光合成でつくった炭水化物をためられるようになる夏と秋に、枝が太く成長します。枝や幹は養分のタンクの役割があり、落葉樹では炭水化物をこのように蓄えて来るべき冬に備えるのです。

刈り込み方による生け垣の変化（生け垣を断面から見た図）

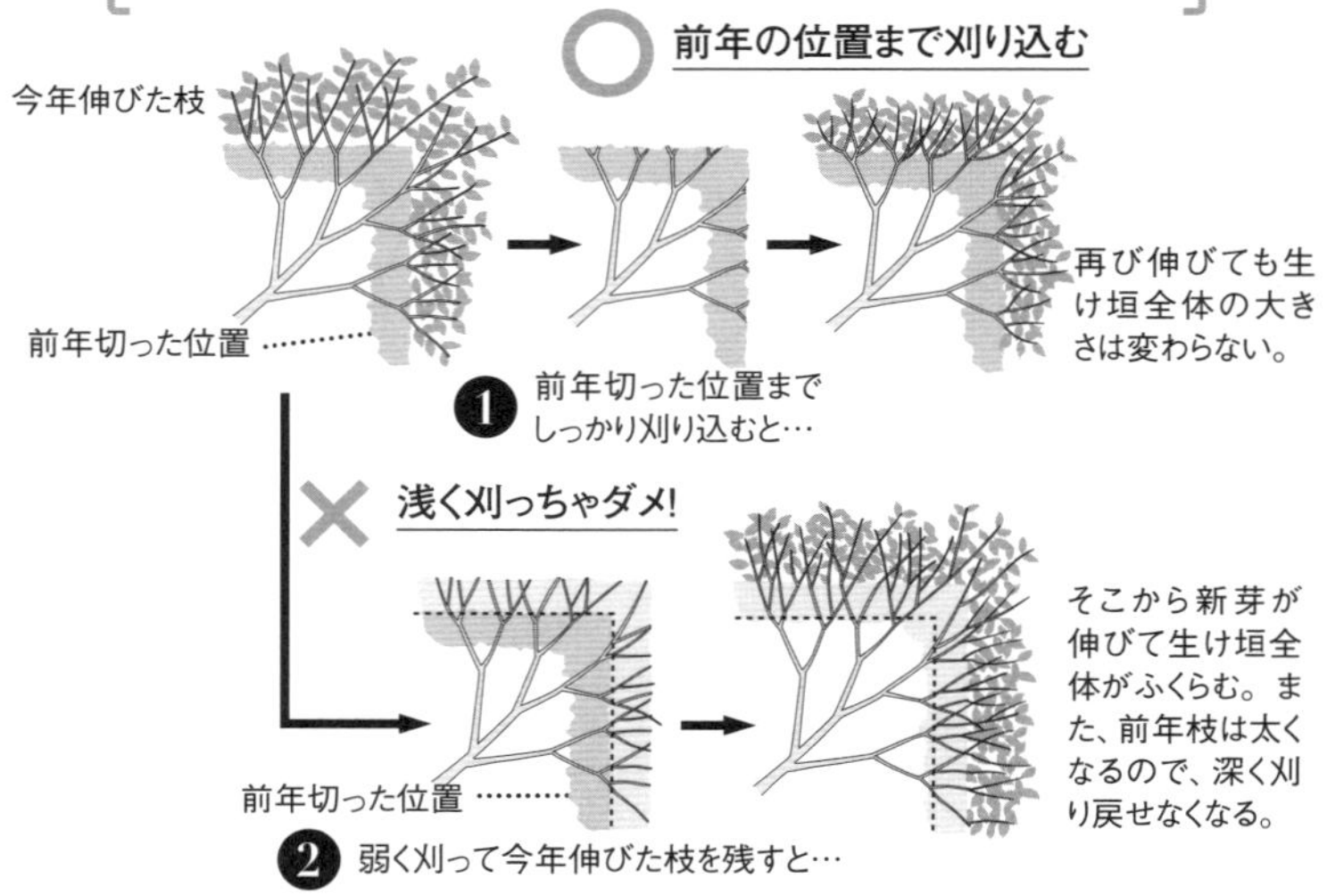

○ 前年の位置まで刈り込む
今年伸びた枝
前年切った位置
再び伸びても生け垣全体の大きさは変わらない。
❶ 前年切った位置までしっかり刈り込むと…
× 浅く刈っちゃダメ!
前年切った位置
そこから新芽が伸びて生け垣全体がふくらむ。また、前年枝は太くなるので、深く刈り戻せなくなる。
❷ 弱く刈って今年伸びた枝を残すと…

生け垣の樹種はどう選んだらよいですか？

ここがコツ！

成長の早い樹種は高垣向き。目標の高さの少し前から剪定します。

生け垣には、萌芽性のよい樹種が使われます。**種類によって成長のスピードに差があり、生け垣の高さや質感、維持管理の手間を考えて、樹種選びをする必要があります。**

もともと高木性の樹種は成長が早く、高さ2～3ｍの高垣向きです。特に一年の成長量が大きい樹種は、早期に目的の高さまで達しますが、維持するために年2～3回刈る必要があり、その後の手間がかかります。高木性の樹種で低い生け垣につくるには、さらに刈り込みの回数を増やさないと維持できないので、おすすめしません。

反対に、成長の遅い樹種は高さ1・0～1・5ｍの生け垣向きです。目的の高さになるまで時間がかかりますが、その後は年1回の刈り込みで維持できます。なお、生長の遅い樹種で高い生け垣をつくると、完成までに時間がかかりすぎ、高さの割に幅が厚くなるので、よくありません。

生け垣の刈り込み開始の目安

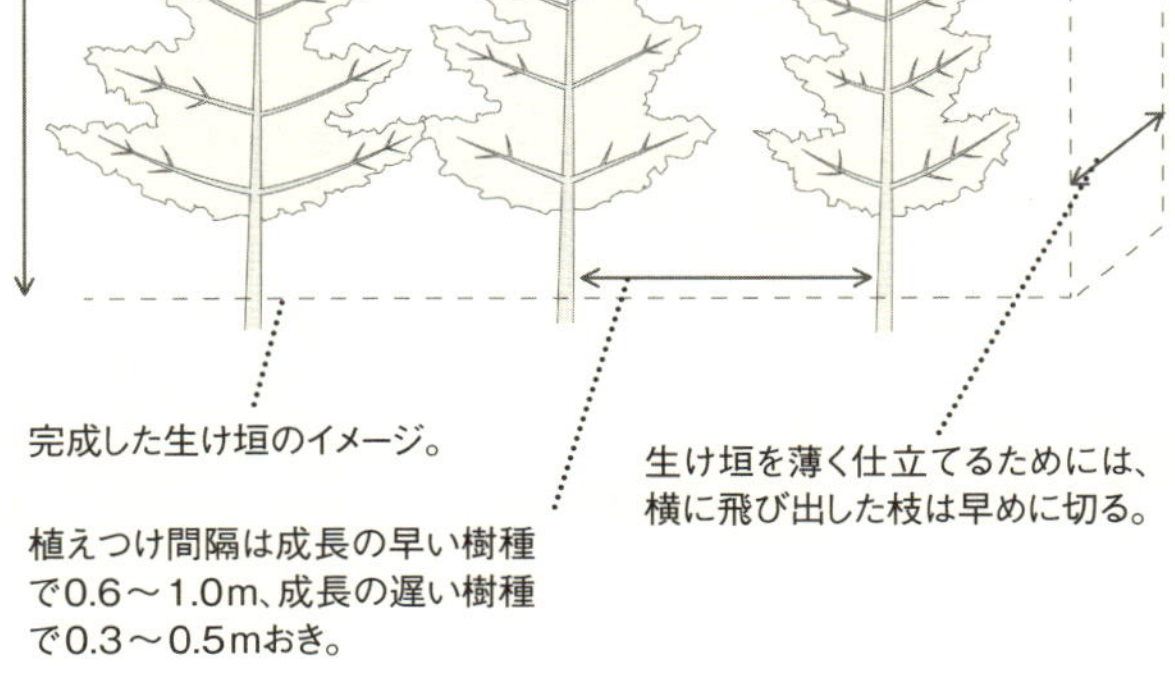

目標の10cm程度下から刈り込みを開始し、枝を分岐させる。
目標の高さ
10cm
完成した生け垣のイメージ。
生け垣を薄く仕立てるためには、横に飛び出した枝は早めに切る。
植えつけ間隔は成長の早い樹種で0.6～1.0m、成長の遅い樹種で0.3～0.5mおき。

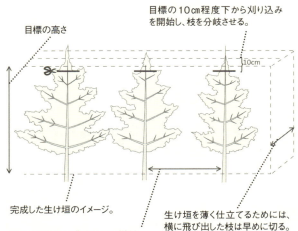

成長が早く高垣向きの樹木

セイヨウカナメ'レッドロビン'、トキワマンサク、マサキ、シラカシ、カイヅカイブキ、キンモクセイ、レイランドヒノキなど

キンモクセイ
芳香がよい。前年の刈り込みラインにそって刈り込む。

カイヅカイブキ
和にも洋にも合い、比較的自然に形がまとまる。

セイヨウカナメ'レッドロビン'
極めて成長が速く、最低年２回の刈り込み。

シラカシ
成長が早く、年２回刈り込むとよい。

マサキ
遮蔽効果、美観に優れる生け垣向きの常緑樹。

ベニバナトキワマンサク
枝が枝垂れるので支柱を立てて生け垣に。

生長が遅めで低い生け垣向きの樹木

アベリア、ドウダンツツジ、キンメツゲ、ボックスウッド、カンツバキ、サザンカ、ムクゲ、ヒイラギなど

カンツバキ
横に広がり、12～2月には花も楽しめる。

アベリア'サンシャインデイドリーム'
萌芽性がよく、長く花が咲き続ける。

セイヨウイボタ
香りのよい花をもち、刈り込みや大気汚染に耐える。

キンメツゲ
ツゲの仲間では葉が小さい。新芽が黄金色。

ドウダンツツジ
落葉性だが、よく萌芽するため、密な生け垣になる。

サザンカ
萌芽力が強い。剪定は春にする。

和の仕立てものは刈り込みができますか？

ここがコツ！

刈り込みができるものとできないものがあります。

和の仕立てものは、樹種によって刈り込みできるものとできないものがあります。

刈り込みできるものは、イチイ、キャラボク、キンモクセイ、サザンカ、チャボヒバ、ツゲ類、ツバキ、モチノキ、などで、反対に刈込みできないものとしてコウヤマキ、マツ類（アカマツ、クロマツ、ゴヨウマツなど）などがあります。

刈り込みができない樹種は、萌芽性が乏しく強い日光を必要とする性質があるためです。これらの樹種を刈り込んだ場合、芽のないところまで刈られた枝は枯れ、芽が出た枝も刈り込みで枝が混んでくると、光が足らなくなって下葉が枯れ始めてきます。これらの樹種の剪定は、一枝一枝を見ながらハサミで枝を切り戻したり、すかしたりします。ある程度の経験と知識が必要になるので、プロに依頼するか、自分でする場合は詳しい方に習って行ったほうがよいでしょう。

刈り込みができる樹種は、刈り込むことで本来の仕立てられた形や輪郭を取り戻します。

散らし玉仕立てでは、一つひとつの玉を平たく伸ばし、水平かわずかに外側に傾くように剪定すると自然に見えます。最上部の玉から刈り始めると全体のバランスがつかみやすく、刈った葉は下段に落ちるので、掃除が楽です。段づくりでは、比較的大きさの揃った半球形の玉としますが、玉を厚くすると上下がくっついてしまうので注意します。木が成長したために玉と玉の間隔が窮屈になったら、一方の玉を枝ごと間引きましょう。

トピアリーはどうやってつくるのですか？

ここがコツ！

型枠にそって年に何度も刈り込み、ユニークな形をつくります。

西洋の仕立てものといえるトピアリーは、ユニークな形を特徴とします。球や立方体のような幾何学的な形に仕立てたり、動物をかたどるなど、さまざまな形が見られます。

トピアリーをつくるには、イヌツゲなどとくに萌芽性のよい樹種を使います。球のような単純な形であれば直接刈り込みながら形をつくれますが、**動物のような複雑な形は同じラインで刈り込むために金属製の型枠を使います。**

苗が小さいうちに型枠をかぶせ、型枠の表面にそって一年に何回も刈り込みながら、形をつくっていきます。型枠から大きく飛び出した太い枝は、型枠のラインより内側で切って分岐させます。また、部分的にぽっかりあいてしまったら、型枠にそって枝を誘引することで、目的の形のトピアリーが早期に完成します。

さまざまな形にできるトピアリー

ゾウの形に刈り込んだトピアリー。

マツの剪定法を教えてください。

ここがコツ!

「みどり摘み」と「もみあげ」という、マツ独自の剪定をします。

マツ類（アカマツ、クロマツ、ゴヨウマツなど）は剪定に手間がかかります。萌芽性がとくに悪く、枝の途中で切ると芽吹かずにその枝全体が枯れてしまうため、刈り込みせずに一枝一枝を丁寧に剪定していく必要があるからです。剪定は年2回が基本で、春の「みどり摘み」と秋の「もみあげ（古葉落とし）」というマツ独自の剪定をします。

「みどり」とは、葉が展開する前のマツの新芽のことです。マツは新芽が1ヵ所から数本出る性質があり、それをすべて伸ばすとすぐに枝が混んでしまううえ、強く伸びる新芽は徒長的な枝となって大きく樹形を乱すので、早いうちに整理します。みどりが伸び切って固まる前の5月中に短く手で摘めば、その後に頂芽がつくられて節間の短い枝ができます。これから伸ばしたい枝の方向のみどりは短く摘み、強すぎるみどりや不要な方向の枝はつけ根で切ります。

一方「もみあげ」は、古葉を落とす作業です。マツは落葉樹の葉が落ちるころに古い葉が枯れて落ちます。小枝の間に詰まってしまわないように古葉を落とし、残す枝によく日が当たるようにする作業です。重なった枝などを切ってすかす剪定も、その時に行います。

みどり摘みには「節間の詰まった枝」にして古木のような枝ぶりにする効果があり、もみあげには「枝がすけた軽やかな枝ぶり」にする効果があります。「みどり摘み」と「もみあげ」をどの程度の割合で組み合わせて年間の管理をするのかは、どんな樹形にしたいかで決めます。

ただ、マツの樹形のつくり方には地域色があり、庭師ごとの流儀もあるので、正解は1つではありません。それも「マツの手入れはむずかしい」といわれる理由かもしれません。

クロマツのみどり摘み

1 春になると枝先からみどりが伸び出る。

2 中心の強いみどりは基部から切り取る。

3 ほかの長めのみどりは短く摘んで、完成。
節間の詰まった、まとまりのある枝ぶりになる。

マツの剪定

マツは萌芽力が弱いため、普通の剪定はできず、大変手間がかかります。そのため、昔から植木職人の仕事でした。春の「みどり摘み」と秋の「もみあげ」を行います。

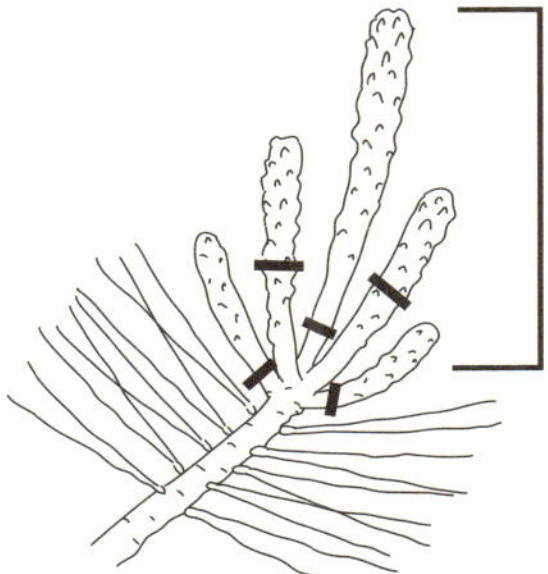

みどり摘み（適期＝5月）

枝先から出る数本の新芽（みどり）からV字になる2本を選び、半分くらいで摘み取る。中央から長く伸びる新芽は元から摘む。ほかも短く摘む。

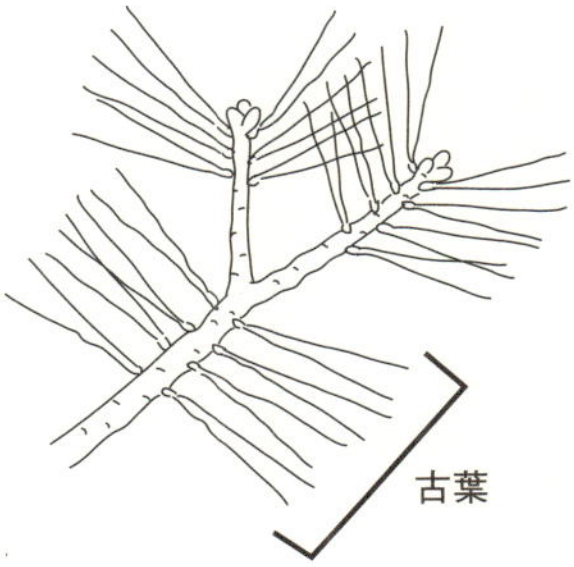

もみあげ（適期＝11～12月）

古葉（前年に出た葉）を手でしごき取る。枝の内側まで光が入るようにして、枝枯れを防ぐ。同時に重なった枝や混んだ枝をすかす。

つる性植物の管理が楽な仕立て方はありますか？

ここがコツ！

新枝咲きのつる植物をポール仕立てにすれば、管理がとても簡単です。

つる性植物は年に1～2ｍも枝を伸ばすほど成長が早いので、放置するとつるが幾重にも絡まって剪定できなくなります。

庭木などのように太い幹で自立するということはせずに、ほかの構造物や植物に絡まって、どんな形にもなる性質のため、最初にどのように仕立てるかきちんと決めておく事がとても大切です。

フジのように長く垂れ下がる花を観賞するためには棚仕立て、つるバラなど横に伸びて花を咲かせる種類はフェンス仕立てなどが向きます。

さらに、**ノウゼンカズラなどの新枝咲きのつる植物は、ポール仕立てがおすすめです。**

ポール仕立ては、1本のしっかりしたポールにつるを絡ませて上方に誘引し、頂部から傘のように枝を垂らすものです。枝垂れた枝の形状から、「ウィーピングスタンダード仕立て」ともいわれます。この仕立て方は、場所をとらないという利点があり、春に枝を頂部まで切り戻す剪定でその年にちゃんと花が咲くので、管理がとても簡単です。新枝咲きのつる植物には、ノウゼンカズラのほか、ツキヌキニンドウなどがあります。

仕立てられたノウゼンカズラが咲いている。

つる性植物のさまざまな仕立て

棚仕立てのフジ。

ポール仕立て

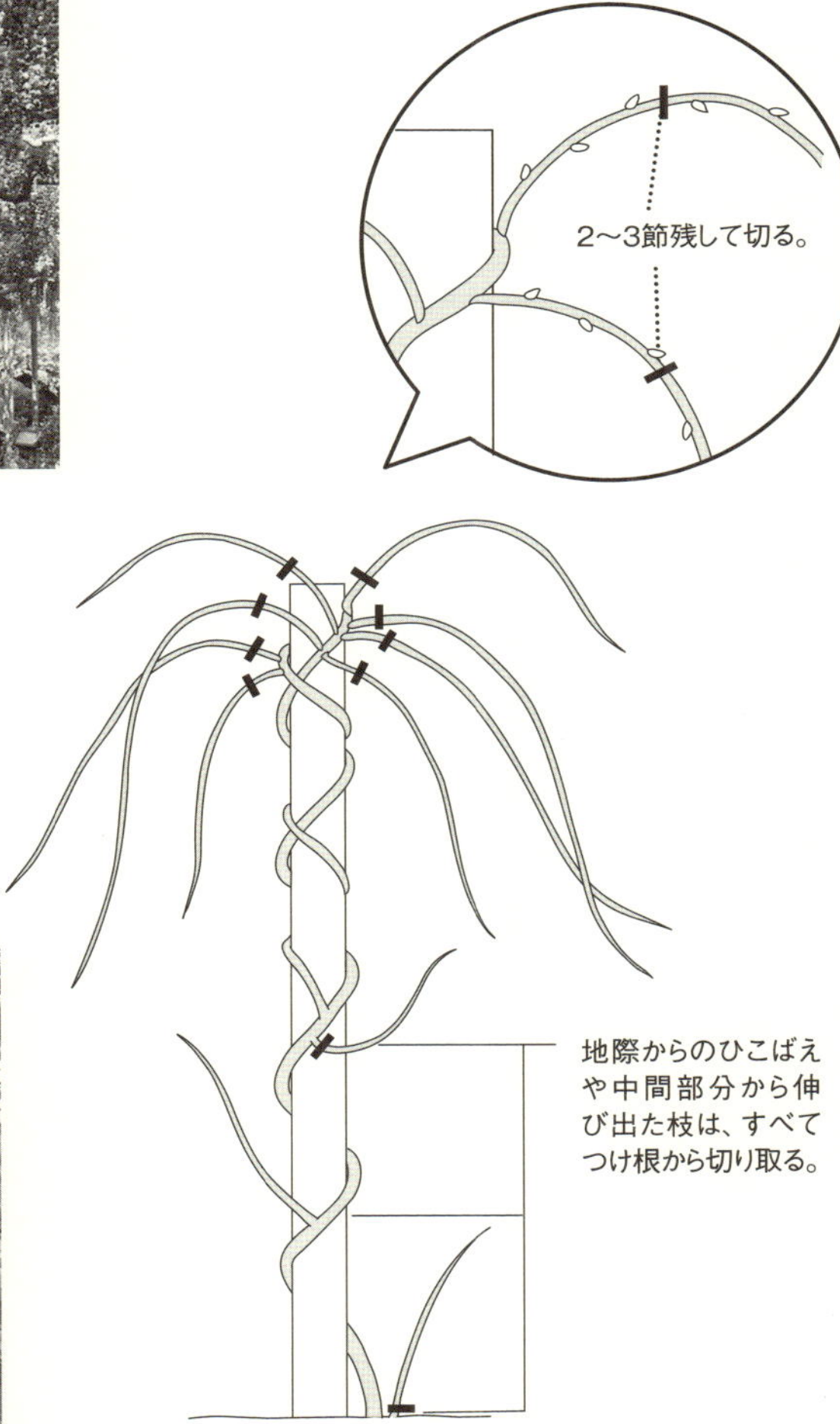
2〜3節残して切る。
地際からのひこばえや中間部分から伸び出た枝は、すべてつけ根から切り取る。

アーチ状に仕立てたつるバラ。

コニファーは刈り込む剪定でよいですか？

ここがコツ！

多くのコニファー類は、刈り込みできます。

コニファーとは、おもに西洋から導入された針葉樹の総称で、さまざまな種類があります。自然に形が整うので剪定が不要といわれたこともありましたが、**高温多湿の日本の気候では、伸びすぎて形が崩れるとか、放任して混み合った枝が蒸れて葉がなくなるなどのため剪定が必要です。**

コニファー類には自然にまとまる基本樹形があります。大きく分けて、円錐形、半球形、這《は》い性などです。

高くなるタイプのコニファー類は、植えて2〜3年後から基本樹形にならって刈り込みます。芯が複数に分かれるとスリムな樹形が崩れるので、芯が分かれたら早めにつけ根で切って、常に1本にします。

マツ類、モミ類、コロラドトウヒなど、萌芽性の低い樹種は刈り込まず、ハサミで剪定します。葉のないところまでは切り込まないように気をつけます。

いろいろなコニファーの樹形

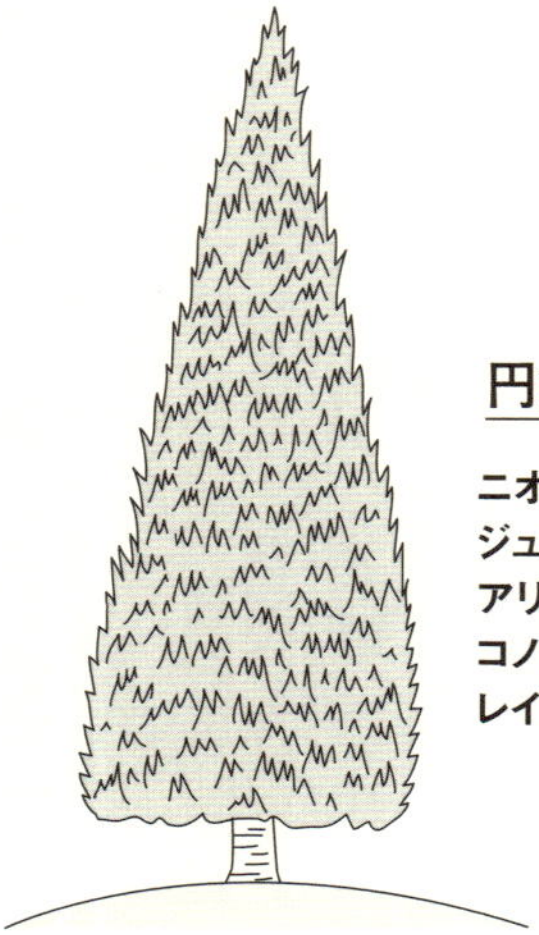

円錐形

ニオイヒバ‘スマラグ’、ジュニペルス‘ブルーヘブン’、アリゾナイトスギ‘ブルーアイス’、コノテガシワ‘エレガンティシマ’、レイランドヒノキ、コロラドトウヒ

コノテガシワ、
ニオイヒバ‘ラインゴールド’、
サワラ‘ゴールデンモップ’、
ジュニペルス‘ブルースター’

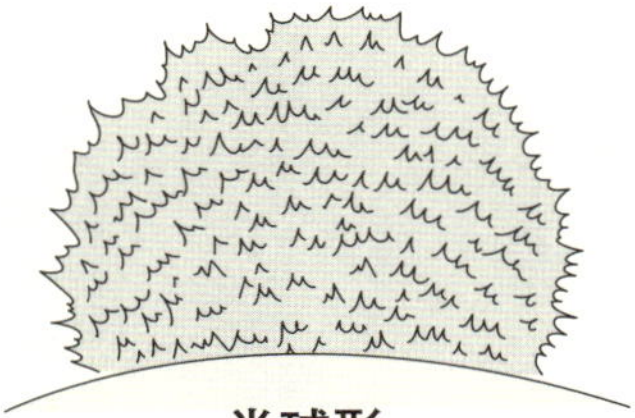

半球形

細く刈込まれたレイランドヒノキとエレガンティシマ、門のわきにコロラドトウヒのある前庭。

這い性

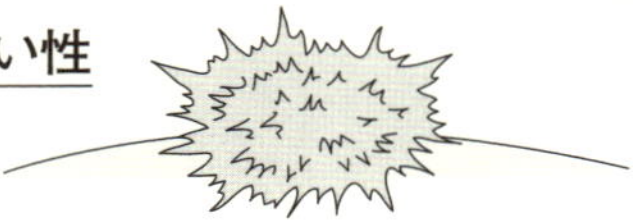

ジュニペルス
‘ブルーパシフィック’、
ジュニペルス‘バーハーバー’、
ジュニペルス‘マザーローデ’

アカマツ、クロマツなど

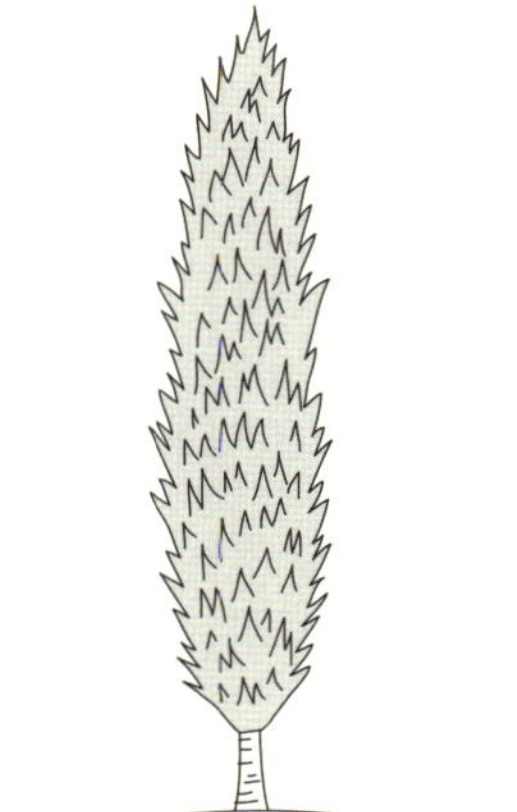

ファスティギアータ

ジュニペルス‘スカイロケット’、
イタリアンサイプレス

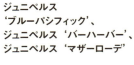

刈り込んだら違う葉が出てきました。なぜ？

ここがコツ！

強剪定すると、先祖返りした枝が出ることがあります。

コニファー類をはじめとして、枝変わりを選抜した園芸品種は、まれに先祖返りした枝が出ることがあります。とくに強剪定した時など、強い刺激を与えると先祖返りしやすくなります。

たとえば、カイヅカイブキは太い枝の刈り込みを嫌う性質があり、細かい芽のうちに手で芽摘みをするのが本来の剪定とされます。手間を省くために刈り込むと、トゲトゲの痛い葉のイブキに先祖返りした枝が出ることがあるからです。チャボヒバでも、同様に先祖返りした原種のサワラの枝が伸びることがあります。

先祖返りした枝は樹勢が強く、すぐに大きくなるので、見つけたら必ずつけ根で切って取り除きます。また、強い刈り込みをすると先祖返りを起こしやすくなるので、刈り込みは毎年こまめにし、強剪定を避けることが大切です。

カイヅカイブキから先祖返りした枝が出た。

高すぎるコニファーを剪定で低くできますか？

ここがコツ！

低く仕立て直すには、次の芯を決めることが大切です。

成長が遅めのコニファー類の中でも、円錐形のコニファーにはやや成長が早いものがあり、年数が経つと低くする必要が出てくる場合があります。しかし、整った円錐形の樹形は、上に伸びる1本の芯を中心に側枝がバランスよく成長したことによってかたちづくられる樹形なので、単純に芯を低い位置で切り戻すだけだと、側枝がいくつも立ち上がって円筒形に変形し、元の樹形に戻らなくなります。

低くしたい時は、幹から立って伸びる枝の1つを新しい芯と決め、それを中心にして円錐状になるように側枝を切り戻します。新しい芯が斜めの枝であっても、幹を少し長めに切り残して、それを誘引して上に立てておけば、真っ直ぐ伸びてきます。側枝を切り戻す時は、葉のないところまで切り込まないようにします。葉先より少し内側の小枝の分岐点で切れば、剪定後も切り口が目立ちません。

高くなったコニファーを低くする

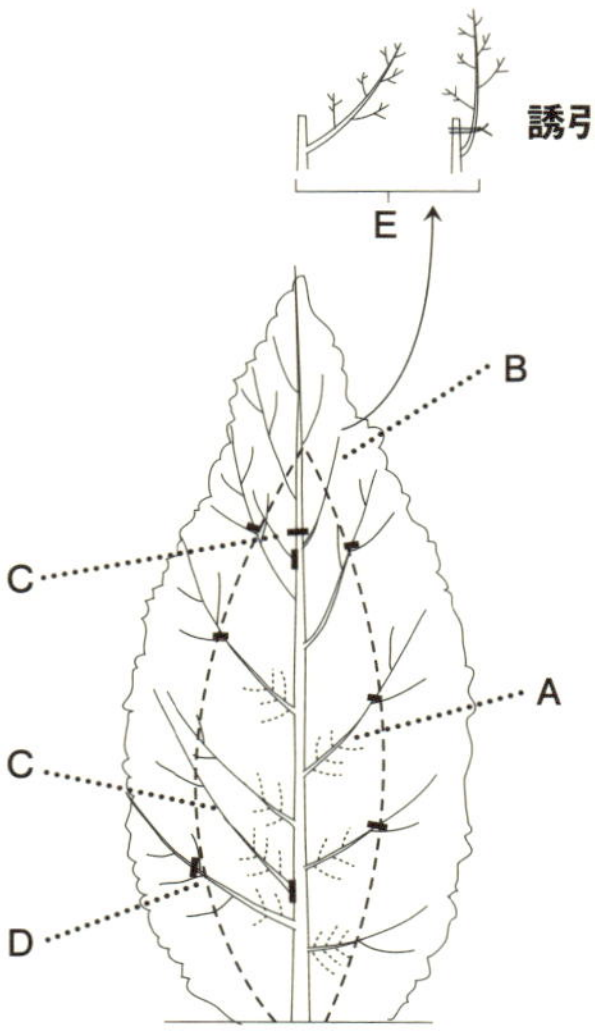

円錐形のコニファーは芯があると自然に形が整うので、無造作に幹を切らず、次の芯をつくって低くする。

A 内側の枯れた葉は手でもんで落とす。
B 新たな芯を決め、その上で幹を切る。
C 新しい芯と競合する枝や、不要枝を落とす。
D 新たな芯に合わせたラインに沿って枝先を切り戻す。
E 新たな芯を折らないように真っ直ぐに立てるとよい。

おもな庭木の樹種別剪定時期と剪定法

Column

◎落葉樹

・中高木類　おもに樹形を鑑賞する樹種

適期の冬に剪定します。花木であっても花後剪定に向かない樹種は、冬の剪定です。

エゴノキ　すかし＝12～2月
カエデ類　すかし＝12月
ナツツバキ、ヒメシャラ　すかし＝12～2月
サクラ類　すかし＝12～1月
ヤマボウシ　すかし＝12～2月

・中高木類　おもに花や実を観賞する樹種

花後剪定が基本ですが、枝が見やすい冬の剪定を優先するものもあります。

ウメ　すかし＝12～1月　徒長枝の切り戻し＝6月
サルスベリ　切り戻し＝3月
サンシュユ　すかし＝12～2月、
　すかし＋切り戻し＝花後3月
ジューンベリー　すかし＝12～2月
スモークツリー　すかし＝12～2月
モクレン類　すかし＝12～2月、
　切り戻し＝花後3月中旬～4月
ハナカイドウ　すかし＝12～2月
ハナズオウ　すかし＝2～3月中旬（寒さが苦手）
ハナミズキ　すかし＝12月～2月、花後5月
ハナモモ　すかし＝12～2月、
　すかし＋切り戻し＝花後4月
ムクゲ　すかし＋切り戻し＝12～3月(寒冷地は3月)
ライラック　すかし＋切り戻し＝花後5～6月中旬

・低木類

花後剪定が基本ですが、さらに適期の剪定を組み合わせることもあります。

アジサイ　花後＝6月中旬～7月
アメリカアジサイ’アナベル’　切り戻し＝12～2月
ウツギ（ウノハナ）　すかし＝12～3月、
　すかし＋切り戻し＝花後6月
コデマリ　すかし＝12～2月、
　切り戻し＝花後5月中旬～6月中旬
ドウダンツツジ　刈り込み＝5～6月中旬
ハギ　切り戻し＝12～3月上旬
ブルーベリー　すかし＝12～2月
ユキヤナギ　すかし＝12～2月、切り戻し＝花後5月
レンギョウ　すかし＋切り戻し＝花後5月
ロウバイ　すかし＝花後3月

◎常緑樹

・中高木類

最適期の春の剪定が基本です。秋の刈り込む時は軽くにとどめます。

オリーブ　すかし＋切り戻し＝2～3月中旬
カクレミノ　すかし＋切り戻し＝3～4月中旬、
　6～7月中旬、9月
キョウチクトウ　すかし＋切り戻し＋刈り込み＝4月
キンモクセイ　刈り込み＋すかし＝3～4月中旬
ギンヨウアカシア　すかし＝花後4月～5月
サザンカ　刈り込み＋すかし＝3～4月中旬
シラカシ　すかし または 刈り込み＝3～4月中旬
シマトネリコ　すかし＝3～4月中旬
セイヨウカナメ　切り戻し＋刈り込み＝
　3～4月中旬、6～7月中旬、9月
タイサンボク　すかし＋切り戻し＝4月
ツバキ　すかし＋切り戻し＋刈り込み＝
　花後3～4月中旬
モッコク　すかし＝5～6月中旬、9月

・低木類

花木は花後剪定が基本ですが、実ものは春に剪定します。

イヌツゲ（ツゲ類）　刈り込み＝3～4月中旬、
　6～7月中旬、9月
クチナシ　すかし＝花後6月中旬～7月中旬
サツキ・ツツジ　刈り込み＝花後5月～6月中旬
シャクナゲ　すかし＝3月、花がら摘み＝5月
ジンチョウゲ　切り戻し＋刈り込み＝花後4月～5月中旬
トキワマンサク　刈り込み＝花後5月～6月中旬
ナンテン　すかし＝3～4月中旬

◎針葉樹

春3～4月の剪定がもっとも適しています。

多くのコニファー類　刈り込み または すかし＝3～4月、
　6～7月中旬、9月
※同様に剪定できるもの＝イチイ、ニオイヒバ類、
　サワラ類、ジュニペルス類など
カイヅカイブキ　切り戻し＝2～3月、5月中旬～6月、9月
コロラドトウヒ　切り戻し＝3～4月
マキ類　すかし＝6～7月中旬、9月（生け垣に仕立てたものは刈り込み可）
マツ類　みどり摘み＝5月、もみあげ＝11～12月

Chapter 7
剪定を失敗しやすいケース、迷いやすい樹種の対処法

～枯らしてしまったり、咲かなかったりすることの
多いものをピックアップしました。

ミモザを強剪定したら枯れてしまいました。

ここがコツ！

秋の剪定や、葉のないところまで強く切ると枯れることがあります。

ミモザとは総称で、ギンヨウアカシアやフサアカシアなどを指します。植えて数年で4～5ｍに達するほど成長が早く、剪定が欠かせません。しかし、ほとんどがオーストラリア原産の常緑樹で寒さが苦手なため、伸びすぎたからといって夏遅くから秋に剪定すると、冬に枯れることがあります。この仲間は春の芽吹き前に花が咲くので、花後剪定を基本にしましょう。

若木のうちは枝数が少なく、それが徒長的に長く伸びるだけなので、剪定は花後に長い枝を短く切り戻す程度です。しかし、植えて数年して根が張ると急に成長が早まるので、しっかりと剪定することが必要になります。ただし、**ミモザの仲間は萌芽性が悪く、葉のないところで切ると萌芽せずにその枝は枯れてしまいます。太い枝の切り詰めは避け、つけ根で切って十分に間引く剪定を行います。**

ギンヨウアカシア。3月ごろに開花し、葉が銀色。

フサアカシア。2～3月に開花し、香りがよい。

ミモザの成木の剪定

花後に、樹形全体を考えながら、不要な枝を分岐点で切って間引く。

ハナミズキを刈り込んだら、翌年咲きませんでした。

ここがコツ!

花芽を落としたか、枝が混んで花芽ができにくくなったからです。

全体を丸く刈り込んだように剪定されたハナミズキをときどき見かけます。ハナミズキの花芽はよく日の当たる枝先に7月ごろ分化しますので、それ以降翌年の開花までの間に刈り込むと、枝の先端にある花芽のほとんどを切り落とすことになり、花が咲かなくなります。

もし、刈り込みを花後に行ったとしても、刈ったあとから何本も萌芽した枝で混んでしまうと、日当たりが悪くなって花芽ができにくくなります。

ハナミズキは冬のすかし剪定を基本とし、さらに花後剪定で混んだところをすかせば、枝に光がよく当たって花芽がつくられやすくなります。

落葉性の高木はそののびやかな樹形も観賞の対象です。刈り込みや枝の切り詰めは極力避け、すかし剪定を心掛けましょう。

すかし剪定で木姿を整えるのは、将来の花つきをよくする効果があるんだよね。

オリーブの剪定を教えてください。

ここがコツ！

枝が混みやすいので、日光が通るように、十分に間引きます。

銀緑色の葉が人気のオリーブは、近年急速にガーデニングの主役の1つになった樹種です。

寒さがやや苦手ですが、成長が早く萌芽性が高いので、枝のいろいろな部分から不定芽が出て、枝が混んでしまいがちです。**幹を基準に考えて不要枝を切ったあと、内側の不定芽から出た枝をつけ根で間引いて光が十分に中まで通るようにします。**さらに、外側に広がる枝を残して、樹冠線から飛び出た枝を切り詰めて、全体をまとめます。常緑樹のオリーブは3月が剪定適期です。

オリーブは根張りが弱く、葉を茂らせすぎると、強風で全体が傾いたり倒れたりすることがあります。幼木のうちは支柱をして、木が成長してからは枝を間引く剪定で風が抜けるようにします。樹高を高くしすぎないように高さ2～3ｍまでに抑えて管理するとよいでしょう。

オリーブの剪定

オリーブの花

コンテナ栽培のオリーブ。銀葉が美しい。

はみ出た徒長気味の枝を切り戻し、混んだ枝を間引く。

ウメの剪定を教えてください。

ここがコツ！

徒長枝は20㎝ほど残して切って、花芽のつく短枝を出させます。

ウメは樹勢が強く、美しい自然樹形にはならないので、仕立てる剪定が一般的です。落葉期の不要枝剪定が基本で、花を観賞する花ウメと実を収穫する実ウメでは剪定方法が異なります。

花ウメは、枝ごとにある程度まとめた「段」をつくります。側枝から多くの徒長枝が上に伸びて樹形を乱すので、不要な徒長枝を枝元で切って間引き、元の形に戻します。花数を多くするには、「段」から伸びた徒長枝を20㎝くらい残して切り戻します。長めに切ると短枝が出やすくなり、短枝には7月ごろに花芽が分化するので、花数を増やせます。

実ウメは、主幹を若いうちに切り詰めて分枝させ、枝を左右に広げて誘引する「開張性樹形」に仕立てます。枝が横に張り場所をとりますが、枝に光がよく当たり収穫しやすいという利点があります。

開張性樹形に仕立てたウメ。

ウメの枝の仕組み

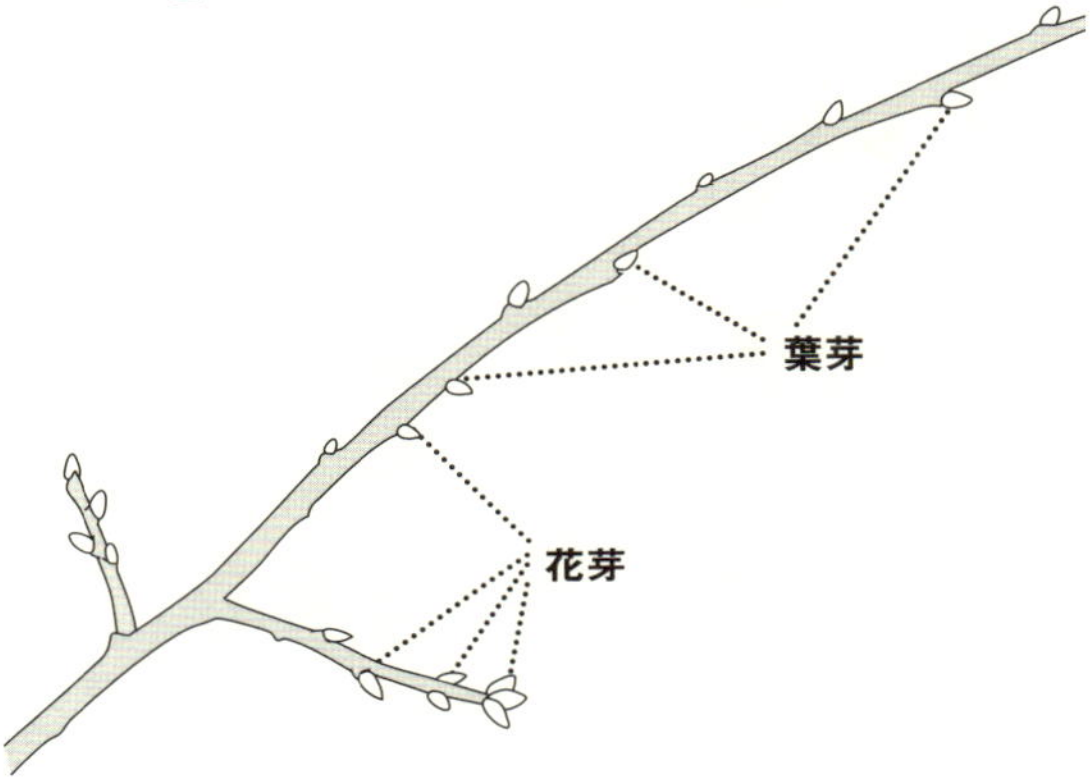

短い枝に花芽がつきやすい。

長い枝の切り戻し

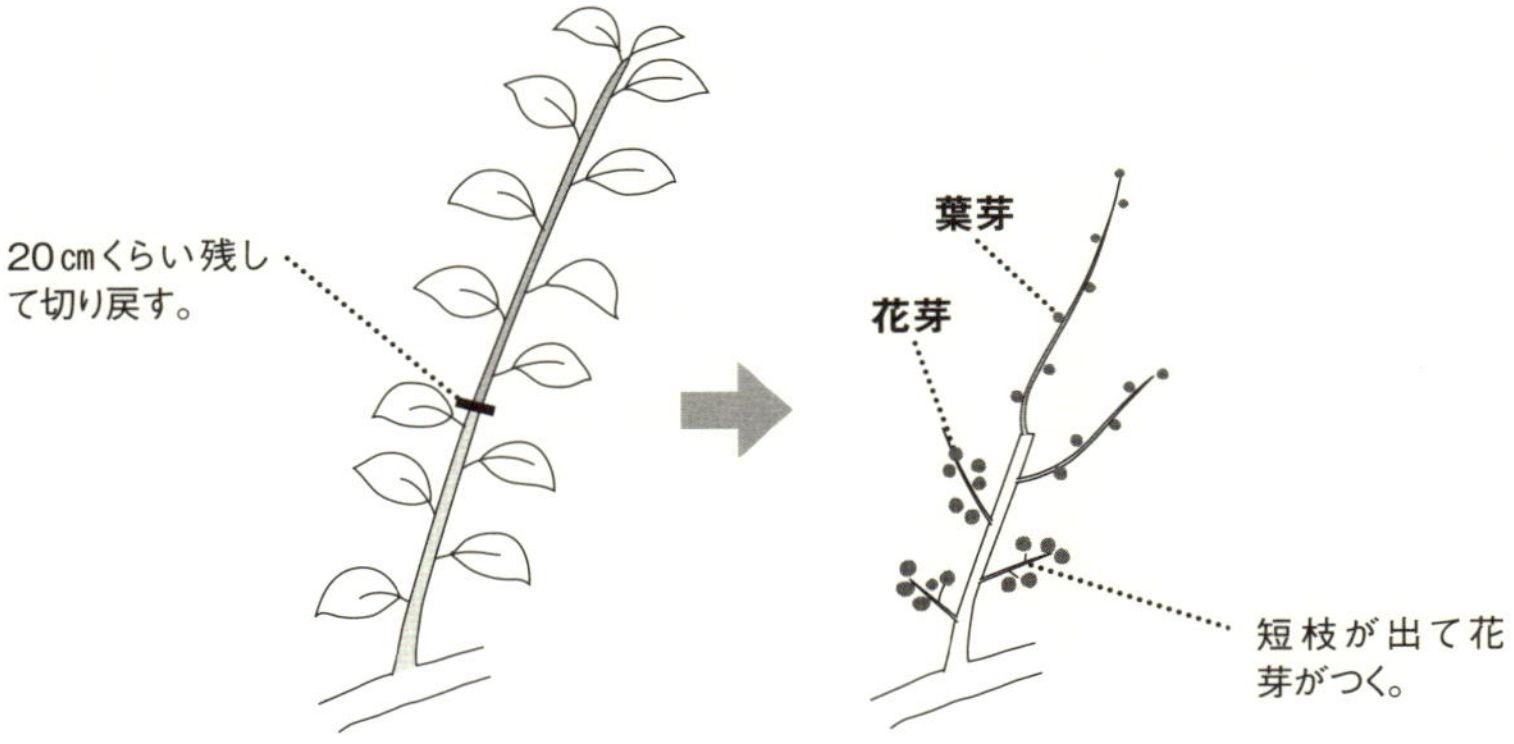

シマトネリコの剪定を教えてください。

ここがコツ！

できれば年2回の剪定を。主枝の切り戻しや間引きもできます。

シマトネリコは沖縄～東南アジア原産の常緑樹で、涼やかな葉が人気を呼び、近年よく庭に植えられるようになっています。おもに株立ち樹形が流通しています。落葉性のトネリコとは別種です。寒さは苦手ですがとても強健で生育が早く、放任すると10ｍを超えるほど大きくなるので、植えて数年で想像していたよりも大きく成長し、手に負えなくなっているケースを多々見受けます。

シマトネリコの剪定では、成長のスピードを落とすことと、ある程度の高さで抑える事を目的にします。

木のもつやわらかい雰囲気を生かすには、不要枝を切ったあとに、徒長枝や太くなった側枝をつけ根で間引いてすかします。萌芽性がよいので、かなり切り詰めても大丈夫です。葉の量を多くすると主枝の太りも早くなるので、小枝もすかして、葉の量を減らすようにします。**一年の成長量が大きいので、剪定は年2回、春の4月と初秋の8～9月に行い、伸びすぎを防ぎます。**

大きくなりすぎた場合は、主枝の上部を短く切り戻して再萌芽させることも可能です。側枝との分岐点で切りましょう。通常はしない切り方ですが、シマトネリコのように萌芽性が極めてよく強健な樹種だからできる剪定です。切り口付近からいくつもの枝が再萌芽したら、1～2本選んで残りは切って除きます。

さらに、株立ちの主枝を根元から間引いて本数を減らすこともできます。7本立ちであれば5本立ちに、5本立ちであれば3本立ち、というふうに奇数になるように残して間引くと、だいぶスリムになります。

シマトネリコ（株立ち）をコンパクトにする剪定

シマトネリコの株立ち

茂りすぎてボリュームが出てきたら、4月に株元から間引く。

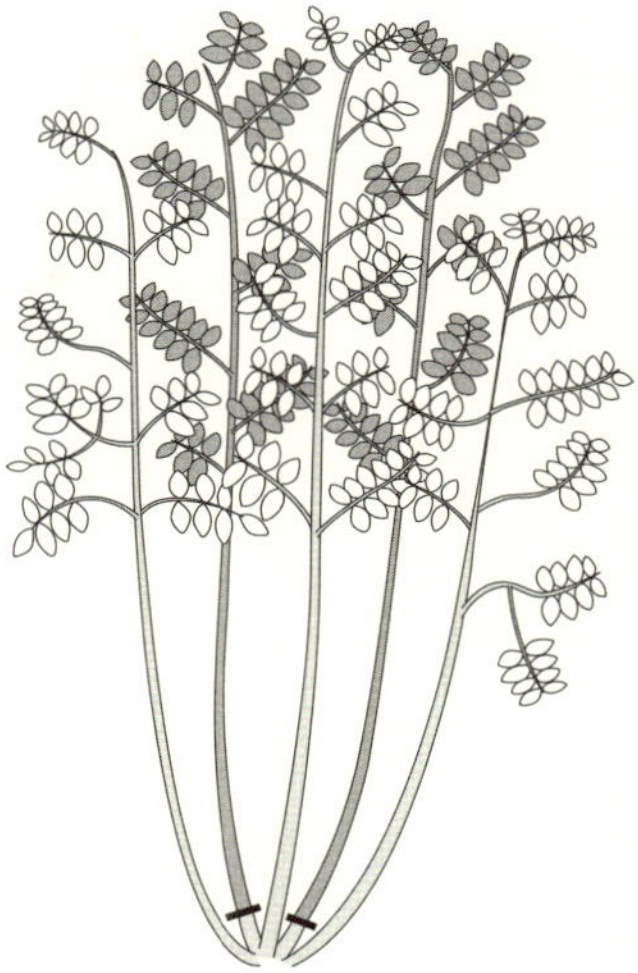

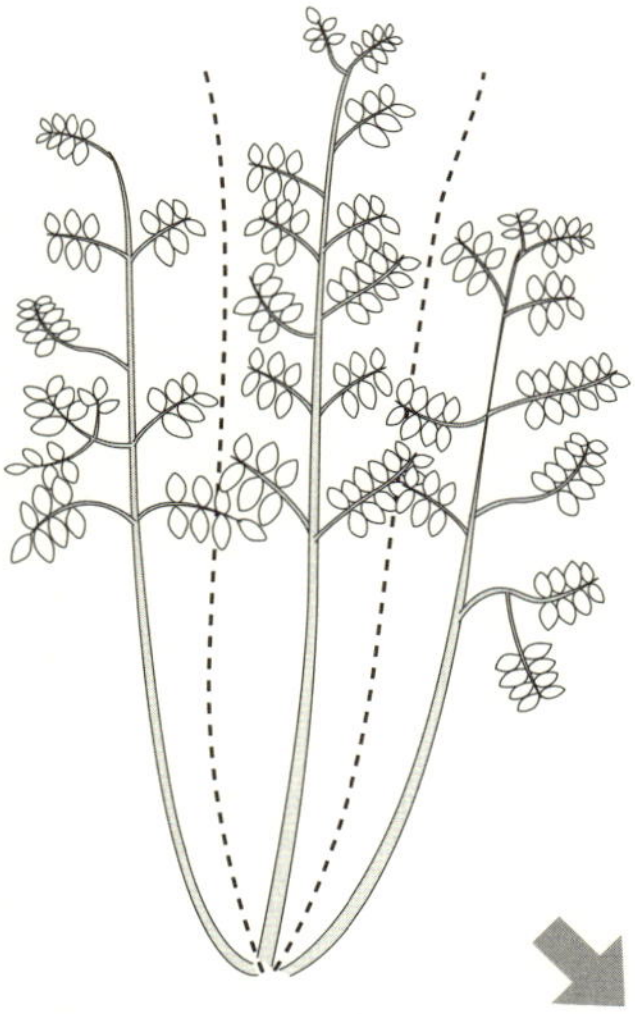

株立ちの本数を減らすとスリムになる。

成長して高くなりすぎたら、4月に切り詰めて再萌芽させることができる。萌芽性の強いシマトネリコだからできる例外的な方法。

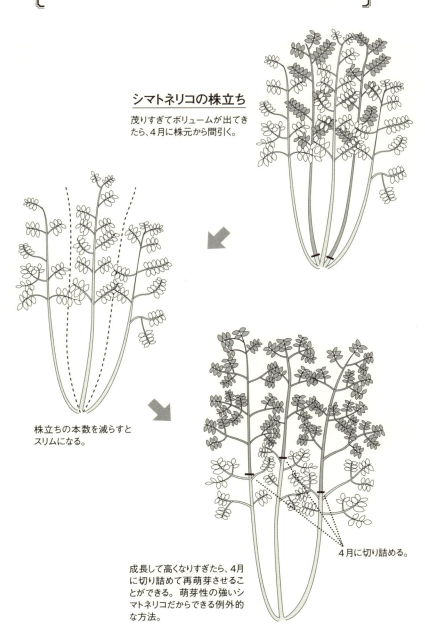

バラの種類による剪定の違いを教えてください。

ここがコツ!

木立性、半つる性、つる性によって、剪定の仕方が異なります。

バラは大きく分けて、ブッシュローズと呼ばれる木立性のバラ、オールドローズやイングリッシュローズなどの半つる性のシュラブローズ、つる性のつるバラ（クライミングローズ）があり、花芽のでき方や剪定方法が異なります。

木立性のバラは新枝咲きで、花芽はよく伸びた新梢の先端につきます。多くが四季咲き性です。休眠期（12～2月）に1／3～1／2の高さで株全体を切り戻す冬剪定が基本で、古枝やふところ枝や混んだ枝をつけ根で切ってすかし、充実したシュートを出させます。春（5月）の開花後に花がら切りを行うと6月に二番花が咲きます。さらに9月上旬ごろ、長く伸びた枝を半分くらいで切り戻すと、そこから伸びる枝に10～11月に花をつけます（秋バラ）。

つる性のバラは旧枝咲きです。木立性のバラと異なり、強い剪定はしません。今年伸びたシュートに来年の花芽をつけるので、冬剪定は、伸びた枝の枝先を少し切り戻すだけにします。ただし、花がつきにくくなる3年枝以上の古枝、枯れた枝、弱い枝はつけ根から間引きます。枝を伸ばして茂る性質に加えて来年の枝も残しておかなくてはならないため、広い場所か誘引できるスペースが必要です。

半つる性のバラはさまざまな交配を経ているので、特殊です。オールドローズなど一季咲きや返り咲き（二季咲き）のものはつるバラに近く、最近の品種は木立性に近くなり繰り返し咲く性質をもっています。冬剪定は品種ごとに判断し、一季咲きに近いもの、枝の伸びるものはつるバラとして扱い、繰り返し咲く性質の強いものは咲かせ方次第ですが、木立性のバラと同様の強剪定ができます。

いずれもひこばえは台木から伸びている可能性があるので、株元から切り取りましょう。

木立性のバラの剪定

冬の剪定（12〜2月）

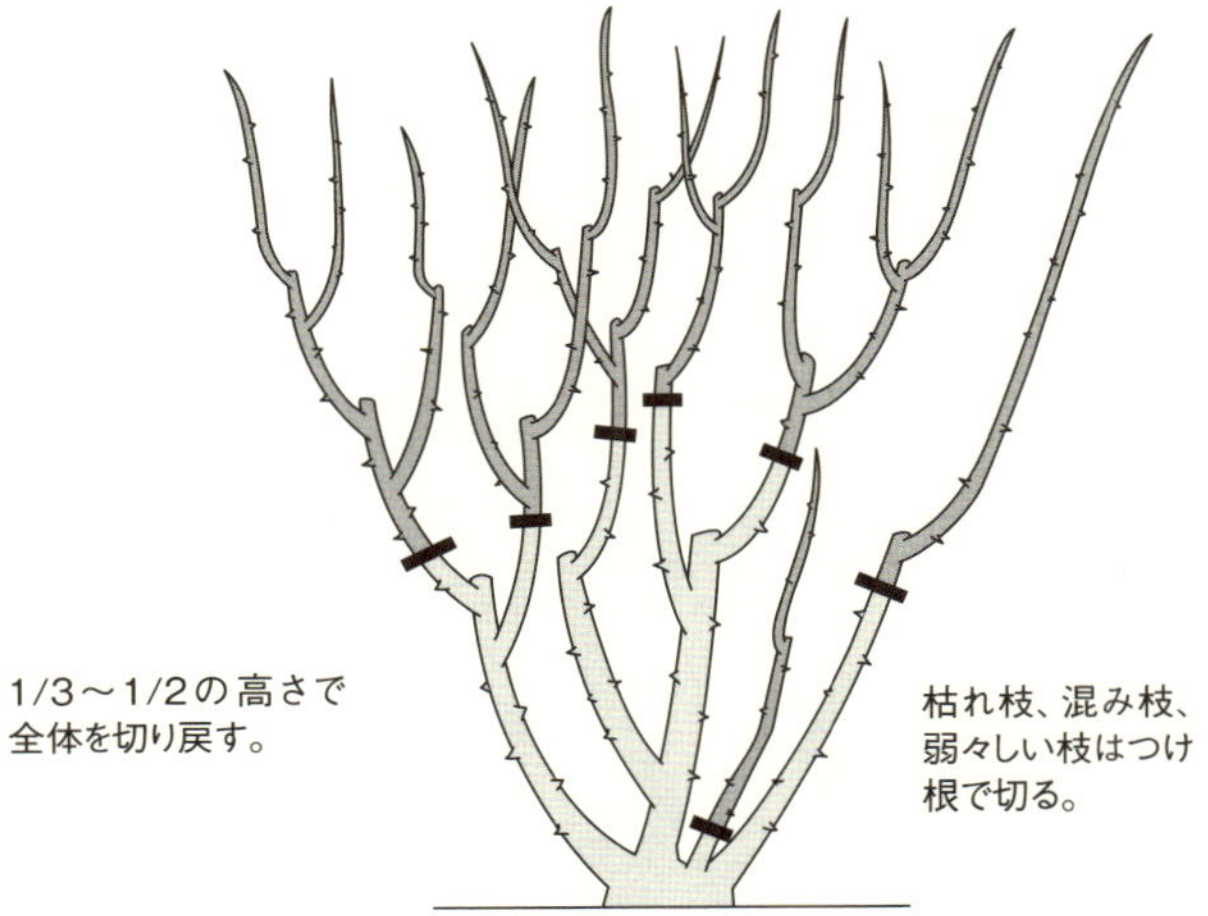
1/3〜1/2の高さで
全体を切り戻す。
枯れ枝、混み枝、
弱々しい枝はつけ
根で切る。

夏の剪定

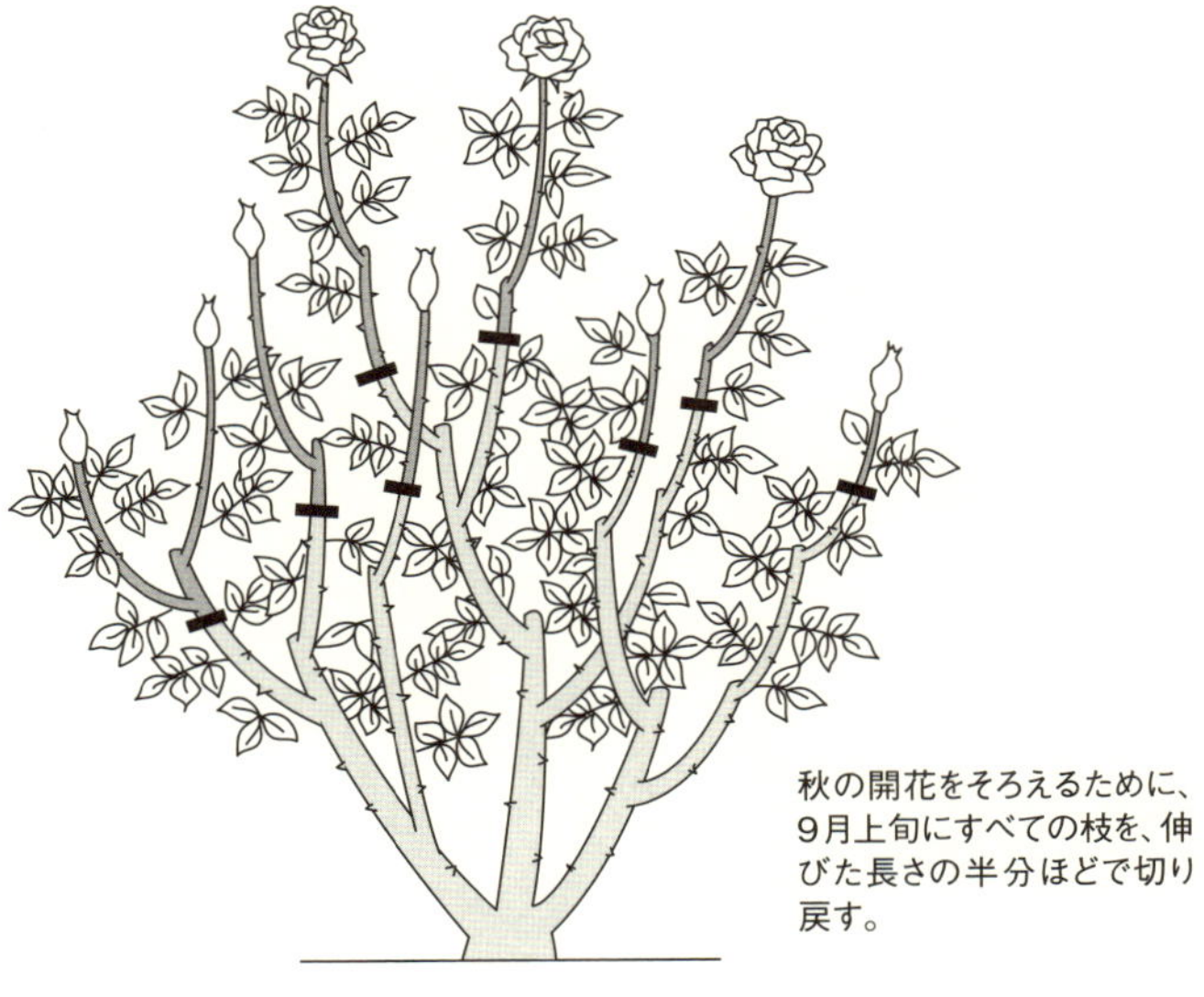
秋の開花をそろえるために、
9月上旬にすべての枝を、伸
びた長さの半分ほどで切り
戻す。

つるバラの剪定と誘引

前年に伸びた枝に花がよく咲くので、春の開花後に伸びる枝を保護し、冬（12～2月）に誘引します。 つるバラはよく伸びるので、壁面やフェンスなど広いスペースが必要です。

冬の剪定

3年以上の古い枝、弱々しい枝、混み枝を剪定する。

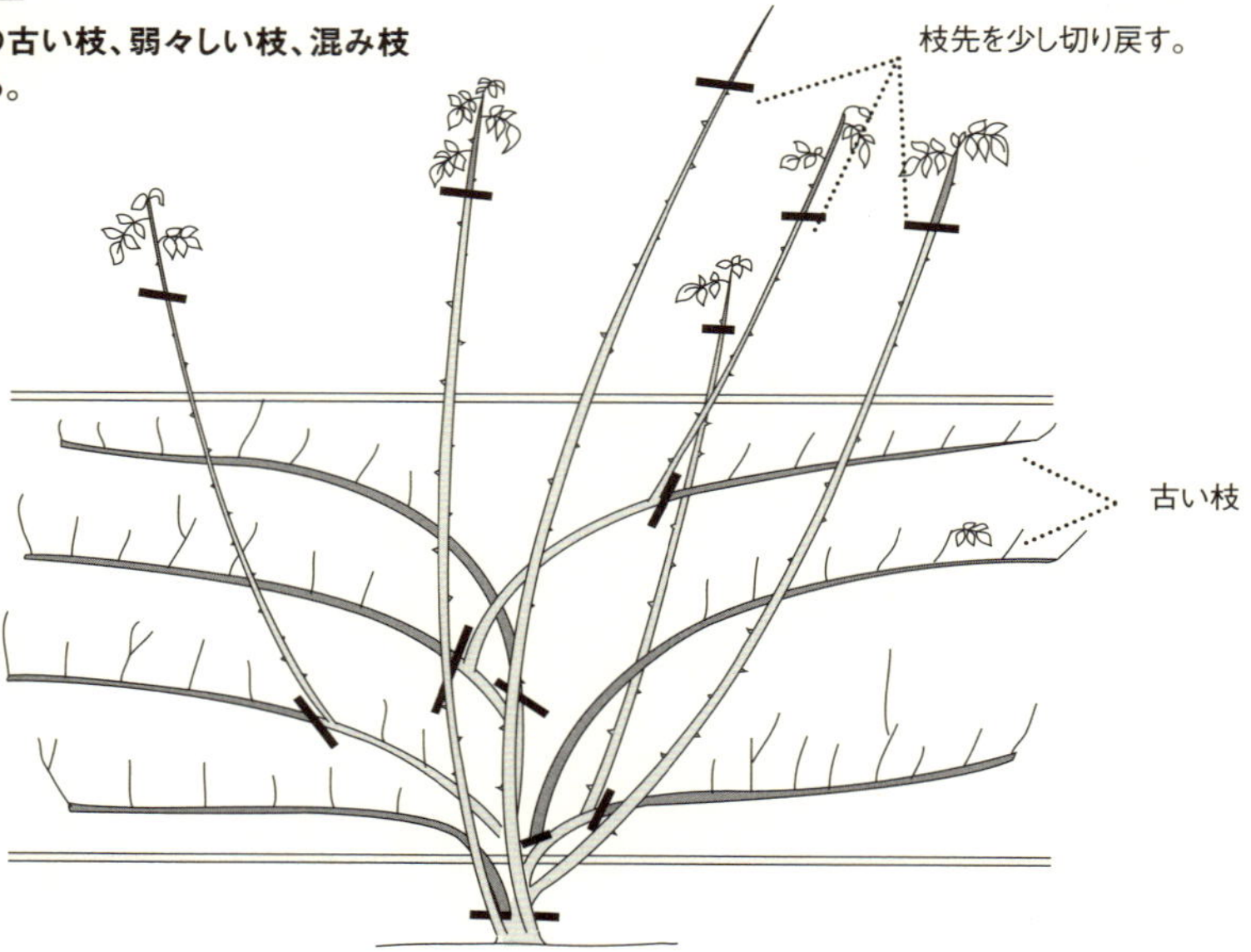
枝先を少し切り戻す。
古い枝

冬の誘引

剪定後、枝を水平から放射状に倒して誘引し、枝先を少し切り戻す。

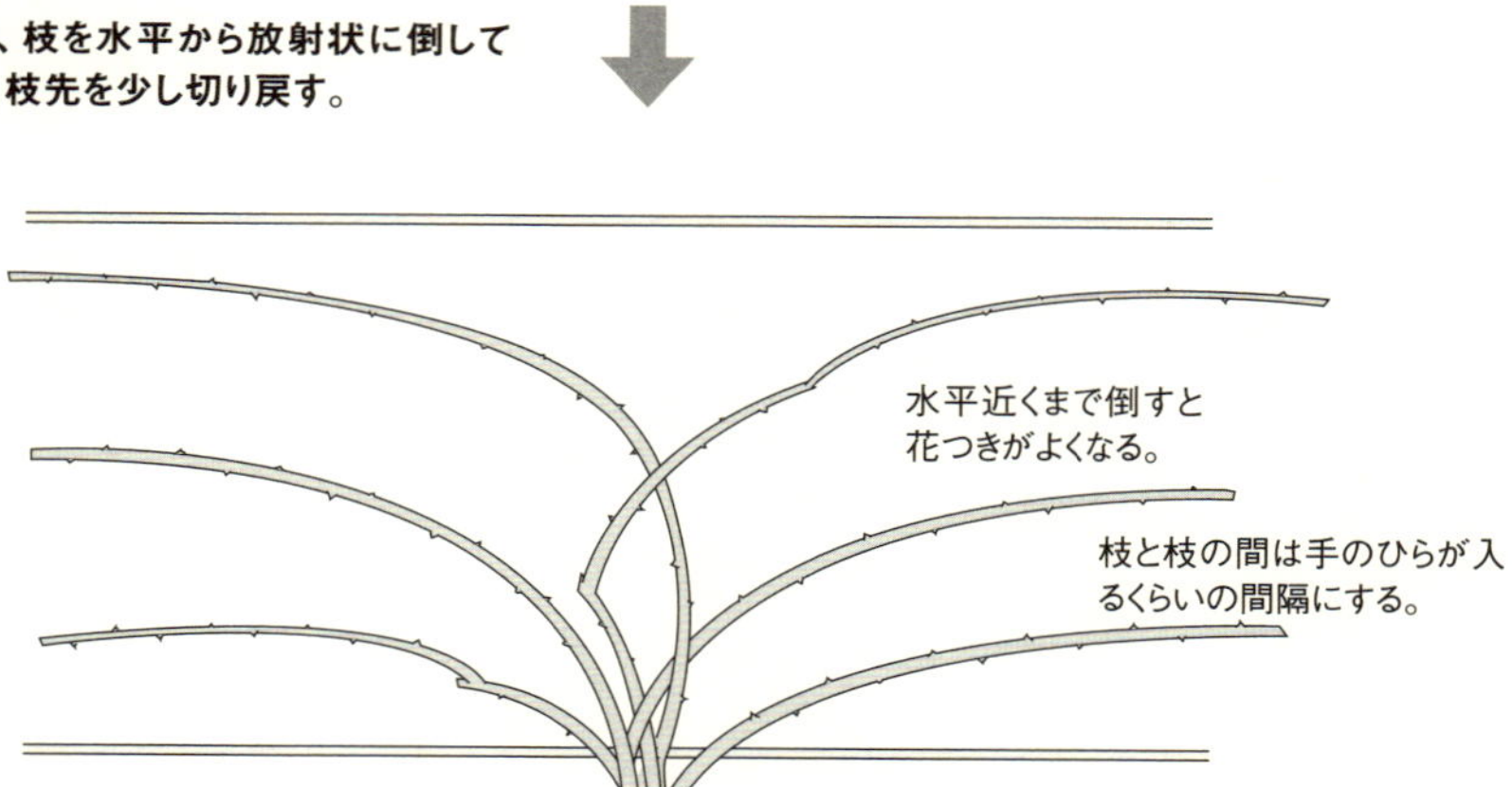
水平近くまで倒すと花つきがよくなる。
枝と枝の間は手のひらが入るくらいの間隔にする。

冬の誘引で枝をきれいに配るのがコツ。
咲いたときも美しくなる。

半つる性のバラの剪定と誘引

系統や品種ごとに性質が異なるので、咲かせ方や品種の特性に合わせた剪定や誘引を行います。原種やオールドローズなど一季咲きのものはつるバラに近く、モダンシュラブローズなど繰り返し咲くものは木立バラに近い。半つる性のバラは品種により枝の伸びる長さが異なるが、窓辺などに誘引すると効果的な品種が多くあります。

冬の剪定

3年以上の古い枝、弱々しい枝、混み枝を剪定する。モダンシュラブローズは切り戻しても咲くものが多い。

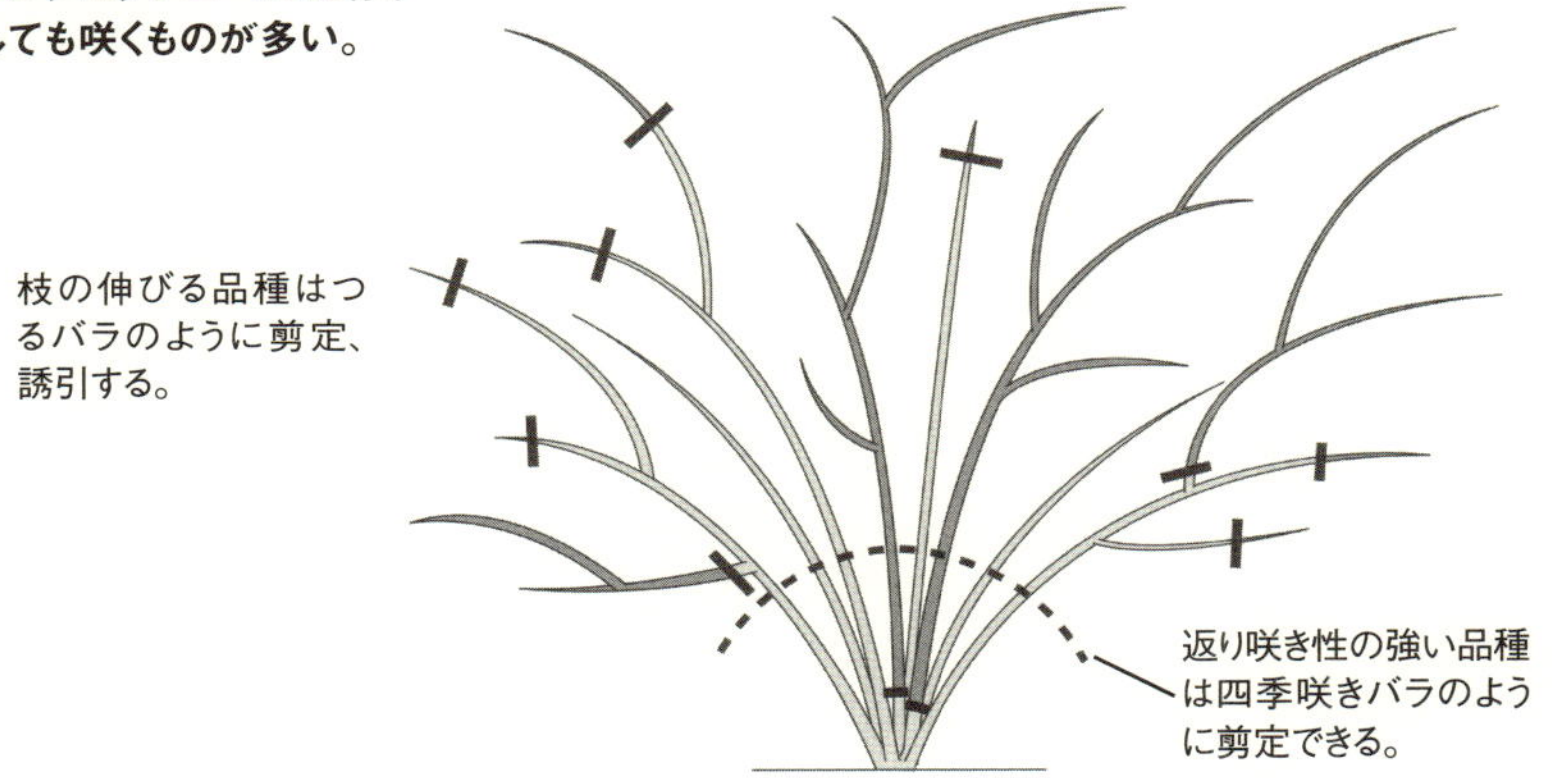
枝の伸びる品種はつるバラのように剪定、誘引する。
返り咲き性の強い品種は四季咲きバラのように剪定できる。

冬の誘引

誘引は枝を放射状に誘引するとよい。一季咲き性や返り咲き性の品種を冬に切り詰めると春に花が咲かないので注意する。

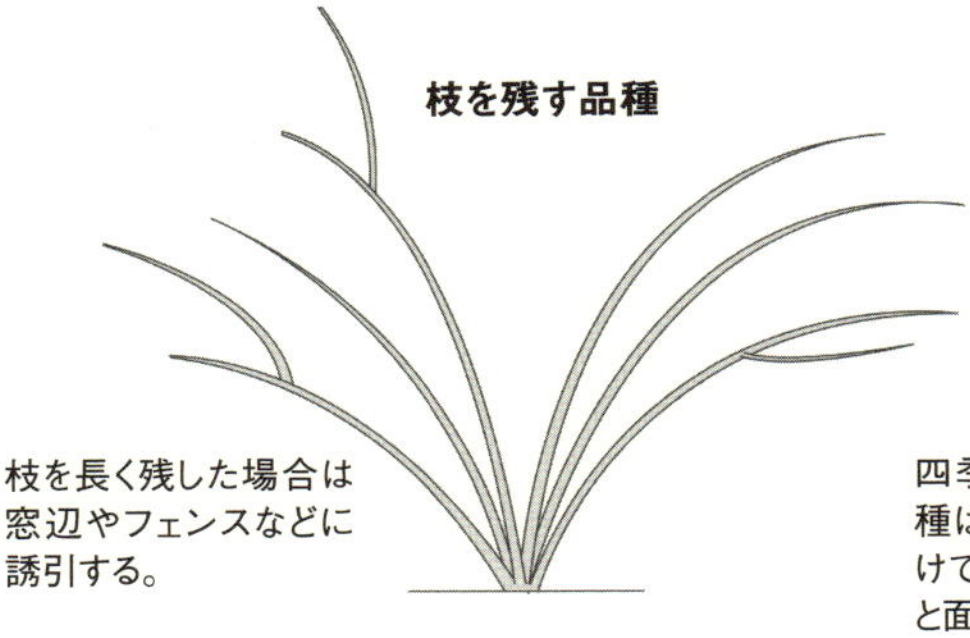
枝を残す品種
枝を長く残した場合は窓辺やフェンスなどに誘引する。

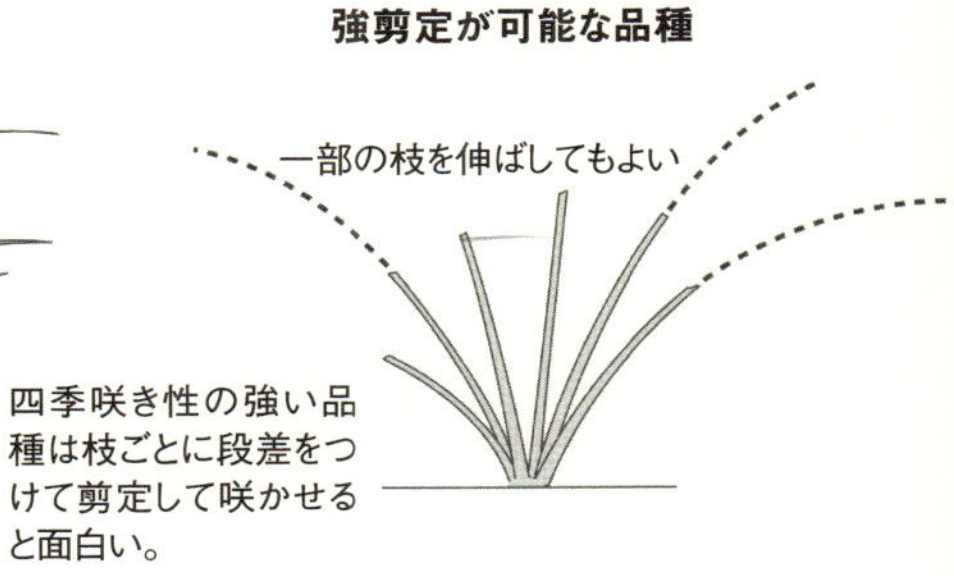
強剪定が可能な品種
一部の枝を伸ばしてもよい
四季咲き性の強い品種は枝ごとに段差をつけて剪定して咲かせると面白い。

ナンテンの剪定を教えてください。

ここがコツ！

実がつかなかった枝は、翌年つく可能性があるので残します。

成長するとひこばえで混み合いがちなナンテンは、古枝を地際で切って間引く剪定が基本です。 地面から伸びる枝を5～7本にすれば、すっきりし、地際に日が当たるようになって、若い枝が芽吹いて伸びるようになり、枝の世代交代がしやすくなります。

実を観賞するのが目的ですから、花後剪定はできません。冬に実を観賞したあとで、常緑樹の剪定適期の3～4月上旬に剪定します。

ナンテンの花芽は前年の7～8月にできます。丸くふくらんだ頂芽が花芽で、目で確認しながら切ることができます。前年に実がついた枝は翌年実がつきにくい性質があるので、枝の途中の芽の上で切るか根元で切って間引きます。逆によく伸びて前年に実がつかなかった枝には、今年の花芽がついている可能性があるので残すのがポイントです。

ナンテンの剪定（3～4月上旬）

花芽のついた枝は残す。
芽の上で切る。
前年実がついた太い枝には3年ほど実がつかない。根元から間引くか適当な芽の上で剪定する。
古枝は根元から切る。全体が5～7本になるようにするとよい。

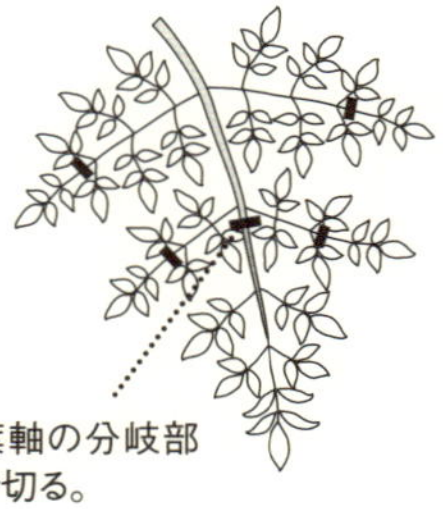
1枚の葉
葉軸の分岐部で切る。
大きすぎる葉は全体の形を変えずに小さくするとよい。

サルスベリのコブはどうしたらよいですか？

ここがコツ！

コブの下で強く切って枝をつくり直します。

サルスベリは新枝咲きで、強く伸びた枝先に立派な花をつけるので、切り戻し剪定が主体になります。ただ枝の同じ場所で毎年切り戻していると、枝先がコブ状になってしまうことがあります。

コブからは強い枝が生えず、細かい枝が密生するようになり、花つきも悪くなります。

コブになってしまったら、その下で強く枝を切り戻して枝をつくり直しましょう。伸びた枝を翌年は10～15cm長めに切って、次に切り戻す位置とすれば、花つきが回復してまた再び大きな花が咲きます。

サルスベリは芽吹きが遅く、やや耐寒性が劣るので、春の芽吹き前（3月ごろ）に剪定します。

つけ根にカイガラムシがつきやすいので、剪定の際に歯ブラシなどでこそげ落とします。

コブになったサルスベリ。

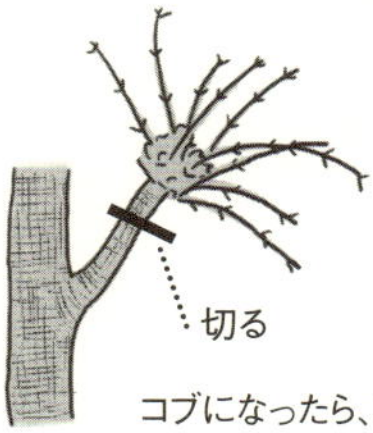

コブになったら、コブの下で強く切り戻す。

コロラドトウヒは刈り込めますか？

刈り込みできません。側枝を切り替え、スリムな円錐形にします。

ここがコツ！

コロラドトウヒは、細かく枝分かれしてピラミッド状の樹形となった風格のあるコニファーですが、萌芽性がほとんどなく、刈り込みはタブーです。枝を途中で切ると枯れてしまうので注意します

成長は遅い性質ですが、年数が経って枝が張ってくると庭の中で窮屈になってくることもあるでしょう。これをコンパクトにするには、側枝を内側の分岐点で切って全体をスリムにするのが基本です。

コロラドトウヒの側枝は、1年に1回、3本または4本に枝分かれして伸びます。つまり一年で1節しか伸びません。

切り戻しは3～4月が適期です。中央の枝を2節分、両側の小枝もバランスをとって1～2節分を分岐点で切り戻します。切った中央の枝の下側に伸びている弱い枝があったら残して、それを新しい側枝の中央とします。下側の枝がなければ、側枝をＹ字形に伸ばします。全体が芯を中心とした円錐形を維持できるように、側枝を切り戻す分岐点を選びましょう。

また、高さを低くするために芯を切ることはおすすめしません。側枝と芯の役割分担がはっきりしている性質のため、芯を切ってしまうと枝を誘引したとしても次の芯にならず、樹形が戻らなくなる可能性が高いのです。もともと成長が遅いので、スリムにしながらできるだけ長く楽しむのがよいと思います。

コロラドトウヒと同じ性質のウラジロモミや、ドイツトウヒなど、ほかのトウヒ類も同様に剪定します。

コロラドトウヒの側枝の剪定

拡大図

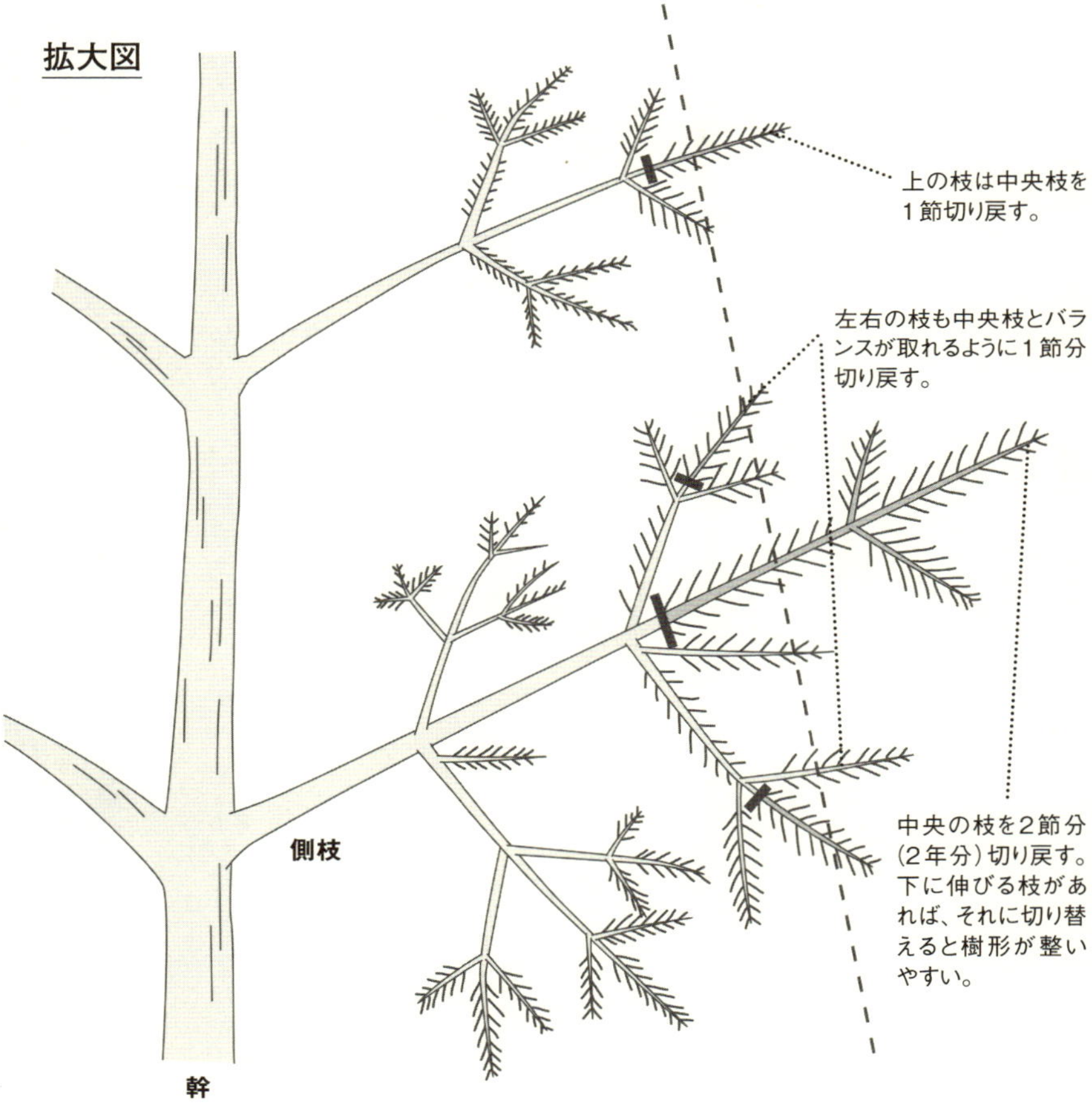
上の枝は中央枝を1節切り戻す。

左右の枝も中央枝とバランスが取れるように1節分切り戻す。

中央の枝を2節分(2年分)切り戻す。下に伸びる枝があれば、それに切り替えると樹形が整いやすい。

側枝
幹

全体図

芯を中心としたスリムな円錐形に仕立て直す。

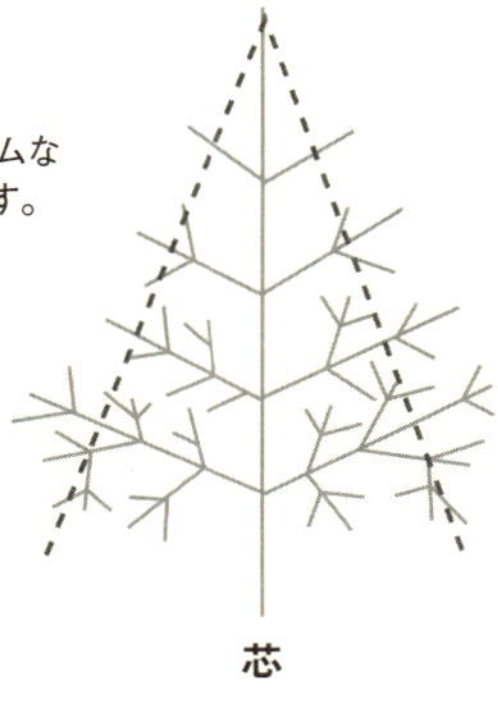
芯

芯を切ってしまうと、次の芯が立たず、樹形が崩れるので注意!

サツキの花がいつも咲きません。

ここがコツ！

花後の刈り込み時期が遅いのかもしれません。

サツキツツジは、ツツジ類の中でもっとも花期が遅い（関東地方で5月中旬〜6月上旬に開花）一方、翌年の花芽分化はほかの常緑性ツツジ類と変わらない7月中旬です。そのため花後の刈り込みを一日でも早くすることが、ほかのツツジよりも重要です。花後に伸びる新梢が花芽分化期までに伸びを止めて充実する必要があることを考えると、まだしおれかけた花が残っているうちに、花がら落としを兼ねて刈り込みます。また、花芽分化以降に深く刈り込んで花芽を落とすと、まったく花が咲かないことがあるのは、ほかのツツジと同様です。庭師に庭木の手入れを年末1回のみで頼んでいるケースで花が咲かないことがあるのは、このためです。

花後の刈り込みのあとに伸びる枝が気になりますが、飛び出した枝を切る程度の剪定であれば花数に影響しません。

サツキツツジの剪定

刈り込みバサミで全体を均等に刈り込み、残った花がらも落とす。頂部は強めに刈り、植木バサミで細かいところを仕上げる。葉のないところまで刈らないように注意する。

弱った木を剪定したら、枯れてしまいました。

根が弱っていると、剪定後に枝を伸ばせずに枯れることがあります。

ここがコツ！

強剪定された木は徒長枝を伸ばして反発しますが、弱っている木でも同じでしょうか？　強い切り戻しで芽数が減って根と芽数のバランスが崩れても、根が元気であれば徒長枝を出しますが、木が極端に衰弱していて根が活力を失っていると、剪定されてもほとんど新梢が伸びません。葉の量を回復できないと、光合成でつくられる炭水化物が樹体全体の細胞を養うのに足りなくなり、全体が枯死することがあります。

剪定の前に木を観察し、日なたでも枯れ枝が多かったり、前年の伸長量が極めて少なかったり、一枚一枚の葉が小さい、などの症状が見られたら木が弱っていると判断します。**弱っている木の樹勢を回復させるための樹木医の処置では、剪定はせず土壌改良で新しい根を出させる治療法が主流となっています。**木が弱っていたら剪定を控えて、数年後に樹勢がよくなってから剪定を少しずつ再開するかどうか判断しましょう。

根の活力は、枝葉に表れます。日ごろからよく観察して、剪定で失敗しないようにしましょう。

フジの枝が伸びすぎて、剪定しても咲きません。

ここがコツ！

強剪定すると咲かなくなります。冬に花芽を確認しながら剪定します。

フジは夏に旺盛につるが伸びるので、伸びたつるをバッサリ切ってしまいたくなります。しかし、夏につるを強剪定するとその後再び長いつるが伸び、花が咲かなくなります。これは、**フジのつるが2種類あり、よく伸びる長いつる（長枝）には花芽がつかず、短いつる（短枝）のみに花芽がつく性質があるためです。強剪定するほどに長枝が伸びるようになり、翌年の花が咲かなくなるというわけです。**

フジは、7～8月上旬に翌年の花芽が形成されるので枝がよく見える冬には、ぷくっと膨らんだ花芽が目で確認できます。花芽のついている短枝は残して、長枝を切って整えましょう。この際も強く切り戻すと、春以降に長枝ばかり伸びてしまいます。すかし剪定と同様に、長すぎる長枝はつけ根で切って間引いたうえで、**残す長枝は弱めに切り戻します。弱めに切り戻すことで新しいつるが徒長せず、そこに短枝がつくられやすくなります。**

花芽分化には日当たりが必要なので、花後剪定すればさらに花つきがよくなります。ただし、強く剪定すると徒長枝が伸びてしまいますので、混んでいるところをすかす程度です。しっかりした剪定は冬のみでかまいません。

花芽のつく短枝を残すと、たくさん花が咲く。

フジの長枝と短枝

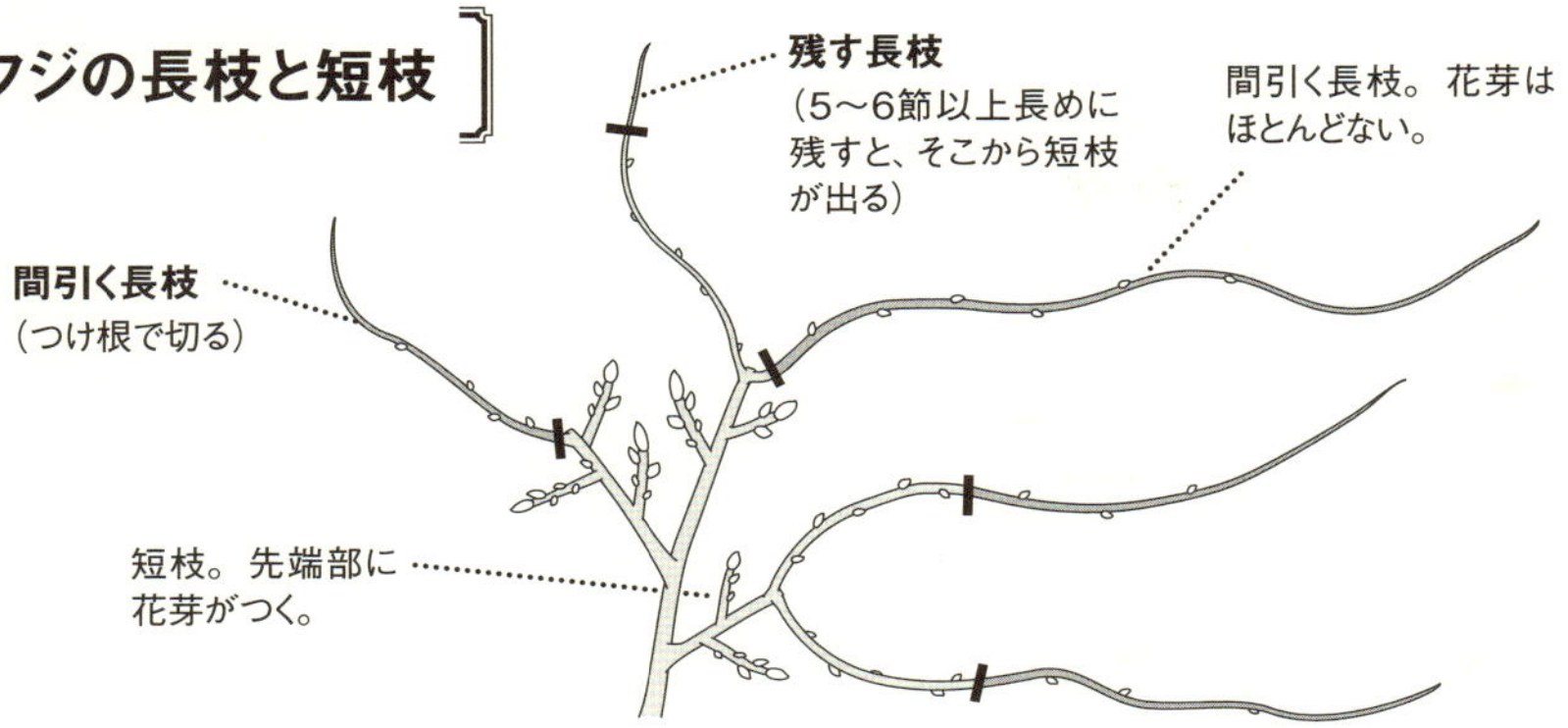
残す長枝
（5～6節以上長めに残すと、そこから短枝が出る）
間引く長枝。花芽はほとんどない。
間引く長枝
（つけ根で切る）
短枝。先端部に花芽がつく。

俯瞰から見たところ

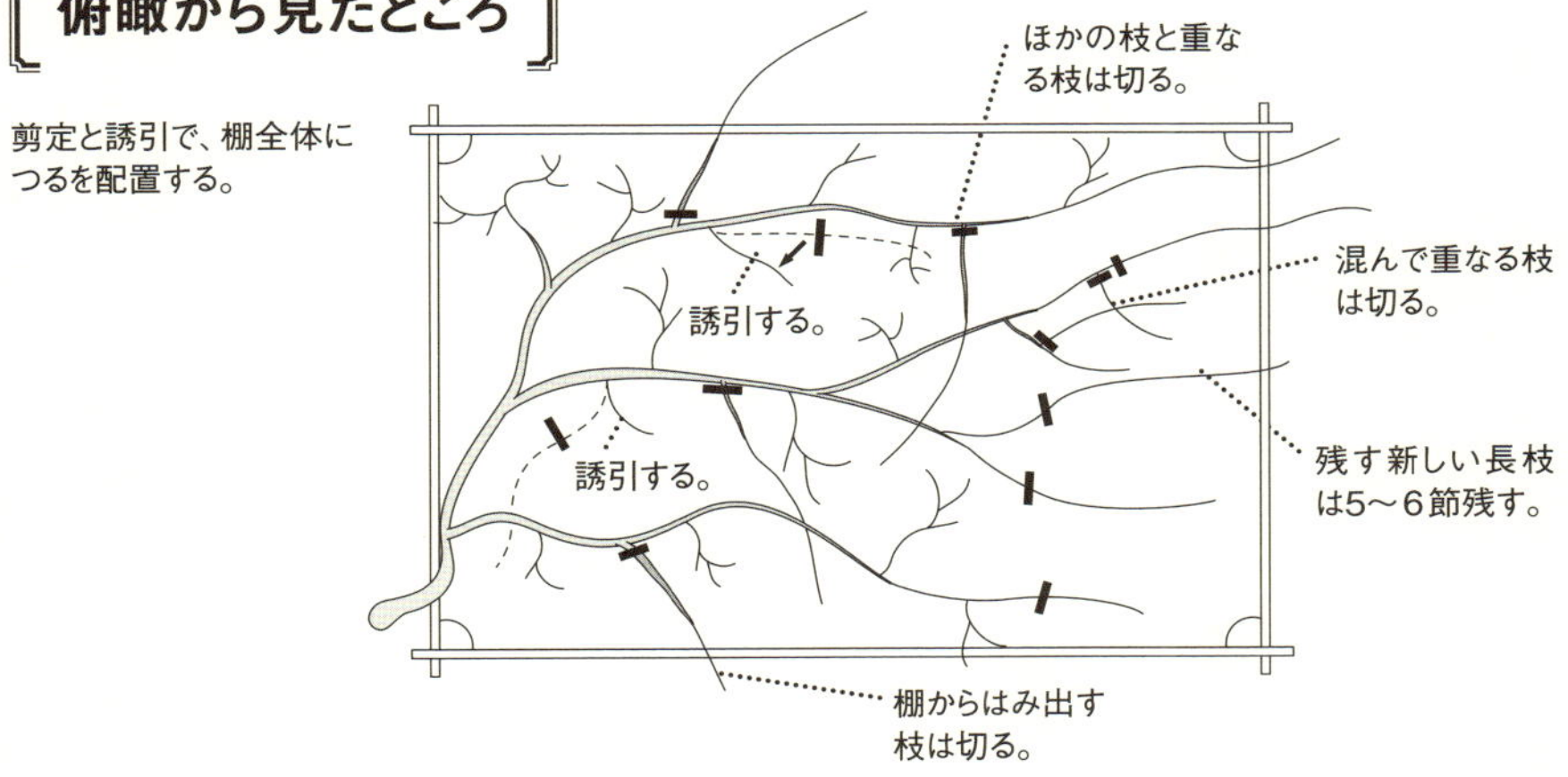
ほかの枝と重なる枝は切る。
剪定と誘引で、棚全体につるを配置する。
誘引する。
混んで重なる枝は切る。
誘引する。
残す新しい長枝は5～6節残す。
棚からはみ出す枝は切る。

側面から見たところ

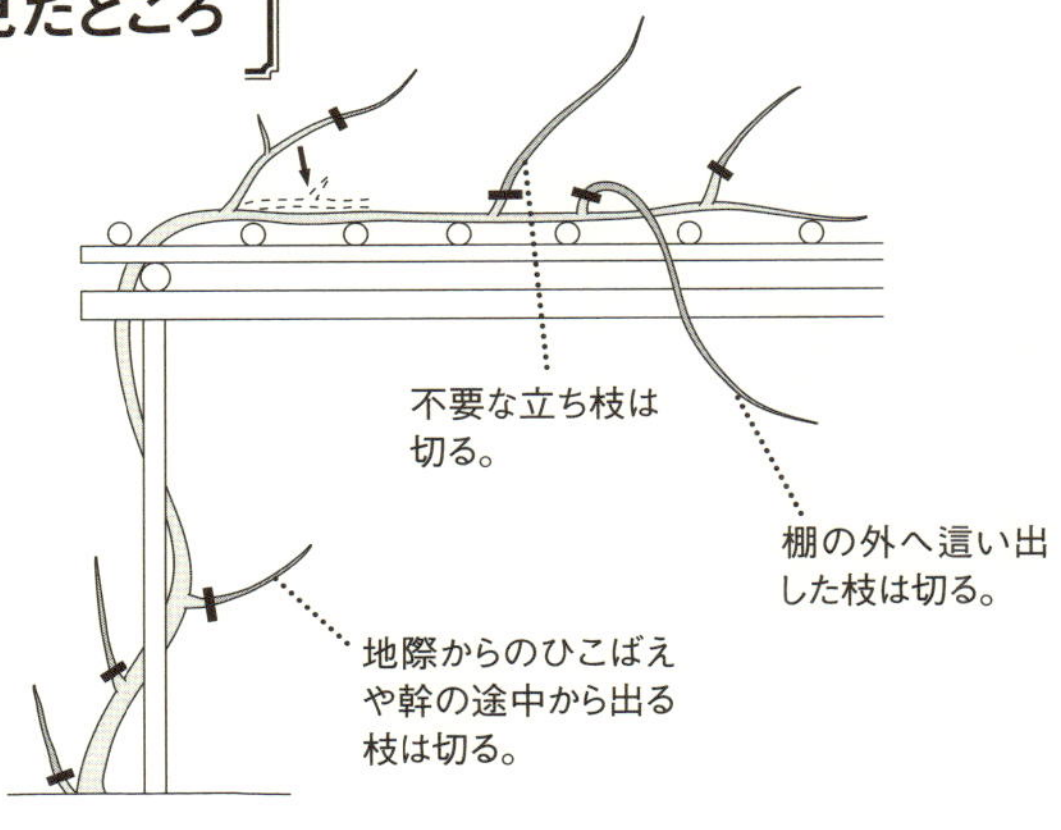
不要な立ち枝は切る。
棚の外へ這い出した枝は切る。
地際からのひこばえや幹の途中から出る枝は切る。

タケの剪定法を教えてください。

ここがコツ!

上部の節からの枝を残し、2~3節で短く切って整えます。

庭には、クロチクやトウチクなどのあまり太くならない種類がよく用いられます。**地下茎でふえていくので、植えるときは根を止める対策を考えておきましょう。**

タケはタケノコとして地上に出ると、そのまま一気に枝葉を伸ばし、伸びきったあとは枯れるまで大きさに変わりはありません。苗として購入して植える株は、すでに伸び切った高さなので、これ以上は高くなりません。ただし地下茎から新しく芽吹いたものは丈が高くなるので、コンパクトに剪定する必要があります。

いらないものは株元で切って取り除き、残すものは株元から20節くらいのところで上部を切り詰めて高さを抑えます。横に張った枝は上部の5~8ヵ所のみを残して2~3節で短く切って整えます。残りの枝はつけ根から切り除きます。**毎年秋または春先に剪定して整えましょう。**

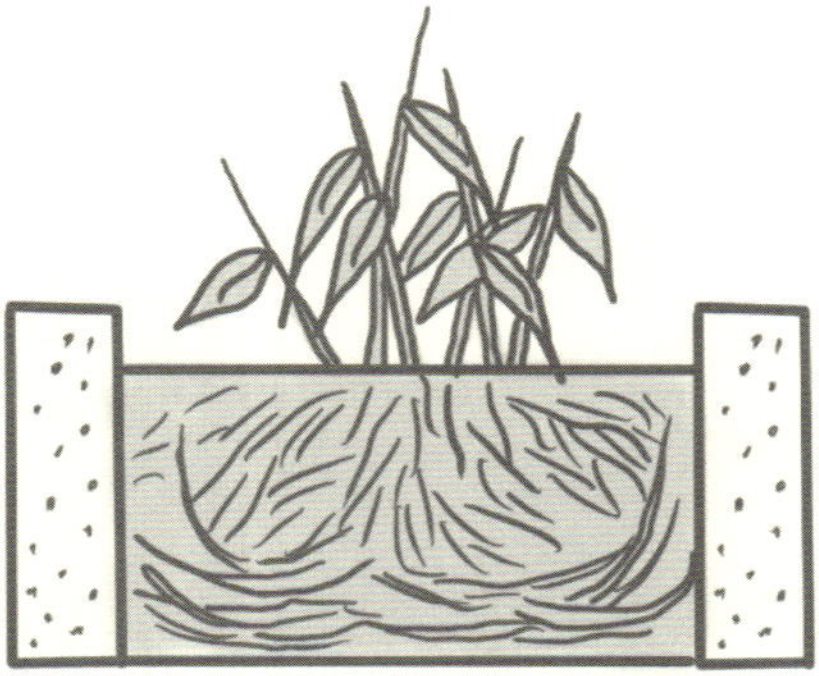

タケなどは地下茎で際限なくふえるので、地下60cmくらいで遮蔽する。地上に地下茎が出たら切る。

タケの剪定

剪定適期は12月または2月下旬～3月上旬。毎年一度行います。

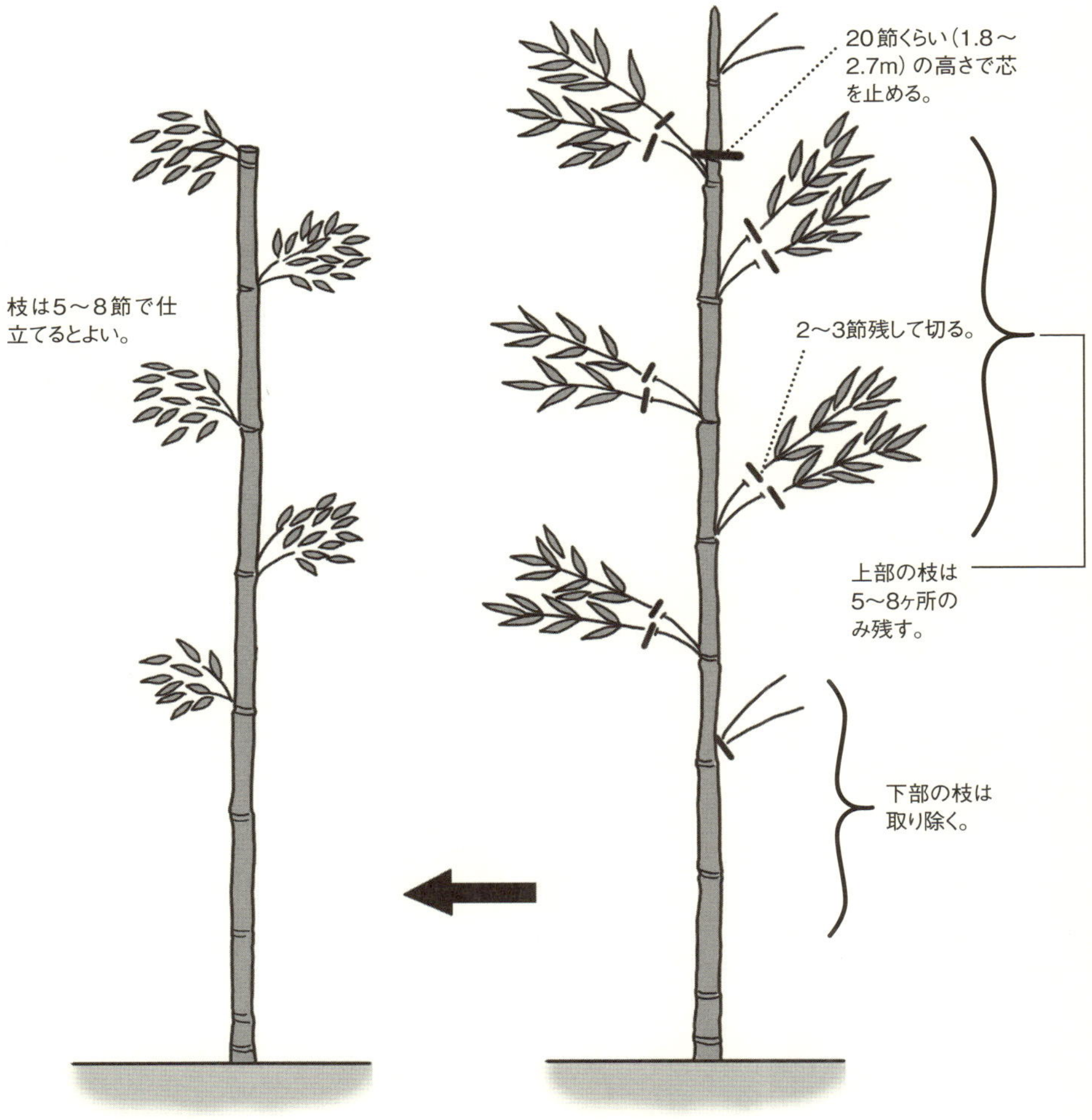
20節くらい（1.8～2.7m）の高さで芯を止める。
2～3節残して切る。
上部の枝は5～8ヶ所のみ残す。
下部の枝は取り除く。
枝は5～8節で仕立てるとよい。

どこで切る? 剪定クイズ

剪定の基本をクイズ形式にしてみました。
楽しみながら復習してください。
解答は157ページから。

レベルの説明

★…木を切る基本
★★…簡単な剪定はこれでOK
★★★…どんな剪定にもチャレンジできます

Q1

芽を残して枝を切る時は、A、B、Cのどこで切ったらよいでしょうか?

レベル…★

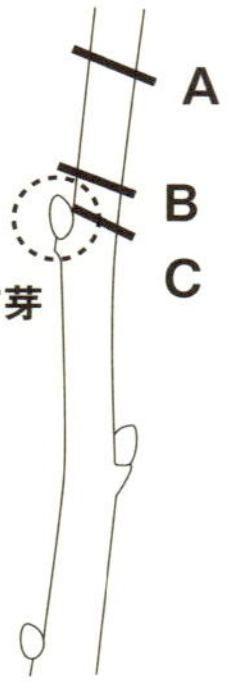
A
B
C
残す芽

Q2

一般に、A＝外芽とB＝内芽のどちらを残して切りますか?

レベル…★

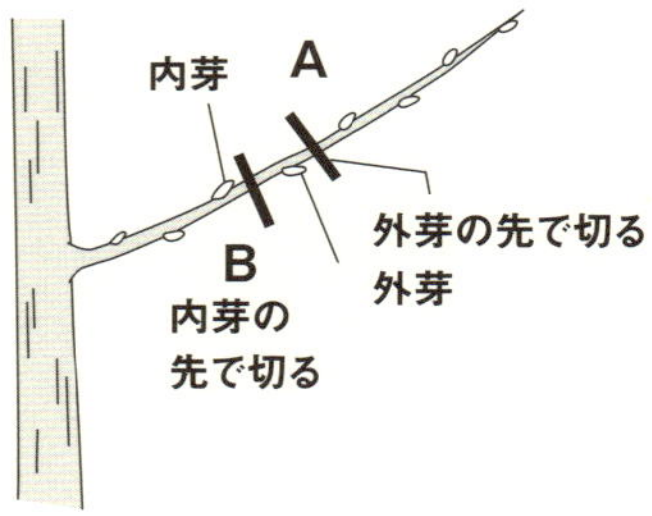
内芽
A
外芽の先で切る
外芽
B
内芽の先で切る

Q3

枝を間引いて切る時の正しい位置は、A、B、Cのどこでしょうか?

レベル…★

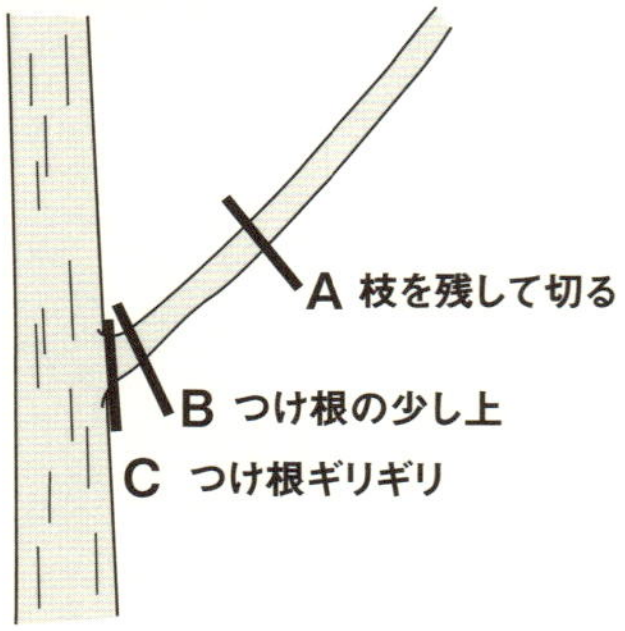
A 枝を残して切る
B つけ根の少し上
C つけ根ギリギリ

Q4

生け垣を維持する正しい刈り込み位置は、A、B、C のどこでしょうか?

レベル…★

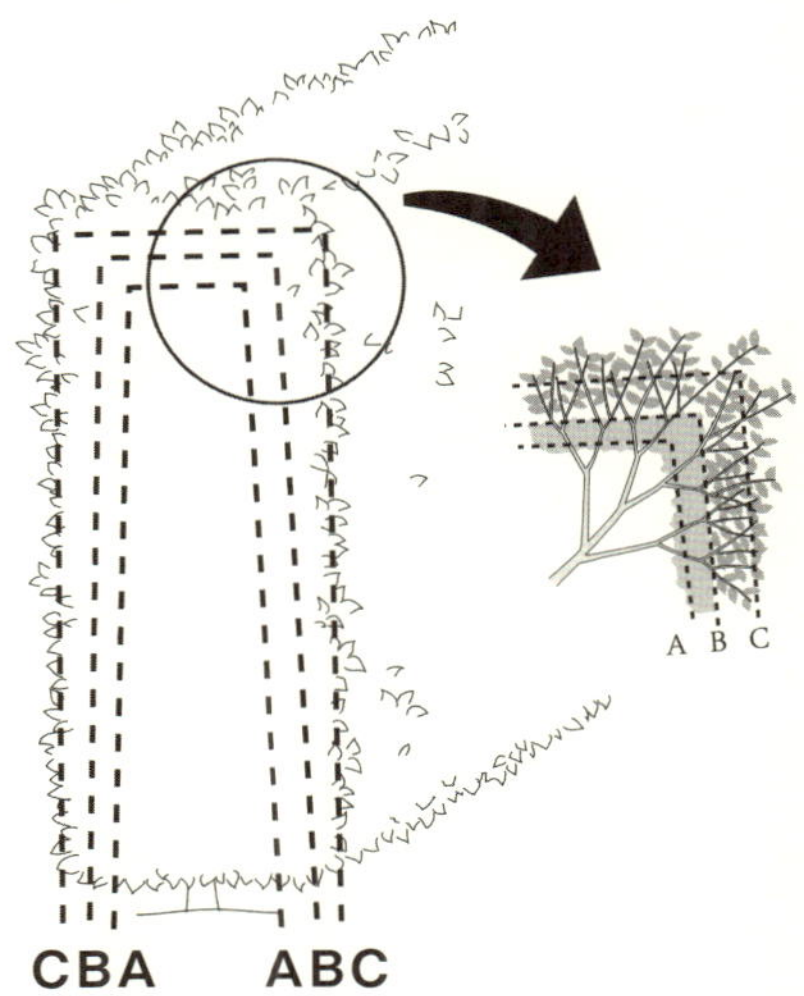

A 前年よりも深めの位置で刈り込む

B 前年と同じ位置で刈り込む

C 前年より浅い位置で刈り込む

Q5

木の大きさを維持したい時は、A、B、C の どこで切ったらよいでしょうか?

レベル…★★

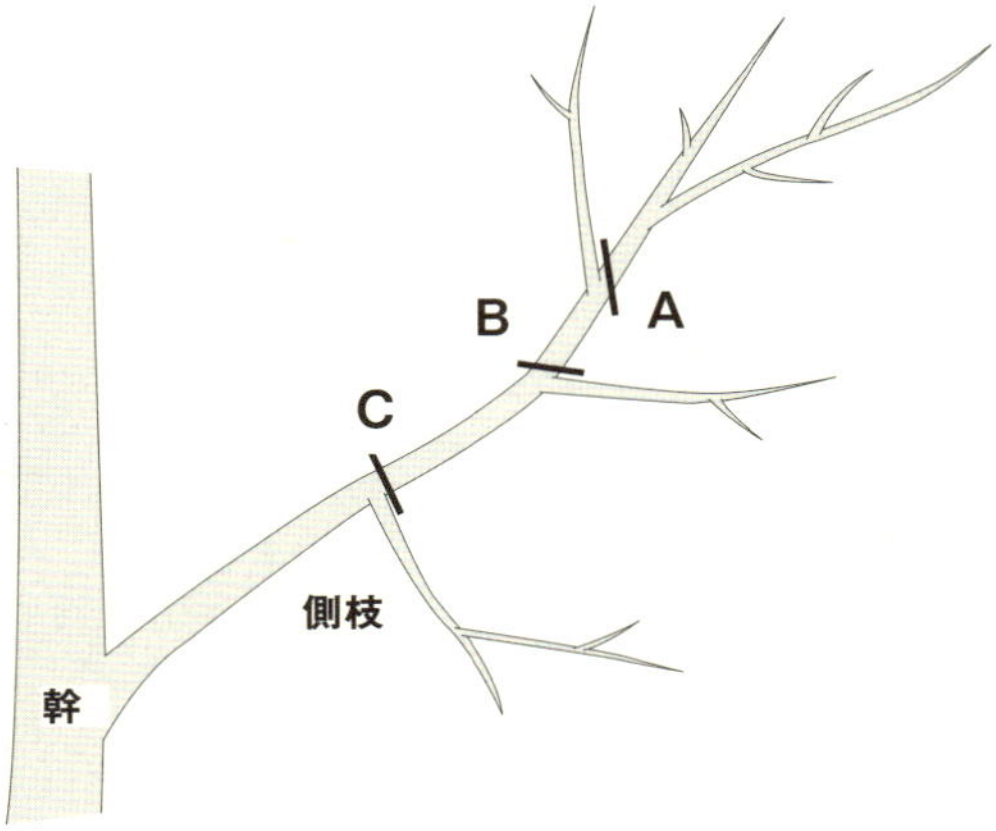

Q6

ハナミズキの正しい剪定位置は、A と B、どちらでしょうか?

レベル…★★

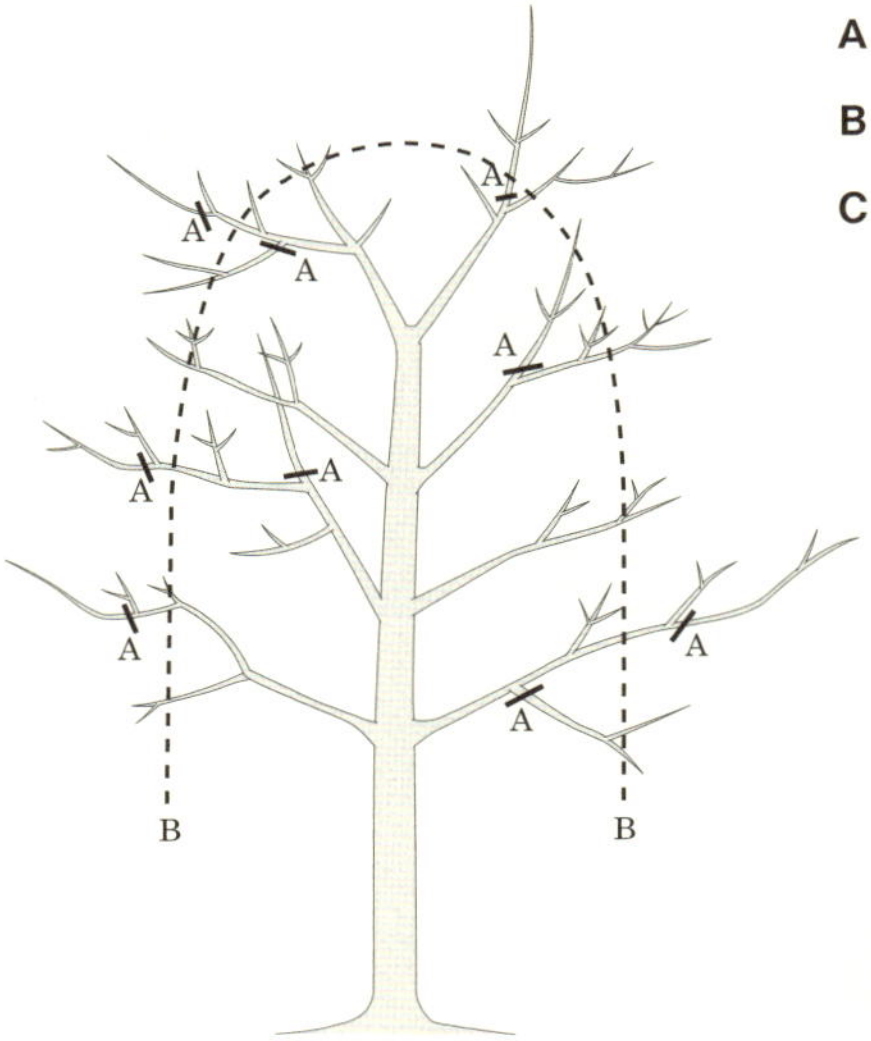

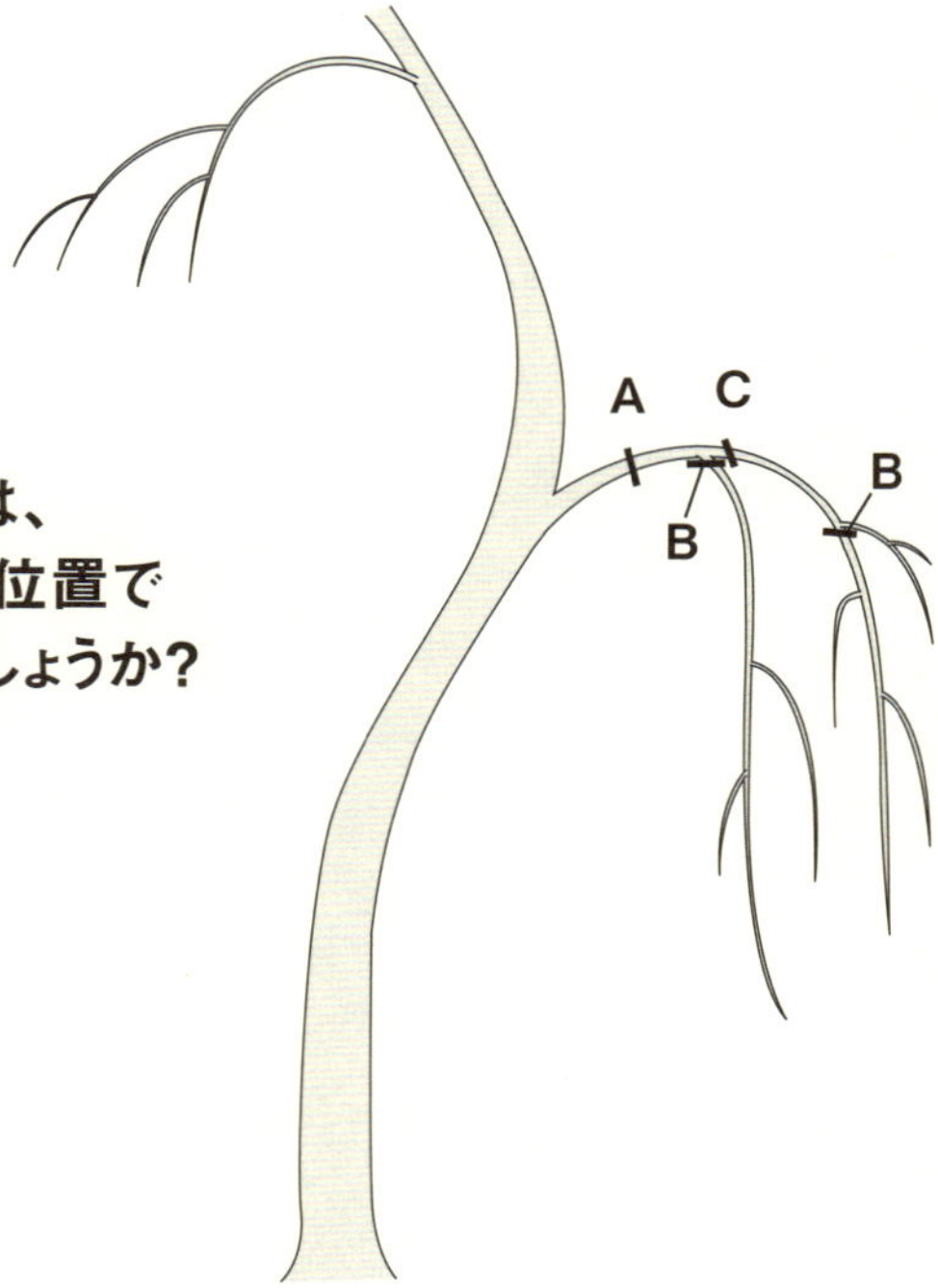

Q7

枝垂れ樹種の枝は、
A、B、C のどの位置で
剪定したらよいでしょうか？

レベル…★★★

Q8

明確な不要枝を
7本選んで間引いてください
（選択肢はありません）

レベル…★★★

どこで切る？ 剪定クイズ

解答編

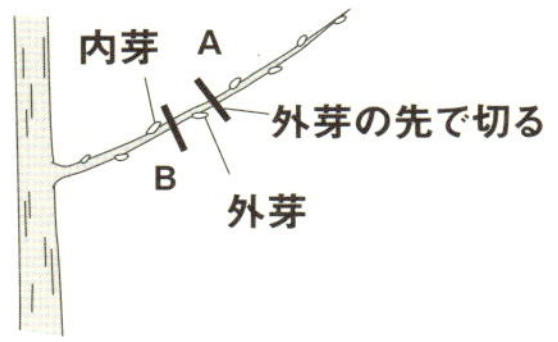

Q1の解答…B

Aは浅すぎる。普通はよくないが、アジサイやブドウなど例外的に節の中間で切るとよい樹種がある。

Bが正解。芽の上5mmほどのところをやや傾斜をつけて切るとよい。

Cは深すぎる。切り口から乾燥して芽が枯れやすくなる。

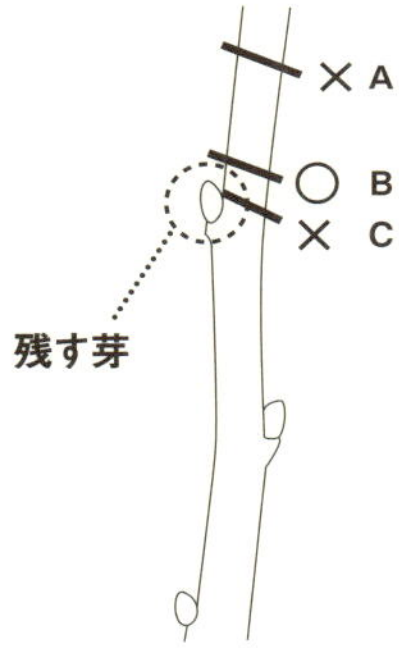

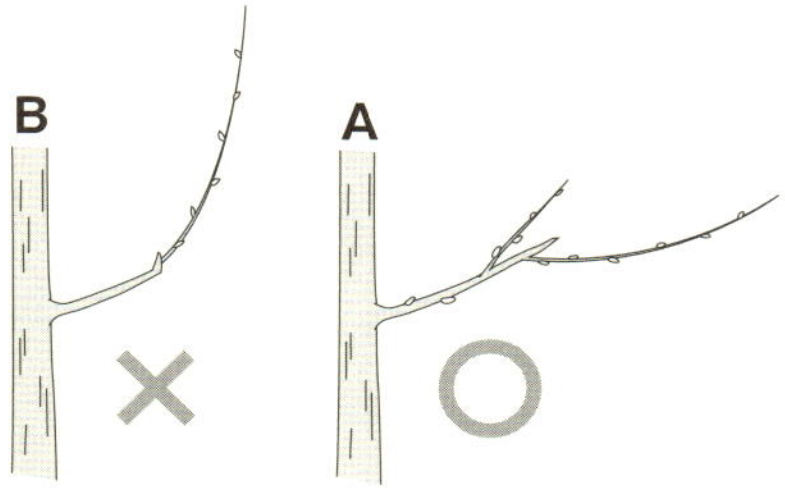

Q2の解答…A

Aが正解、外芽を残して切っていくと、自然に近い樹形になる。

Bの内芽を残すと、枝が徒長的に伸びやすい。

Q3の解答…B

Bが正解。切り口が塞がりやすい。

Aで切ると切り口まで養分が運ばれない。

Cで切ると切り口が塞がりにくい。

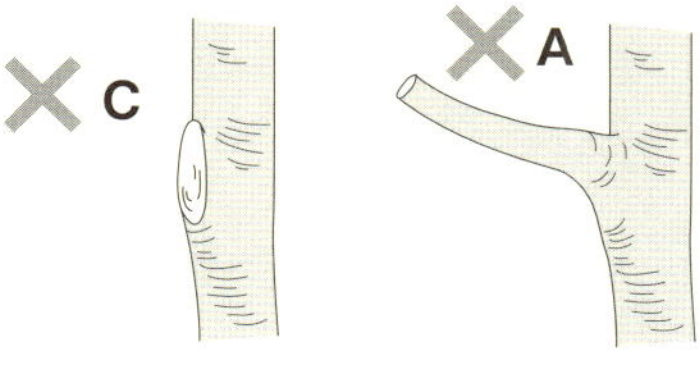

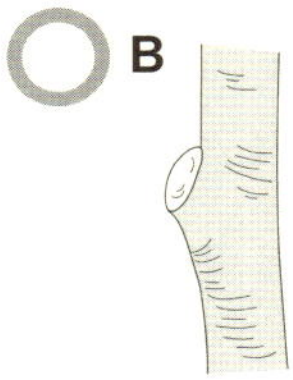

Q4の解答…B

Bが正解。生け垣の大きさを毎年維持できる。

Aは深すぎて新しい芽が出にくく枯れ込んでしまう。

Cは浅すぎて、年々生け垣が大きくなってしまう。

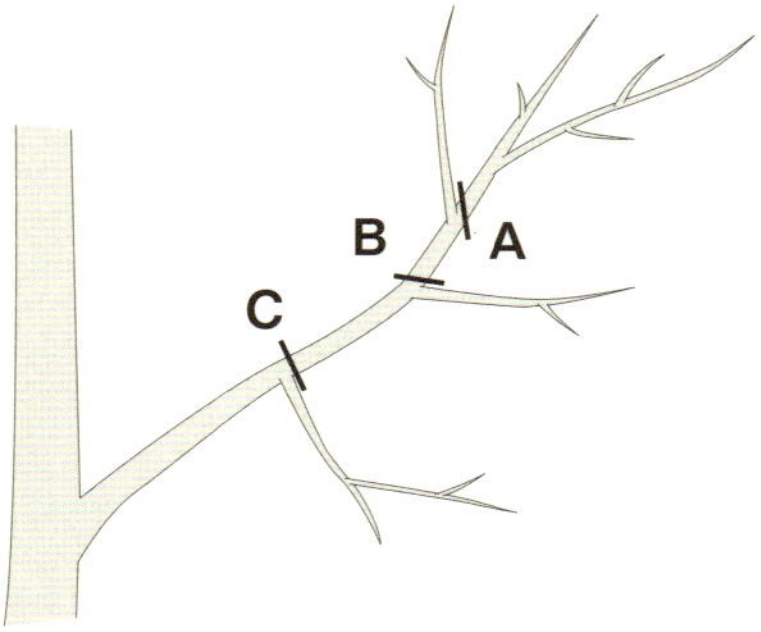

Q5の解答…B

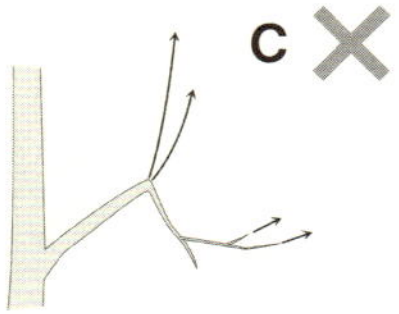

Cの下に伸びた枝や極端に細い枝を残して切ると、角の部分などから徒長枝が萌芽してしまう。

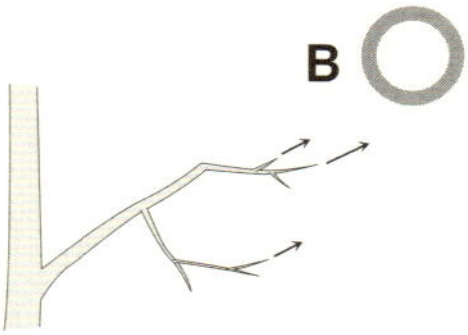

Bが正解。 枝の伸びがおだやか。

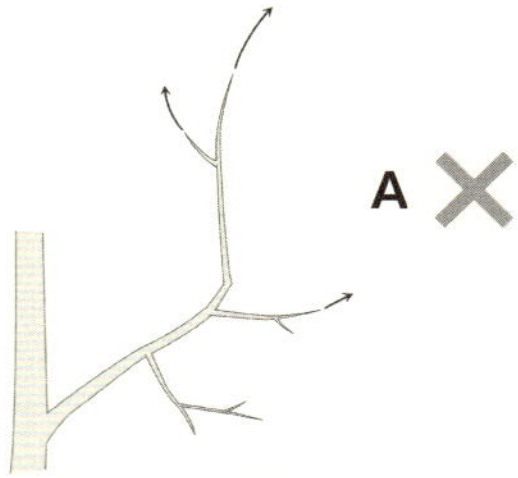

Aの上部に伸びた枝を残して切ると、徒長枝が伸びてしまう。

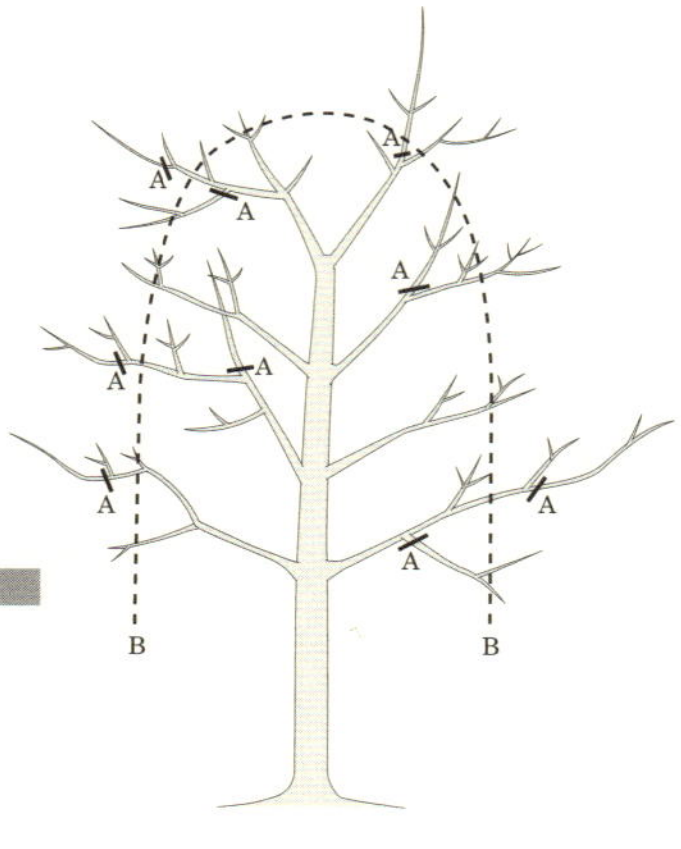

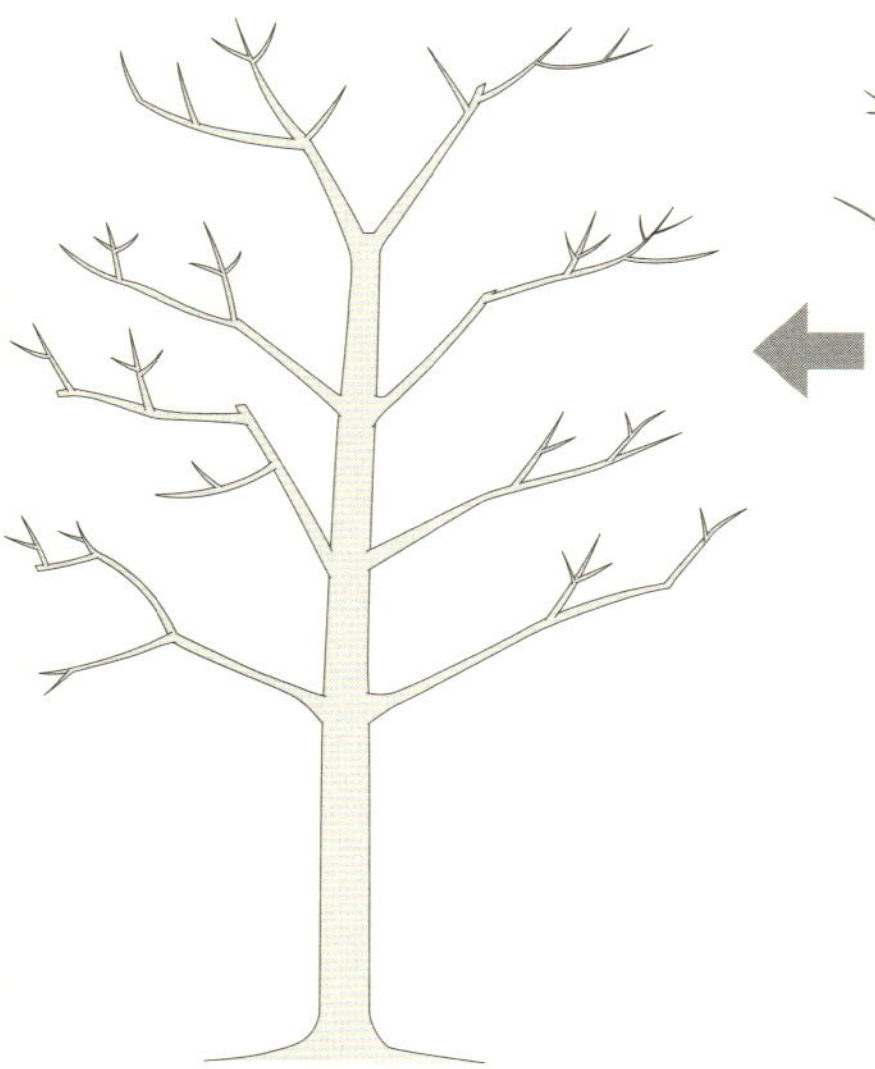

Aで剪定したあとの樹形例。

Q6の解答…A

Aの不要枝をつけ根で切って間引くと、自然な樹形となって花もよく咲く。Bの全体を刈り込むと、花芽を失い徒長枝がたくさん出てしまう。

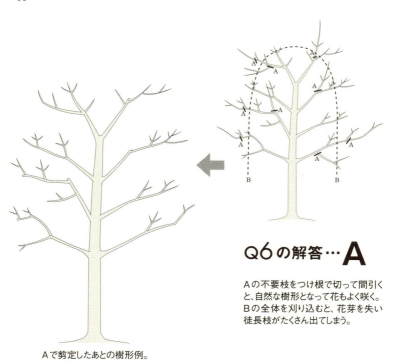

Q7の解答…B

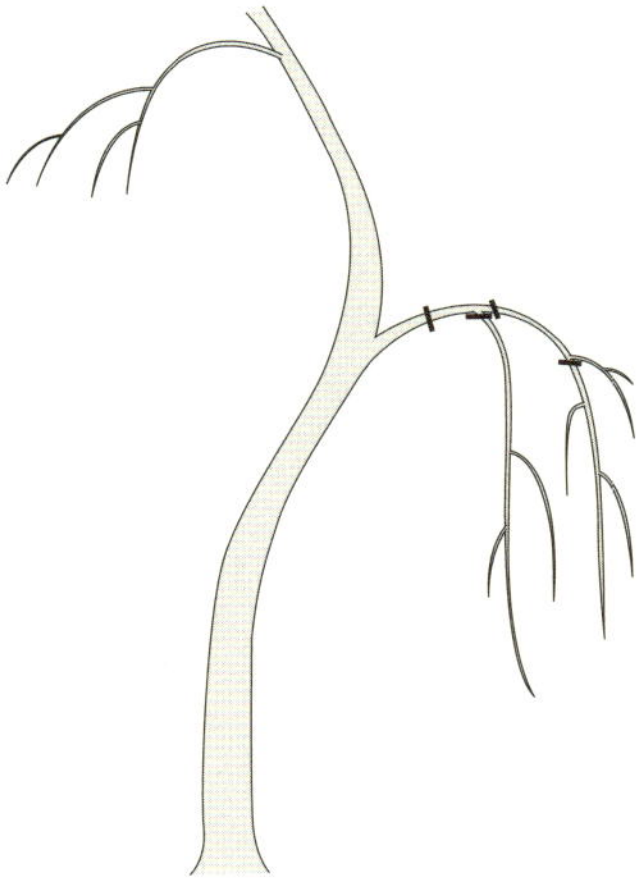

C ×

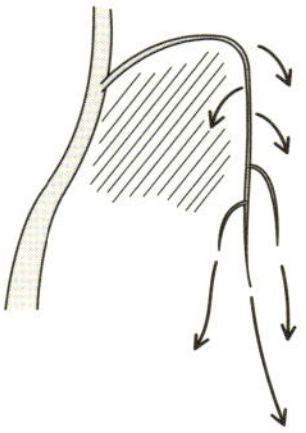

Cの外へ広がる枝を切ると、だらっと垂れた枝からさらに下がる枝が伸び、内側に光が入らず、枝枯れしやすくなる。

B ○

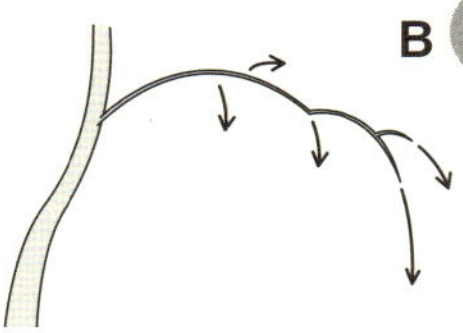

Bの下に真っ直ぐ伸びる枝を間引くと、外側へ弧を描くようにバランスよく伸びる。内側に光が入り、将来切り替える枝も残せる。

A ×

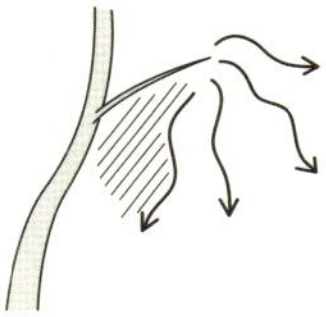

Aの側枝で短く切ると、よろよろとした萌芽枝がいくつも伸びて塊状になる。内側が混んで光が入らず、枝枯れしやすくなる。

Q8の解答

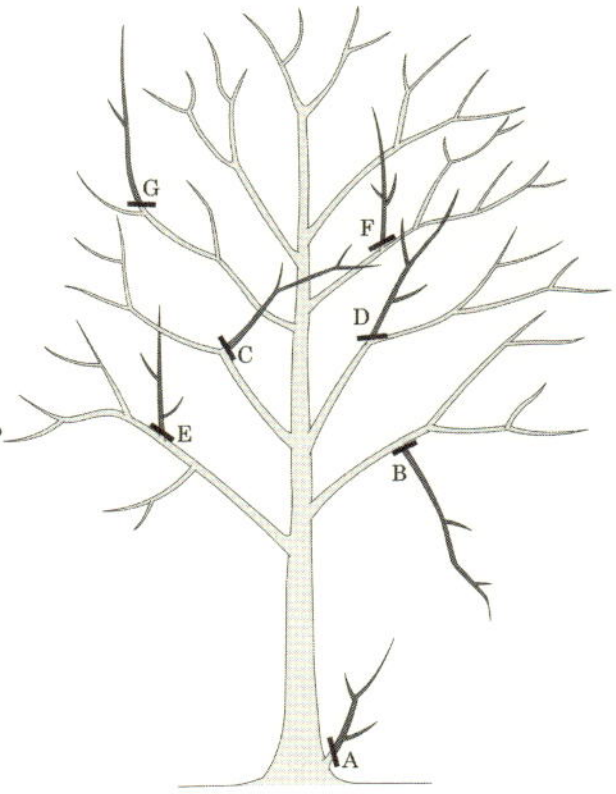

不要枝はつけ根から間引く。
A…ひこばえ
B…下がり枝
C…逆さ枝
D…絡み枝
E…立ち枝
F…立ち枝
G…徒長枝

不要枝を間引いた後の樹形例。

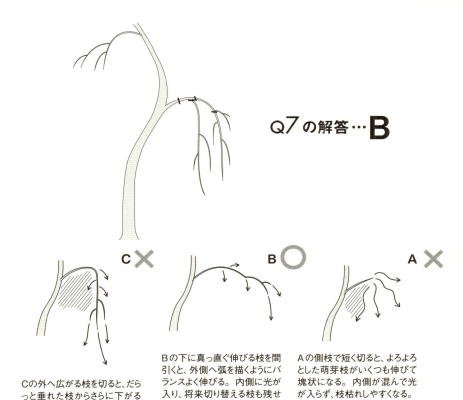

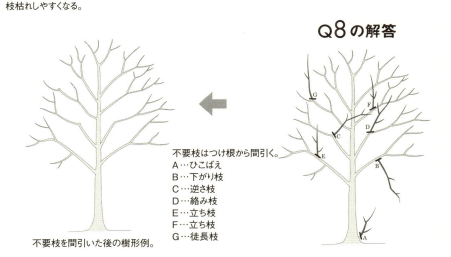

【著者紹介】

上条祐一郎（かみじょう ゆういちろう）

園芸研究家、樹木医、NHK「趣味の園芸」講師
1967年、長野県生まれ。千葉大学園芸学部卒業後、アメリカ オレゴン州の園芸農家での修業を経て、長野県で（有）丸八種苗園を経営。日本に自生する多くの在来種をはじめ、カラーリーフなどの園芸品種までをタネや挿し木などで繁殖、苗木から成木までを一貫して栽培、販売している。
著書に、『切るナビ！　庭木の剪定がわかる本』（NHK出版）がある。
（有）丸八種苗園 http://www.seed-tree.jp/

装　幀	日高慶太（モノストア）
レイアウト	志野原遥（モノストア）
写真撮影	杉山和行（講談社写真部）
写真提供	上条祐一郎
図版作成	梶原由加利、すどうまさゆき

【参考文献】
『切るナビ！ 庭木の剪定がわかる本』（上条祐一郎・NHK出版）、『ビジュアル版 小さな庭の花木・庭木の剪定・整枝』（船越亮二・講談社）、『果樹園芸学』（米森敬三編・朝倉書店）、『図解 自然な姿を楽しむ「庭木」の剪定』（平井孝幸・講談社）、『庭木の剪定コツのコツ』（新井孝次朗監・小学館）、『樹木学』（ピーター トーマス・築地書館）、『山田香織の はじめての盆栽樹形』（山田香織・NHK出版）、『樹木からのメッセージ』（誠文堂新光社）、『生垣図鑑』（日本植木協会・経済調査会出版部）、『ガーデン植物大図鑑』（日本植木協会監修・講談社）、『つぼみたちの生涯』（田中修・中央公論新社）、『これでナットク！ 植物の謎』（日本植物生理学会 編・講談社）など

剪定《せんてい》「コツ」の科学《かがく》
いつどこで切《き》ったらよいかがわかる

2016年10月25日　第1刷発行
2021年6月3日　第11刷発行

著　者	上条祐一郎《かみじょうゆういちろう》
発行者	鈴木章一
発行所	株式会社 講談社 〒112-8001　東京都文京区音羽2-12-21 電話　03-5395-3606（販売）　03-5395-3615（業務）
編　集	株式会社講談社エディトリアル
代　表	堺 公江 〒112-0013　東京都文京区音羽1-17-18 護国寺SIAビル6F 電話　03-5319-2171（編集部）
印刷・製本	大日本印刷株式会社
製本所	株式会社国宝社

KODANSHA

N.D.C.627　159p　21cm　©Yuichiro Kamijo 2016, Printed in Japan
ISBN978-4-06-220262-6